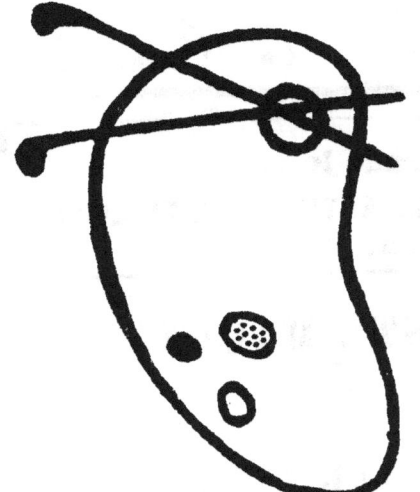

Début d'une série de documents en couleur

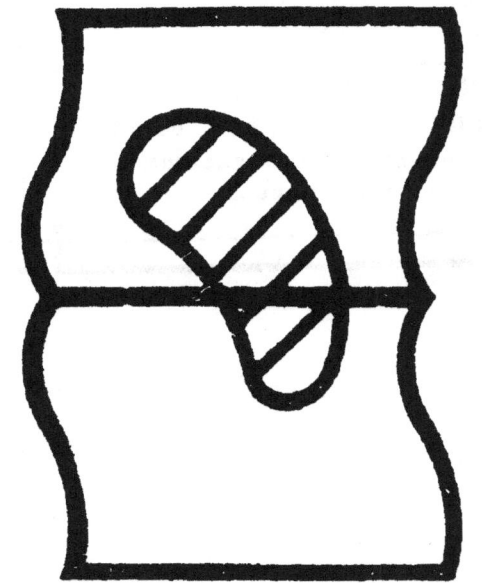

Couvertures supérieure et inférieure partiellement illisibles

Un franc le volume
NOUVELLE COLLECTION MICHEL LÉVY
1 FR. 25 C. PAR LA POSTE

AUGUSTE MAQUET

LA BELLE
GABRIELLE

I

CALMANN LÉVY, ÉDITEUR
ANCIENNE MAISON MICHEL LÉVY FRÈRES
RUE AUBER, 3, ET BOULEVARD DES ITALIENS, 15
A LA LIBRAIRIE NOUVELLE

EXTRAIT DU CATALOGUE MICHEL LÉVY

1 FRANC LE VOLUME. — 1 FR. 25 PAR LA POSTE

ED. CADOL — vol

BERTHE SIGELIN	1
LA BÊTE NOIRE	1
LA DIVA	1
LA GRANDE VIE	1
LES INUTILES	1
PRINCESSE ALDÉE	1
MADAME ÉLISE	1
MARGUERITE CHAUVELEY	1
LA PRIMA DONNA	1

E. DELIGNY

UN BATARD LÉGITIME	1
LES CAROTINS	1
FAMILLE D'ARLEQUINS	1
LE TALISMAN	1

H. DE LATOUCHE

ADRIENNE	1
AYMAR	1
CLÉMENT XIV ET CARLO BERTINAZZI	1
FRAGOLETTA	1
FRANCE ET MARIE	1
GRANGENEUVE	1
LÉO	1
UN MIRAGE	1
OLIVIER BRUSSON	1
LE PETIT PIERRE	1
LA VALLÉE AUX LOUPS	1

CAPITAINE MAYNE-REID, Tr A. Bureau

LES CHASSEURS DE CHEVELURES	1

B.-H. RÉVOIL, Traducteur

LE DOCTEUR AMÉRICAIN	1
LES HAREMS DU NOUVEAU-MONDE	1

W. REYNOLDS

LES DRAMES DE LONDRES.

— LES FRÈRES DE LA RÉSURRECTION	1
— LA TAVERNE DU DIABLE	1
— LES MYSTÈRES DU CABINET NOIR	1
— LES MALHEURS D'UNE JEUNE FILLE	1
— LE SECRET DU RESSUSCITÉ	1
— LE FILS DU BOURREAU	1
— LES PIRATES DE LA TAMISE	1
— LES DEUX MISÉRABLES	1
— RUIN. DU CHAT. DE RAVENSWORTH	1
— LE NOUVEAU MONTE-CRISTO	1

GEORGE SAND — vol

ADRIANI	1
LES AMOURS DE L'AGE D'OR	1
ANDRÉ	1
LE BEAU LAURENCE	1
LES BEAUX MESSIEURS DE BOIS-DORÉ	2
CÉSARINE DIETRICH	1
LE CHATEAU DES DÉSERTES	1
LE COMPAGNON DU TOUR DE FRANCE	1
LA COMTESSE DE RUDOLSTADT	2
CONSTANCE VERRIER	1
CONSUELO	2
LES DAMES VERTES	1
LA DANIELLA	2
LA DERNIÈRE ALDINI	1
LE DIABLE AUX CHAMPS	1
LA FILLEULE	1
FLAVIE	1
FRANCIA	1
L'HOMME DE NEIGE	2
HORACE	1
ISIDORA	1
JACQUES	1
JEAN ZISKA	1
JEANNE	1
LAURA	1
LÉGENDES RUSTIQUES	1
LÉLIA — MÉTELLA — CORA	2
LUCREZIA FLORIANI — LAVINIA	1
LES MAITRES MOSAISTES	1
LA MARQUISE	1
MA SŒUR JEANNE	1
LE MEUNIER D'ANGIBAULT	1
NARCISSE	1
PAULINE	1
LE PÉCHÉ DE M. ANTOINE	2
LE PICCININO	2
PIERRE QUI ROULE	1
PROMENADES AUTOUR D'UN VILLAGE	1
LE SECRÉTAIRE INTIME	1
SEPT CORDES A LA LYRE	1
SIMON	1
TEVERINO — LEONE LEONI	1
L'USCOQUE	1
LA VILLE NOIRE	1

VALOIS DE FORVILLE

LE COMTE DE SAINT-POL	1
LE CONSCRIT DE L'AN VIII	1
LE MARQUIS DE CAZAVAL	1

Le Catalogue complet sera envoyé franco à toute personne qui en fera la demande par lettre affranchie.

Paris. — Imprimerie J. CATHY, 3, rue Auber.

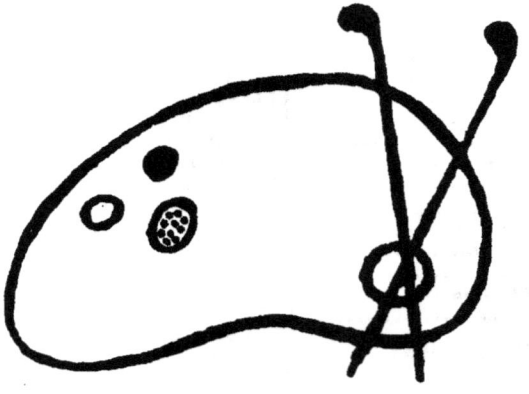

Fin d'une série de documents
en couleur

LA

BELLE GABRIELLE

I

CALMANN LEVY, ÉDITEUR

DU MÊME AUTEUR

Format grand in-18

LE BEAU D'ANGENNES . . . . 1 vol.
LA BELLE GABRIELLE . . . . 3 —
LE COMTE DE LAVERNIE . . . . 3 —
DETTES DE CŒUR . . . . 1 —
L'ENVERS ET L'ENDROIT . . . . 2 —
LA ROSE BLANCHE . . . . 1 —
LES VERTES FEUILLES . . . . 1 —

ÉMILE COLIN — IMPRIMERIE DE LAGNY

AUGUSTE MAQUET

LA BELLE GABRIELLE

PAR

AUGUSTE MAQUET

I

NOUVELLE ÉDITION

PARIS
CALMANN LÉVY, ÉDITEUR
ANCIENNE MAISON MICHEL LÉVY FRÈRES
3, RUE AUBER, 3

1891

Droits de reproduction et de traduction réservés.

NOTE DE L'ÉDITEUR

PRÉFACE DES ŒUVRES COMPLÈTES D'AUGUSTE MAQUET

Auguste Maquet est né en 1813. Il fut un brillant élève du lycée Charlemagne où à dix-huit ans il devint un professeur suppléant très remarqué. Il se destinait à l'enseignement, mais poussé par une irrésistible vocation vers la littérature indépendante, il abandonna l'Université. Quelques poésies fort appréciées, quelques nouvelles écrites dans les journaux le mirent en rapport avec les jeunes écrivains de cette féconde époque.

Fort lié avec Théophile Gautier, il composa quelques essais avec Gérard de Nerval et c'est par ce dernier qu'il arriva à connaître Alexandre Dumas. Alors commença cette collaboration fameuse qui mit en quelques années Auguste

Maquet sur le chemin de la renommée. Nous n'entrerons pas dans le récit des causes qui la firent cesser, elles sont trop connues : entraîné dans le désastre financier de son collaborateur, Auguste Maquet fut considéré comme un simple créancier, perdit le fruit d'un travail inouï, et ne put obtenir comme compensation de pouvoir mettre son nom à côté de celui d'Alexandre Dumas sur tous les livres qu'ils avaient écrits ensemble.

La liste en est longue puisqu'elle comprend : Le *Chevalier d'Harmental*, *Sylvandire*, les *Trois Mousquetaires*, *Vingt Ans après*, la *Reine Margot*, *Monte-Cristo*, la *Dame de Monsoreau*, le *Chevalier de Maison Rouge*, *Joseph Balsamo*, le *Bâtard de Mauléon*, les *Mémoires d'un Médecin*, le *Collier de la Reine*, le *Vicomte de Bragelonne*, *Ange Pitou*, *Ingénue*, *Olympe de Clèves*, la *Tulipe noire*, les *Quarante-Cinq*, la *Guerre des Femmes*. Les deux collaborateurs signèrent ensemble, au Théâtre : les *Trois Mousquetaires*, la *Jeunesse des Mousquetaires*, la *Reine Margot*, le *Chevalier de Maison Rouge*, *Monte-Cristo*, le *Comte de Morcef*, *Villefort*, la *Guerre des Femmes*, *Catilina*, *Urbain Grandier*, le *Vampire*, la *Dame de Monsoreau*. Si la preuve de cette collaboration n'existait pas dans une foule de documents émanant de l'un et de l'autre de ces deux grands travailleurs, elle serait tout entière dans l'énumération que nous venons de faire : car l'esprit se refusait à croire qu'un seul homme ait pu suffire à cette tâche gigantesque. Et nous ne parlons ici que des ouvrages faits en commun.

Auguste Maquet a écrit seul : Le *Beau d'Angennes*, *Deux Trahisons*, une partie de l'*Histoire de la Bastille*, le *Comte de Lavernie*, la *Belle Gabrielle*, *Dettes de Cœur*, la *Maison du Baigneur*, la *Rose Blanche*, l'*Envers et l'Endroit*, les *Vertes Feuilles*. Au Théâtre, il a fait, seul : *Bathilde*, le *Château de Grantier*, le *Comte de Lavernie*, la *Belle Gabrielle*, *Dettes de Cœur*, la *Maison du Baigneur*, le *Hussard de Bercheny*. Il a fait représenter, en collaboration avec Jules Lacroix, au Théâtre-Français, *Valéria* ; à l'Opéra, la *Fronde*, musique de Niedermayer. Il a encore composé une foule d'articles, de nouvelles, et plusieurs pièces de théâtre qu'il n'a pas signées, entre autres, le *Courrier de Lyon* : il a été plus de douze années président de la Société des Auteurs et Compositeurs dramatiques, et si, un jour, les remarquables discours qu'il a prononcés en cette qualité dans maintes circonstances peuvent être réunis en un volume, les lecteurs pourront juger dans ces belles pages que chez lui la pureté du style ne le cédait en rien à l'élévation des idées et des sentiments et au bonheur des expressions.

Nous avons accompli notre tâche en mettant sous les yeux des lecteurs l'œuvre énorme d'Auguste Maquet ; à eux de juger maintenant par quels efforts d'un travail surhumain il a conquis vaillamment la place que nous lui donnons parmi les grands écrivains du siècle. Officier de la Légion d'honneur depuis 1861, il est mort le 8 janvier 1888 dans son château de Sainte-Mesme, gagné, comme il le disait gaiement, avec sa plume seule. C'est là, dans cette chère retraite, qu'il recevait ses amis, et ils étaient nombreux : c'est là qu'accouraient les jeunes auteurs, toujours bien accueillis, en quête d'un conseil toujours donné bon et désintéressé ; c'est là, qu'à la nouvelle de sa mort, ont afflué les regrets de tous, car tous aimaient et respectaient cette nature droite et loyale, ce grand cœur et cette âme juste.

Juin 1891

LA BELLE GABRIELLE

I

FAMINE AU CAMP

Au revers du monticule qui domine la Seine entre Triel et Poissy, s'étendent plusieurs villages cachés à demi sous les roches ou dans les bois.

Les roches se sont peu à peu recouvertes de vignes, et c'est pour ainsi dire le dernier raisin que le soleil de France consent à échauffer, comme si, ayant épuisé la vigueur de ses rayons sur le Rhône, la Loire et la Haute-Saône, il n'avait plus qu'une stérile caresse pour le Vexin et un froid regard pour la Normandie.

Ces pauvres vignes dont nous parlons eussent pu se réjouir au soleil de l'année 1593. Jamais plus chaude haleine n'était venue les visiter depuis un siècle. Certes les raisins pouvaient bien mûrir cette année et donner à flots le petit vin taquin de Médan et de Brezolles ; mais ce que le soleil voulait faire, la politique le défit : au mois de juillet, il n'y avait déjà plus de raisins dans les vignes. La petite armée du roi de France et de Navarre, du roi béarnais, du patient Henri, campait dans les environs depuis une semaine.

Depuis quatre ans, Henri, roi déclaré de France après la mort d'Henri III, disputait une à une toutes les pièces de son royaume; comme si la France se fût jouée au jeu d'échecs entre la Ligue et le roi. Arques, Ivry, Aumale, Rouen et Dreux avaient sacré ce prince, et pourtant il n'eût pu entrer à Reims pour recevoir la sainte-ampoule.

 avait des soldats, et pas de sujets; un camp, pas de maison ; quelques villes ou bourgades, mais ni Lyon, ni Marseille, ni Paris! A grand'peine s'était-il établi à Mantes avec une cour dérisoire, mi-partie chevaliers, mi-partie lansquenets et reîtres. Une brave noblesse l'entourait, le peuple lui manquait partout. — Qu'il se fasse catholique! disaient les catholiques. — Qu'il reste huguenot! disaient les réformés. — Qu'il disparaisse, catholique ou huguenot! disaient les ligueurs.

Henri, bien perplexe, bien gêné, parce qu'il se sentait gênant, bataillait et rusait, toujours soutenu par l'idée que le ciel l'avait fait naître à onze degrés loin du trône, et que, si huit princes morts lui avaient aplani ces onze degrés, ce devait être pour quelque chose dans les desseins de la Providence.

En attendant, replié sur lui-même pour méditer de nouveaux plans, comme aussi pour reposer ses partisans ruinés par l'attente et irrités par la guerre, il venait d'accepter une trêve proposée par les Parisiens. Paris est une ville qui aime bien la guerre civile pourvu qu'elle ne dure pas longtemps.

Or, tandis que M. de Mayenne se débattait contre ses bons alliés les Espagnols qui l'étouffaient en l'embrassant, et cherchait à pendre en détail ses amis les Seize, qu'il avait réduits à douze, Henri, pauvre, mais fort, affamé, mais sain d'esprit, sans chemises, mais cuirassé de gloire, négociait avec le pape sa réconciliation avec Dieu, et faisait fourbir ses canons pour se réconcilier plus vite avec son peuple. Il riait, jeûnait, courait l'aventure, pensait en roi, agissait en chevau-léger, et tandis qu'il s'accrochait ainsi aux buissons plus ou moins fleuris de la route, ses destinées marchaient à pas de géant sous le souffle invincible de Dieu.

Donc, une trêve venait d'être signée entre les royalistes et les ligueurs, une trêve ardemment désirée par ceux-ci qui avaient bien des blessures à cicatriser.

Pendant trois mois, les mousquetades allaient se taire, des négociations allaient se nouer de Mantes à Rome, de Paris à Mantes. Courriers de courir, curés et ministres de s'interposer, prédicateurs de réfléchir, car les plus fougueux qui tonnaient pendant la guerre contre cet hérétique, ce parpaillot et ce Nabuchodonosor, avaient peur des éclats de leur voix depuis le silence de la trêve. La campagne était libre et les gens de guerre laissaient leur casque pour un chapeau de feutre. Les ligueurs s'épanouissaient dans leurs bonnes grosses villes, et les royalistes de l'armée réduits au rôle de chiens chasseurs que l'on a muselés, erraient dans le Vexin, en jetant des regards affamés sur les châteaux, les métairies, les bourgs ligueurs, tout reluisants et riants, dont les cuisines lançaient d'insolentes fumées.

Ces doux loisirs existaient de par l'article IV de la trêve qui commandait sous peine de mort l'inviolabilité des personnes et des propriétés depuis Mme de Mayenne jusqu'à la dernière faneuse des champs, depuis le trésor de la Ligue jusqu'à l'épi de blé qui jaunissait dans la plaine.

Le roi tenait Mantes et ses environs, voilà pourquoi à Médan les royalistes dans leurs promenades désespérées gaspillaient le raisin vert, ou l'écrasaient en cherchant quelque lièvre ou quelque perdreau encore trop faible pour traverser la Seine.

Mais ces ressources avaient été bien vite épuisées, et tous ceux de l'armée royale qui n'avaient pas obtenu de congés ou de permissions, commençaient à ressentir ce que les Parisiens avaient si bien connu les années précédentes, disette et famine.

Au commencement de juillet, disons-nous, deux compagnies du régiment des gardes, commandées par Crillon, avaient reçu ordre d'aller camper, et de former ainsi l'avant-garde de l'armée, entre Médan et Vilaines. Pour ne pas incommoder les habitants, ce corps avait dressé des tentes. Crillon, absent la plus grande partie du jour, se reposait du service sur son premier capitaine. Un petit parc d'artillerie, installé sur la hauteur, amenait en inspection dans ces parages M. de Rosny, le futur Sully d'Henri IV, dont les prétentions sur ce chapitre étaient des plus impérieuses. Comme les gardes se recrutaient parmi les plus braves cadets des bonnes maisons, la compagnie était choisie, dans ce poétique séjour. Toutefois, on y mourait d'ennui et de misère. Adossés au monticule, ayant en face la Seine verte et calme, qui caressait comme un ruban de moire des îles pittoresques, les pauvres gardes, brûlés par le radieux soleil, éblouis par la luxuriante verdure des trembles et des saules, se demandaient entre eux pourquoi les oiseaux fendaient l'air si joyeux, pourquoi les poissons sautaient si allègrement dans l'eau, pourquoi les agneaux bondissaient si gracieusement dans les pâturages, alors qu'il était défendu aux soldats royalistes de toucher à toutes ces choses qui sont si bonnes, et que Dieu, dit-on, à créées pour le plaisir et les besoins de l'homme.

Parmi les plus désespérés de ces fantômes errants, il en était un surtout qui se distinguait par ses hélas lugubres accompagnés d'une pantomime plus active que celle d'un moulin à vent. Ses deux bras battaient le vide lorsqu'ils n'étaient point occupés à ranger sur sa hanche gauche une longue épée pendue à un flasque baudrier de vache, laquelle épée, impatiente comme son maître, revenait toujours en avant pour interroger, en la heurtant du pommeau, certaine pochette qui ne contenait qu'un petit couteau et un bout de mèche pour l'arquebuse.

Ce garde, c'était un jeune homme de vingt ans au plus, trapu, nerveux, au teint de bistre, ombragé par de longs cheveux noirs que les huiles du parfumeur n'avaient pas assouplies depuis le siége de Rouen, c'est-à-dire depuis près d'une année; ce jeune homme, disons-nous, lorsqu'il avait bien tourmenté ses bras et son épée, mettait sa main en guise de visière sur deux yeux dilatés et fixes comme ceux d'un aigle, et il fouillait de ce regard inquisiteur tout l'horizon de Médan à Saint-Germain, demi-cercle immense où Dieu s'est plu à accumuler les plus riches échantillons de ses œuvres.

— Eh bien! Pontis, notre recrue, lui dit l'officier-capitaine qui se faisait coudre du ruban frais par son laquais, à l'ombre d'un tilleul chargé de fleurs, que voyez-vous de si beau dans les nuages? apercevrait-on d'ici le donjon de messieurs vos ancêtres? qui sait? ces nuages ont peut-être passé au-dessus?

— Sambioux, mon capitaine, repartit le jeune homme avec un sourire contraint, Pontis en Dauphiné est trop loin pour qu'on l'aperçoive. D'ailleurs, je n'y songe point, Pontis est à monsieur mon frère aîné, qui m'en a mis poliment dehors. Et c'est heureux pour moi, ajouta-t-il en forçant de plus en plus son sourire, car si je me gobergeais chez moi, je n'aurais pas l'honneur de servir le roi sous vos ordres.

— Stérile honneur, grommela une voix sourde partie d'un groupe de gardes, gentilshommes huguenots, pittoresquement vautrés au penchant d'un tertre.

Ni Pontis, ni le capitaine ne feignirent d'avoir entendu. Celui-ci frisa ses rubans jonquille, celui-là reprit sa contemplation en murmurant :

— Oh ! non, ce n'est pas les nuages que je regarde.

— Quoi donc, alors ? dirent ensemble plusieurs compagnons qui se soulevèrent à demi autour de Pontis.

— J'admire, messieurs, toutes ces fumées noires, bleues et blondes qui montent des cheminées de Poissy.

— Eh ! qu'avez-vous affaire de fumées ? reprit le capitaine ; fumée est vide !

Pontis, comme plongé dans une mélancolique extase :

— Oh! dit-il, la fumée bleue me représente une eau bouillante dans laquelle se peuvent cuire œufs, poissons et menus abattis de volailles ; la rousse me semble née d'un gril chargé de côtelettes et de saucisses ; la noire vient tout simplement des fours de boulangers... On fait de si bon pain à Poissy !

— Nous ne sommes pas à Poissy, répondit philosophiquement un des gardes qui s'étendit sur l'herbe brûlée; nous sommes sur les terres de Sa Majesté.

— Dirai-je très-chrétienne ? demanda un autre d'un ton goguenard.

— Pas encore mais bientôt, j'espère, dit vivement Pontis. Le roi nous fait mourir de faim parce qu'il n'est pas catholique. Que ne l'est-il ?

— Eh! eh ! monsieur de la messe, crièrent au jeune homme plusieurs huguenots réveillés par ce souhait de Pontis, si vous n'êtes pas de la religion, n'en dégoûtez pas les autres.

Le capitaine s'éloigna en chantonnant, pour ne point se compromettre.

— Ma foi ! messieurs, dit Pontis, ne chicanez pas pour si peu ; nous sommes bien tous de la même église, allez !

— Bah ! firent les huguenots, depuis quand ?

— Sambioux ? nous sommes tous d'une religion dans laquelle personne ne boit ni ne mange.

Un famélique éclat de rire accueillit funèbrement cette saillie de Pontis.

— Je disais donc, continua-t-il encouragé, que toutes ces fumées de là-bas sont catholiques, que Paris est catholique, que ces châteaux qui nous environnent et qui nous narguent sont catholiques. Je veux être pendu si tout ce qu'il y a de bon dans la vie n'est pas catholique romain. Voilà pourquoi je voudrais que Sa Majesté entrât dans une religion nourrissante. Ah ! vous avez beau murmurer, vous ne ferez jamais autant de bruit que mon estomac.

— Si le roi se convertit à la messe, s'écria un huguenot, je quitte son service.

— Et moi, répliqua Pontis, je le quitte s'il ne se convertit pas...

— Ventre du pape ! s'écria le huguenot en se levant à moitié.

— Tiens, vous avez encore la force de vous mettre en colère ? Eh bien, moi, je garde mon souffle pour une meilleure occasion. Huguenots ou catholiques devraient, au lieu de se quereller, aviser au moyen de vivre.

— Quelle idée a-t-il eu, le roi, poursuivit le huguenot grondeur, d'accorder une trêve à ce gros Mayenne ? Nous serions en ce moment sous Paris ; mais non... au lieu d'exterminer la ligue, on la ménage. Tout cela finira par des embrassades.

— Pourquoi ne pas commencer tout de suite ? s'écria Pontis, au moins nous serions de la fête, tandis que si l'on tarde nous serons tous morts. Sambioux ! que j'ai faim.

Un nouvel interlocuteur s'approcha du groupe, c'était un jeune garde nommé Vernetel.

— Messieurs, dit-il, je fais une réflexion : puisqu'il y a une trêve, pourquoi ne sommes-nous pas à Mantes avec la cour ? on y mange, à Mantes.

— Quelquefois, grommela le huguenot.

— Au fait, dit Pontis, l'idée de Vernetel est bonne ; pourquoi sommes-nous ici où l'on ne fait rien, et non à Mantes où est le roi ?

— Parce que le roi n'est pas à Mantes, dit Vernetel. Tenez, en voici la preuve.

Et il montra aux gardes un petit homme qui passait tout affairé, portant un paquet recouvert d'une enveloppe de serge, comme s'il eût été tailleur d'habits ou pourvoyeur de la garde-robe.

— Quel est celui-là, demanda Pontis, et pourquoi vous fait-il croire que le roi n'est pas à Mantes ?

— On voit bien que vous êtes nouveau chez nous, répliqua le huguenot, vous ne connaissez pas maître Fouquet la Varenne.

— Qui cela, la Varenne? demanda Pontis.

— Celui qui est partout où doit venir mystérieusement le roi, celui qui lui ouvre les portes trop bien fermées, celui qui reçoit les étrivières que mériterait souvent Sa Majesté, enfin celui qui porte les poulets du roi ?

— Eh ! l'honnête homme ! cria le jeune cadet, servez-en un par ici !... Nous sommes plus pressés que le roi.

— Voilà d'indécentes plaisanteries, jeunes gens, interrompit une voix mâle et sévère qui fit retourner les gardes.

— M. de Rosny ! murmura Pontis.

— Oui, monsieur, répliqua gravement l'illustre huguenot qui traversait la clairière en lisant une liasse de papiers.

— Monsieur a l'oreille fine, ne put s'empêcher de dire Pontis ; nous n'avons pourtant pas la force de parler bien haut.

— Encore mieux vaudrait-il vous taire, repartit Rosny tout en marchant.

— Nous ne demandons pas mieux, monsieur ; mais fermez-nous la bouche.

Et le cadet compléta sa phrase par une pantomime à l'usage de toutes les nations qui ont faim.

Rosny haussa les épaules et passa outre.

— Vieux ladre, grommela Pontis ; il a dîné hier, lui, et il est capable de dîner encore aujourd'hui !

— Comment, vieux, dit le huguenot ; savez-vous l'âge de M. de Rosny ?

— Sept cents ans au moins.

— Trente-trois à peine, monsieur le catholique, sept ans de moins que le roi.

— C'est singulier, répondit Pontis, depuis vingt ans que j'existe, j'ai toujours entendu parler de M. de Rosny comme d'Abraham ou de Mathusalem. Croyez-moi, c'est un homme qui a commencé avec la création.

— C'est que voilà longtemps qu'il travaille à devenir célèbre, dit le huguenot ; c'est une de nos colonnes, c'est la manne de nos esprits.

— Que ne l'est-il de nos estomacs ! Moi, voyez-vous, je n'ai pas les mêmes raisons que vous d'adorer le grand Rosny. Vous êtes huguenot comme lui, moi catholique. Je suis entré aux gardes par amour pour notre mestre de camp Crillon, qui est catholique aussi. Vous n'osez rien demander à votre idole Rosny, vous, tandis que moi, M. de Crillon serait ici, au lieu d'être je ne sais où, j'irais lui emprunter un écu. Je ne suis pas fier, moi, quand j'ai faim. Sambioux que j'ai faim !

Comme il achevait ces mots entrecoupés de soupirs, un pas de cheval retentit sur la terre sèche, et l'on vit s'avancer, portant deux paniers, un gros bidet pansu, précédé du maître d'hôtel de M. de Rosny, et suivi d'un paysan et d'un laquais.

Le cortége défila au milieu des cadets, qui dévoraient des yeux les paniers et la bête, et bientôt après, à l'ombre de ces beaux tilleuls dont nous avons parlé, une table se dressa, sur laquelle le maître d'hôtel rangea certaines provisions d'une couleur et d'un parfum insultants pour les affamés.

M. de Rosny, toujours avec ses papiers et sa gravité, s'avança vers la table, s'y installa en compagnie du capitaine des gardes, du capitaine des canons et de quelques seigneurs privilégiés au nombre desquels on remarquait ce même Fouquet la Varenne porteur des poulets royaux.

A grand bruit de conversations et de vaisselle, ces messieurs commencèrent leur festin, frugal si l'on considère la qualité des convives, mais sardanapalesque eu égard à la détresse des gardes qui y assistaient de loin.

Pontis n'en put supporter longtemps la vue.

— Quand je vous disais qu'il dînerait encore aujourd'hui ! Sambioux ; s'écria-t-il, que la paix est une sotte chose pour les gens qui n'ont pas de maître d'hôtel ! En guerre, au moins, l'on chasse et l'on pille ; si l'on ne mange que de deux jours l'un, au moins, ce jour venu, fait-on bombance pour deux jours !

— Il y a des vivres aux environs, dit un huguenot

qui léchait une croûte bien sèche frottée d'ail ; que n'en achetez-vous ?

— Que n'en achetez-vous vous-même, répliqua Pontis exaspéré, au lieu de grignoter vos croûtes comme un rat maigre ?

— Mieux vaut une croûte que pas de croûte, répliqua le huguenot. Ne faites pas tant d'embarras, mon jeune monsieur, et si vous n'avez pas d'argent, serrez-vous le ventre !

— Est-ce qu'on a de l'argent, s'écria Pontis. En avez-vous, Castillon ? en avez-vous, Vernetel ? en avez-vous les uns ou les autres ?

Tous, par un mouvement spontané comme à l'exercice, mirent la main à des poches qui rendirent un son mat et plat.

— Pourquoi aurions-nous de l'argent, dit Vernetel ? le roi n'en a pas.

— Mais le roi mange.

— Quand on l'invite à dîner. Faites-vous inviter par M. de Rosny.

— Ou priez-le de vous laisser ses miettes.

— Sambioux ! j'aimerais mieux..... Ah ! messieurs, une idée. Qui a faim ici ?

— Moi, répondit un chœur imposant.

— Partons quatre et allons nous faire inviter dans le voisinage ; nous sommes gens de bonne mine.

— Eh ! eh ! grommela le huguenot en détaillant les habits râpés de ses camarades.

— Nous sommes bons gentilshommes, poursuivit Pontis... et gardes du roi...

— D'un roi contesté, c'est incontestable.

— Il est impossible que nous ne trouvions pas dans les environs un ami, une connaissance, un cousin, un proche plus ou moins éloigné. Voyons, varions les nationalités pour nous donner plus de chances de trouver des compatriotes : De quel pays est Vernetel ?

— Tourangeau.

— Je vous prends. Et Castillon ?

— Poitevin.

— Prenons Castillon. Moi je suis Dauphinois ; il nous faudrait un Gascon. L'arbre généalogique d'un Gascon pousse des racines aux quatre coins du monde.

— Quel dommage que le roi ne soit pas là, dit Vernetel, nous l'emmènerions ; c'est lui qui a des cousins et des cousines, bon Dieu !...

Et chacun de rire. Henri IV eût bien ri lui-même s'il eût entendu ces jeunes fous.

— Ainsi, continua Pontis, c'est convenu, nous allons demander à dîner sans façon dans la première gentilhommière que nous trouverons. Regardez les jolies maisons qui montrent leur tête blanche parmi les arbres. A gauche, là-bas, ce château avec pelouses. Mais il faudrait passer l'eau, et c'est trop loin. A droite... Ah !... voyez à droite, au milieu de ce jeune parc, le charmant donjon bâti de briques et de pierre neuve. Voilà notre affaire... un petit quart de lieue à peine... partons !... Que j'ai faim !

Pontis serra la boucle de sa ceinture avec une facilité déporable.

— Partons, répéta-t-il, sinon j'arriverai squelette.

— Mais il faut la permission, dit Vernetel ; demandons-la au capitaine.

— Ne faites pas cela ! s'écria Pontis.

— Pourquoi ?

— Parce que s'il refusait, nous serions forcés de mourir de faim, et que je ne le veux pas. Il y a plus s'il refusait, je ne pourrais m'empêcher de passer outre, et alors ce sont des désagréments à n'en plus finir.

— Oui, on est pendu, par exemple.

— Non pas, parce qu'on est gentilhomme, mais arquebusé, ce qui n'est pas moins désagréable.

— Bah ! répliqua Pontis avec la résolution de son âge ; tandis que nous allons chercher ce repas indispensable, nos camarades feront le guet ; on leur rapportera quelques reliefs pour leur peine. Si le capitaine demande où nous sommes, on lui répondra que nous avons aperçu un levraut se remettre dans la vigne, et que nous y allons faire un tour.

— Et s'il y avait une prise d'armes pendant votre absence ? dit Vernetel.

— Bon ! en trêve ?

— Le roi doit venir... remarquez que son porte-poulets est ici, c'est signe qu'on attend Sa Majesté. Et puis M. de Crillon peut arriver.

— Notre mestre de camp est sans façons avec ses gardes. S'il vient, il dira, selon son habitude, en faisant signe de la main : là, là, assez tambour, et on rompra les rangs sans que nous ayons été appelés. D'ailleurs, j'ai faim, et si le roi était ici, je le lui dirais à lui-même : Sambioux ! partons !

Vernetel et Castillon commencèrent à allonger le pas, entraînés par la fougue de leur camarade. Mais Pontis leur fit observer qu'en courant ils seraient remarqués, rappelés, peut-être, qu'il fallait, au contraire, s'éloigner lentement, en se dandinant, en regardant le ciel et l'eau ; puis, à un détour du chemin, prendre ses jambes à son cou, et faire le quart de lieue en cinq minutes.

Tous trois se mirent en marche, secondés par les camarades, qui, se levant et s'interposant entre la table des officiers et les fugitifs dérobèrent ainsi leur départ à tous les yeux. Mais soudain, derrière une haie, parut un cavalier qui leur barra le passage.

II

D'UN LAPIN, DE DEUX CANARDS, ET DE CE QU'ILS PEUVENT COUTER DANS LE VEXIN

C'était un beau jeune homme de vingt ans, fringant, découplé en Adonis, avec des cheveux blonds admirables, une fine moustache d'or et des dents brillantes comme ses yeux. Il montait un bon cheval rouan chargé d'une valise respectable. Son costume de fin drap gris bordé de vert, moitié bourgeois moitié militaire, annonçait l'enfant de famille, un manteau neuf roulé sous le bras, une large épée espagnole bien pendue à son côté complétaient l'ensemble, et tout cela, monture et harnais, habit et figure, bien que poudreux, supportait victorieusement l'éclat du grand jour et répondait aux rayons du soleil par une rayonnante mine que Phébus lui-même, ce Dieu de la beauté, eût empruntée assurément, s'il fût jamais venu à cheval, parcourir le Vexin français.

— Pardon, messieurs, dit le jeune cavalier en arrêtant les trois gardes au moment où ils allaient prendre leur volée : c'est ici le campement des gardes, n'est-ce pas ?

— Oui, monsieur, dit Pontis, et il se disposa à reprendre son élan.

— Et M. de Crillon commande les gardes ? continua le jeune homme.

— Oui, monsieur.

— Je vous demande encore pardon de vous arrêter, car vous semblez être pressé, mais veuillez m'indiquer la tente de M. de Crillon.

— M. de Crillon n'est pas au camp, dit Vernetel.

— Comment ! pas au camp... où donc alors le trouverai-je ?

— Monsieur, nous avons bien l'honneur de vous saluer, dit Pontis avec volubilité en faisant signe à Vernetel.

Et comme Vernetel et Castillon se récriaient, Pontis les prit par la main et les emmena ou plutôt les emporta pour couper court à la conversation.

— Ne voyez-vous pas, leur dit-il, que si ce dialogue eût duré, j'allais tomber d'inanition. Courons ! le chemin descend, et mon corps roule tout seul vers le dîner.

Le cavalier souriant regarda les trois enragés qui pirouettaient dans la pente rocailleuse, et sans avoir rien compris à leur précipitation, il s'achemina vers le campement des gardes.

Pontis avait bien tort d'envier à M. de Rosny son repas et son maître d'hôtel. Ce repas était abreuvé d'amertume. M. de Rosny s'évertuait à demander sous toutes les formes à la Varenne comment et pourquoi il était venu seul à Médan, lui qui ne marchait jamais sans son maître, et la Varenne, affectant les airs les plus mystérieux, répondait à ces questions avec une fausseté diplomatique dont Rosny enrageait, malgré toute sa philosophie.

Plus d'une fois il frappa sur la table dans sa colère, et, oubliant l'étiquette, fronda les légèretés et les caprices vagabonds de son roi. C'est à ce moment que les gardes amenèrent le jeune cavalier qui venait d'entrer dans le camp.

— Qui êtes-vous, et que voulez-vous, demanda M. de Rosny, qui pliait sa serviette avec méthode.

— Je voudrais parler M. de Crillon, répliqua poliment le jeune homme.

— Qui êtes-vous ? répéta Rosny. N'arrivez-vous pas de Rome ?

— Monsieur, je voudrais parler à M. de Crillon qui est mestre de camp des gardes françaises, continua du même ton le jeune homme dont la parfaite douceur ne s'altéra point au contact de cette curiosité.

— Libre à vous de ne vous point nommer, dit le flegmatique Rosny ; c'est peut-être une affaire de service qui vous amène, auquel cas, ayant l'honneur de me trouver au même lieu que M. de Crillon pour les intérêts du roi, j'eusse pu vous écouter et vous satisfaire. Voilà pourquoi je vous questionnais, je suis Rosny.

Le jeune homme s'inclina.

— Ce qui m'amenait près M. de Crillon, c'est affaire particulière, dit-il, quant à mon nom, monsieur, je m'appelle Espérance, et j'ai l'honneur d'être votre serviteur, je n'arrive pas de Rome, mais de Normandie.

Rosny subit, malgré lui, le charme tout-puissant qui s'exhalait de ce jeune homme.

— A bonne mine, dit-il, voilà un beau nom.

— Qui n'est pas un nom, murmura le capitaine.

Rosny reprit :

— M. de Crillon n'est point céans, monsieur ; il inspecte les autres compagnies de son régiment, qui est disséminé le long de la rivière ; mais il doit revenir bientôt. Attendez.

— Espérez ! ajouta le capitaine en souriant.

— C'est ce que je fais toute ma vie, répliqua le jeune homme avec son enjouement plein de grâce.

Rosny et le capitaine se levèrent.

— Espérance ! dit Rosny à l'oreille de son compagnon ! le beau nom pour les aventures !

Et tous deux descendirent vers le rivage pour aider à la digestion par la promenade.

Espérance attacha son cheval à un arbre, plia son manteau proprement et s'assit dessus, les jambes pendantes, en se tournant avec l'intelligent instinct des rêveurs ou des amoureux vers le plus poétique côté du panorama.

Un quart d'heure était à peine écoulé lorsqu'il entendit une explosion de rires joyeux à l'extrémité de la circonvallation. C'étaient les gardes qui se pressaient en tumulte autour des trois pourvoyeurs que nous avons vus partir pour la provision.

Pontis élevait en l'air sur ses deux mains un plat de terre d'une honorable dimension. Il tenait sous son bras, par un miracle d'équilibre, un pain de plusieurs livres ; deux canards et des pigeons étranglés pendaient en sautoir à son col.

Vernetel avait pour trophée un long et gras lapin de clapier, un pain rond et un faisceau de boudins et de saucisses. Castillon ne portait qu'une dame-jeanne ; mais elle suffisait à la vigueur d'un seul homme.

La joie générale se changea en admiration, quand, Pontis abaissant son plat à la hauteur du vulgaire, on découvrit qu'il contenait un pâté de hachis, bouillant encore dans un jus solide et généreux.

L'escouade s'attroupa, se groupa ; les uns eurent les canards et le lapin qu'ils se mirent à préparer ; les autres, plus heureux, s'attablèrent immédiatement, c'est-à-dire qu'on fit sur l'herbe une belle place nette, qu'on en marqua le centre avec ce noble pâté, et que douze convives invités par le magnanime Pontis, reçurent la permission d'étaler sur des tranches de pain homériques une couche odorante de hachis.

Espérance regardait de loin, en souriant, ce festin et ces intrépides mangeurs; il admirait aussi le roi de la fête, Pontis, dont la physionomie radieuse éclairait joyeusement tout le groupe, lorsque soudain on entendit comme un cri lointain. Ce cri fit dresser l'oreille à Espérance et l'étonna. Mais les convives l'entendirent à peine, éperdus qu'ils étaient de faim et de bonheur.

— Tiens, on crie, dit Vernetel la bouche pleine.

— Oui, répliqua Pontis, ils se seront aperçus au château de la disparition de leur dîner.

— Racontez-nous donc, Pontis, comment vous avez fait cette rafle? dit un des gardes en plumant les volailles.

— Cela me ferait perdre bien des bouchées, dit le jeune Dauphinois. En deux mots, le voici : Nous avons poliment montré notre nez à la porte et demandé à présenter nos hommages au maître de la maison. Un bourru de concierge entr'ouvrant la grille, nous a dit qu'il n'y avait personne. Nous avons insisté, nous déclarant gentilshommes et gardes de Sa Majesté. Le butor a répliqué qu'il n'y avait ni Majesté, ni gardes en France, et qu'il n'y avait qu'une trêve.

— Des ligueurs! des Espagnols! s'écrièrent tous les convives.

— C'est ce que nous nous sommes dit tout de suite, ajouta Pontis qui profita de l'indignation générale pour remplir à la fois sa bouche et sa tartine. Alors j'ai passé ma jambe entre les portes de la grille, ce qui a empêché le ligueur de la fermer; puis, je suis entré; ces deux messieurs m'ont suivi. Il y avait dans la cuisine des parfums à faire évanouir saint Antoine. Puisqu'il n'y a personne au château, ai-je dit, voilà un dîner qui sera perdu.

Aussitôt j'ai allongé les mains vers ces volailles que venait d'apporter la fermière. Le concierge a crié, deux valets sont accourus, de là des broches et des lardoires. Nous autres gentilshommes, nous n'avons pas tiré l'épée, non, mais j'ai avisé dans l'âtre des tisons ardents sur lesquels je me suis jeté et que j'ai lancés sur cette canaille. Éblouis par une pluie de feu, ils ont battu en retraite. Alors j'ai saisi le plat que voici, jeté à mon cou ce Saint-Esprit de ma façon. Vernetel et Castillon n'osaient seulement bouger tant l'admiration les paralysait; j'ai indiqué à l'un cette amphore, à l'autre ce lapin, nous avons fait retraite en triangle sans être inquiétés, et nous voici.

Pontis fut congratulé par un tonnerre d'applaudissements auxquels Espérance, toujours assis à la même place, mêla ses plus francs éclats de rire.

Tout à coup les cris devinrent plus vifs et se rapprochèrent. Sans doute ils avaient été interceptés pendant quelques secondes par la convexité du monticule. Ces cris étaient poussés par un homme qu'on vit apparaître brusquement à l'entrée du quartier des gardes.

Essoufflé, gesticulant avec énergie, les yeux troublés par la colère, il attira d'abord l'attention de tous les spectateurs.

— C'est quelqu'un du château que nous avons dîné, murmura Vernetel à l'oreille de Pontis.

Celui-ci interrompit son repas. Les autres gardes s'interrompirent également dans leurs préparations culinaires. On en vit cacher derrière leur manteau la volaille aux trois quarts plumée.

Espérance, comme tout le monde, fut frappé de l'altération empreinte sur les traits du nouveau venu, dont le visage jeune et caractérisé s'était contracté jusqu'à la laideur. Ses cheveux, plutôt roux que blonds, se hérissaient. Un frisson de fureur courait sur ses lèvres minces et pâles.

C'était un homme de vingt-deux ans à peine, svelte et grand. Ses formes fines et nerveuses annonçaient une nature distinguée, rompue aux violents exercices. Dans son pourpoint vert, de forme un peu surannée, d'étoffe quasi grossière, il conservait des façons nobles et délibérées. Mais le couteau, trop long pour la table, trop court pour la chasse, qui brillait sans gaine dans sa main tremblante, révélait une de ces indomptables fureurs qui veulent s'éteindre dans le sang.

Ce jeune homme avait gravi si rapidement la colline qu'il faillit suffoquer et put à peine articuler ces mots : « Où sont les chefs ! »

Un garde, qui essaya d'arrêter le furieux en lui opposant le rempart d'une pique, fut presque renversé.

Un enseigne, accouru au bruit, s'interposa en voyant bousculer son factionnaire.

— Plaisantez-vous, maître, s'écria-t-il, d'entrer ainsi le couteau à la main chez les gardes de Sa Majesté ?

— Les chefs ! cria encore le jeune homme d'une voix sinistre.

— J'en suis un ! dit l'enseigne.

— Vous n'êtes pas celui qu'il me faut, répliqua l'autre avec une sorte de dédain sauvage.

Et comme une exclamation générale couvrait ses paroles, comme, excepté Pontis et ses convives, chacun menaçait l'insulteur.

— Oh ! vous ne me ferez pas peur, dit-il d'un accent de rage concentrée, je cherche un chef, un grand, un puissant, qui ait le pouvoir de punir.

Rosny et le capitaine s'étaient approchés lentement pour savoir la cause de ce tumulte.

Le jeune homme les aperçut.

— Voilà ce qu'il me faut, murmura-t-il avec un fauve sourire.

— Qu'y a-t-il ? demanda Rosny, devant qui s'ouvrirent les rangs.

Et il attacha son regard pénétrant sur ce visage décomposé par toutes les mauvaises passions de l'humanité.

— Il y a, monsieur, répondit le jeune homme, que je viens ici demander vengeance.

— Commencez par jeter votre couteau! dit Rosny. Allons, jetez-le!

Deux gardes saisissant brusquement les poignets de cet homme, le désarmèrent. Il ne sourcilla point.

— Vengeance pour qui? continua Rosny.

— Pour moi et les miens.

— Qui êtes-vous?

— Je m'appelle la Ramée, gentilhomme.

— Contre qui demandez-vous cette vengeance ?

— Contre vos soldats.

— Je n'ai point ici de soldats, dit M. de Rosny, blessé du ton hautain d'un pareil personnage.

— Alors, ce n'est point à vous que j'ai affaire. Indiquez-moi le chef de ceux-ci.

Il désignait les gardes frémissant de colère.

— Monsieur de la Ramée, reprit froidement Rosny, vous parlez trop haut, et si vous êtes gentilhomme, comme vous dites, vous êtes un gentilhomme mal élevé; *ceux-ci* sont des gens qui vous valent, et que je vous engage à traiter plus courtoisement. Je vous eusse déjà laissé vous en expliquer avec eux, si vous ne paraissiez venir ici pour faire des réclamations. Or, en l'absence de M. de Crillon, j'y commande, ici, et je suis disposé à vous faire justice malgré vos façons. Ainsi, du calme, de la politesse, de la clarté dans vos récits, et abrégeons!

Le jeune homme mordit ses lèvres, fronça les sourcils, crispa les poings, mais subjugué par le sang-froid et la vigueur de Rosny, dont pas un muscle n'avait tressailli, dont le coup d'œil incisif l'avait blessé comme une pointe d'épée, il respira, recueillit ses idées et dit :

— A la bonne heure! J'habite avec ma famille le château que vous apercevez au bas de la colline, dans ces arbres à droite. Mon père est au lit, blessé.

— Blessé? interrompit Rosny. Est-ce un soldat du roi?

Le jeune homme rougit à cette question.

— Non, dit-il d'un air embarrassé.

— Ligueur, va! murmurèrent les gardes.

— Continuez, interrompit Rosny.

— J'étais donc près du lit de mon père avec mes sœurs, quand un bruit de lutte nous vint troubler. Des étrangers étaient entrés de force dans la maison, avaient frappé et blessé mes gens, et pillé de vive force.

— Silence! dit Rosny à des voix qui réclamaient autour de lui.

— Ces étrangers, poursuivit la Ramée, non contents de leurs violences, ont pris des tisons au foyer, ils les ont lancés sur la grange, qui brûle en ce moment, regardez!

En effet, tous se retournant, virent s'élever des tourbillons de fumée blanche qui s'élançaient en larges et ondoyantes spirales par-dessus les arbres du parc.

Pontis et ses compagnons pâlirent. Un silence effrayant s'étendit sur l'assemblée.

— En effet, dit M. de Rosny avec une émotion qu'il ne put maîtriser, voici un incendie... il faudrait s'y transporter.

— Quand on arrivera, tout sera fini ; la paille brûle vite. Tenez, voici déjà les toits qui flambent.

Le jeune homme, après ces paroles, s'arrêta satisfait de l'effet qu'elles avaient produit.

— Et, demanda Rosny, votre famille vous envoie ici pour obtenir justice ?

— Oui, monsieur.

— Les coupables sont donc ici ?

— Ce sont des gardes.

— Du roi ?...

— Des gardes, répondit la Ramée avec une si visible répugnance à prononcer ce mot : le roi, que Rosny s'en trouva blessé.

— Une seule personne qui affirme, monsieur la Ramée, ne saurait être crue, répliqua-t-il, fournissez des témoins.

— Qu'on vienne à la maison, pas vos soldats, ils achèveraient de tout brûler et massacrer, mais un chef... et les blessés parleront, les murailles fumantes dénonceront.

Comme un murmure d'indignation s'élevait contre l'audacieux qui maltraitait ainsi tout le corps des gardes, Rosny révolté dit au jeune homme :

— Vous entendez, monsieur, ce qu'on pense de vos injures ? On voit bien que vous nous savez en pleine trêve, et que la parole sacrée du roi de France vous garantit.

— Elle m'a étrangement garanti tout à l'heure ! s'écria la Ramée avec une ironie amère. Oh ! non, ce n'est pas pour qu'elle me garantisse que je viens invoquer la trêve, c'est pour qu'elle me venge. J'offre toutes les preuves, j'ai entendu le rapport de mes domestiques, j'ai vu moi-même s'enfuir les larrons, et, au besoin, je les reconnaîtrais... Mais puisque vous êtes monsieur de Rosny, puisque vous mettez en avant la parole de votre roi, il faut que je sache bien si on me rendra justice, sinon j'irai droit à votre maître, et...

— Assez, assez, dit Rosny, qui sentait la colère bouillonner en lui, pas tant de phrases ni de coups d'œil furibonds, je suis patient, mais jusqu'à un certain terme.

— Oh! vous me menacez, dit la Ramée avec son sinistre sourire; eh bien, à la bonne heure! voilà qui achève l'œuvre, menacer le plaignant! Vive la trêve et la parole du roi!

— Monsieur, répliqua précipitamment Rosny mordant sa barbe, vous abusez de vos avantages; je vois bien à qui j'ai affaire. Si vous étiez un serviteur du roi, vous n'auriez ni cette aigreur ni cette soif de vengeance. Vous êtes quelque ligueur, quelque ami des Espagnols...

— Quand cela serait, dit la Ramée, vous ne me devriez que plus de protection, puisqu'il y a huit jours vos ennemis pouvaient se défendre avec des armes, et qu'aujourd'hui ils n'ont que votre parole et votre signature.

— Vous avez raison; vous serez protégé. Tout à l'heure vous parliez de reconnaître les coupables, voilà tous les gardes, faites votre ronde, essayez.

— On aurait pu m'épargner cette peine, murmura méchamment ce plaignant farouche; des gens d'honneur se dénonceraient.

— Vous ne vous attendez pas à ce qu'ils le fassent, je suppose, dit Rosny. Puisque vous invoquez la trêve, vous en connaissez les articles, et la peine qu'ils portent contre l'espèce de violence dont vous vous plaignez est de nature à conseiller le silence à ceux que leur conscience pousserait à parler.

— Je connais en effet cette peine, monsieur, s'écria le jeune homme, et j'en attends la stricte application.

— Quand vous aurez reconnu les coupables et qu'ils seront convaincus.

— Soit! cela ne sera pas long.

En disant ces mots avec une joie qui rayonnait sur son pâle visage, la Ramée attacha ses regards sur le cercle des gardes, qui, machinalement, comme s'ils se fussent sentis brûlés, reculèrent et se formèrent en lignes irrégulières, au milieu desquelles le vindicatif ligueur commença de marcher lentement comme s'il passait une revue.

Rosny, agité de mille idées contraires, luttait contre sa fierté qui se révoltait, et contre un sentiment d'équité naturelle, que venait encore fortifier le principe de la discipline et du droit des gens.

Il finit par s'appuyer sur le capitaine, dont l'exaspération était au comble, et lui dit:

— Mauvaise affaire! et je suis seul ici.... Que n'avons-nous ici M. de Crillon, car enfin, c'est lui qui est responsable des gardes.

— Si on me laissait faire, répliqua le capitaine, les dents serrées, j'aurais bientôt arrangé l'affaire.

— Silence, monsieur, répondit le huguenot que cette imprudente parole de l'officier acheva de faire pencher en faveur du droit commun. Silence! et qu'il ne vous arrive plus de traiter avec cette légèreté les conventions et actes signés du roi: où sera l'avenir de notre cause, monsieur, si, accusés d'agir de rapine et de violence, nous donnons raison aux plaignants en réparant par l'assassinat le vol de nos gens de guerre?

— Mais, balbutia l'officier, ce la Ramée est un petit scélérat, une vipère.

— Je le sais parbleu bien. Toutefois, il a été violenté, incendié. Justice lui sera faite. J'ai essayé de reculer le châtiment ou de le rendre impossible en forçant ce jeune homme à reconnaître lui-même les coupables. Je laissais à ceux-ci cette porte de salut. Mais en vérité, je crois que la voilà fermée ; car le drôle s'arrête et fixe sur ce petit groupe des regards trop joyeux pour que bientôt nous ne soyons pas réduits à prononcer une sentence. Allons, venez, faisons notre devoir.

Pendant toute cette scène, Espérance avait écouté avec avidité de sa place et s'était imprégné des émotions les plus poignantes. Mais quand il eut entendu le colloque de Rosny et de l'officier, il fut saisi d'une immense pitié pour ces pauvres gardes qu'il avait vus partir si joyeux l'instant d'avant, et fut pris également d'une indicible colère contre le plaignant, dont l'air, l'accent, toute la personne, en un mot, le révoltaient malgré la justesse de ses plaintes.

Espérance s'approcha de Fouquet la Varenne, qui considérait la scène stoïquement, en bourgeois que les soldats intéressent peu.

— Monsieur, dit-il, pardon : que porte ce fameux article de la trêve au sujet des violences qui seraient commises par les gens de guerre ?

— Eh ! eh !... jeune homme, répliqua le petit porte-poulets, c'est la mort.

III

COMMENT LA RAMÉE FIT CONNAISSANCE AVEC ESPÉRANCE

La Ramée avait déjà inspecté une bonne partie des gardes sans rien signaler, lorsqu'il s'arrêta tout à coup, comme Rosny venait de le dire au capitaine.

Il s'approcha du garde suspect, observa un moment, et se redressant vers Rosny, s'écria :

— En voici un !

C'était Vernetel qu'il désignait ainsi, en le touchant du doigt à la poitrine.

Presque au même instant il étendit son bras vers Castillon, en disant :

— Voici le deuxième !

Les deux inculpés se récrièrent ; une menace sourde grondait dans tous les rangs.

— A quoi reconnaissez-vous ces messieurs, que vous dites n'avoir vus que par derrière ? demanda simplement Rosny.

La Ramée, sans répondre, montra sur le buffle de Vernetel une goutelette de sang à peine visible, à laquelle adhéraient quelques poils d'un gris fauve.

Quant à Castillon, il avait sur l'épaule droite une faible trace de ce sable humide des celliers sur lequel reposent les bouteilles.

En effet, Vernetel avait rapporté le lapin et Castillon la dame-jeanne.

Ces preuves suffisaient à des esprits déjà trop convaincus. Nul ne fit une observation, pas même les accusés.

Mais la Ramée n'était pas au bout. Il s'arrêta devant plusieurs gardes qu'il inspecta minutieusement jusqu'à ce que, avisant Pontis qui l'attendait de pied ferme, quoique un peu pâle, il lui prît la main.

Pontis le repoussa en disant :

— Ne touchez pas, sinon plus de trêve !

— Voici le troisième, dit la Ramée, et c'est le plus coupable. C'est celui-là qui a pris les tisons au feu ; regardez ses mains, elles sentent la fumée.

— Vous ne supposez pas, interrompit le capitaine, que vos preuves nous satisfassent ?

— Qu'on amène ces hommes au château alors, et qu'on les confronte avec mes gens.

— Inutile, s'écria Pontis, inutile, en vérité, c'est humiliant de rougir ou de pâlir devant un pareil accusateur. Depuis dix minutes tout le corps des gardes se laisse insulter par ce drôle, pour quelques volailles et un rable de lapin ; c'est humiliant.

— Qu'est-ce à dire ? demanda Rosny, et que concluez-vous ?

— Je conclus que c'est moi qui suis allé au château, puisque château il y a, une vraie bicoque. Je croyais avoir affaire à de bons serviteurs du roi, et demander place à la table, ce qui se fait partout, entre bons gentilshommes qui voyagent. Je dis plus, en Dauphiné, chez moi, un châtelain court au-devant des hôtes et les amène de force à son foyer. Mais puisqu'ici nous sommes en présence d'un mauvais Français, d'un Espagnol, d'un ladre, sambioux ! et que la trêve nous lie les mains, supportons-en les conséquences. C'est donc moi qui, refusé par les gens de monsieur, ai cru devoir me procurer des vivres.

— Acheter, s'écria Vernetel, acheter !

— Oui, acheter, dit Castillon, nous avons acheté.

— Vous mentez! répliqua la Ramée d'une voix courroucée.

— J'ai jeté une pièce d'argent dant la cuisine, balbutia Castillon.

— Vous mentez ! continua l'insolent accusateur.

— Eh ! oui, dit Pontis avec douceur à Castillon et à Vernetel en leur prenant affectueusement les mains. Oui, monsieur a raison, vous mentez, mes pauvres chers amis, nous n'avons pas acheté ; est-ce qu'il y a de l'argent, chez nous ? Jamais! mais il y a de l'honneur, et je vais le prouver à ce soi-disant gentilhomme. C'est moi, Pontis, moi seul qui ai conçu le projet de la maraude; moi qui ai entraîné mes deux amis, sans leur dire mes desseins ; moi qui les ai faits mes complices malgré eux. C'est moi qui ai lancé les tisons par la chambre, sans croire, hélas ! qu'ils provoqueraient un incendie ; mais enfin, je les ai lancés, il n'y a que moi de coupable. Je me livre, me voici.

— Monsieur, s'écrièrent Castillon et Vernetel, ne le croyez pas, nous en sommes !

— Pardieu ! dit la Ramée.

— Ah ! répliqua Rosny, révolté par l'esprit de vengeance qui animait si furieusement ce jeune homme, ah ! il vous faudrait trois victimes !

— Une par volaille, ajouta Pontis.

— Vous les réclamez, n'est-ce pas ? dit le capitaine.

— Je réclame justice.

— Posez vos conclusions.

— Elles sont toutes simples, la trêve a été violée, l'avouez-vous?

— C'est vrai, dit Rosny.

— Mais c'est convenu, s'écria Pontis, nous tournons dans les mêmes redites. Monsieur veut-il un morceau de ma peau équivalant à celle de ses canards ?

— Il est écrit, articula la Ramée d'une voix brève et tranchante comme un coup de hache, que les infractions à la trêve, c'est-à-dire les rapines, les violences et l'incendie, seront punis de mort. Votre roi a-t-il signé cela, oui ou non ?

— La mort ! murmura Pontis, stupéfait de la féroce insistance de ce jeune homme.

— C'est écrit, vous deviez le savoir, répéta la Ramée.

— Pour deux canards, ce serait fort ! s'écria Vernetel exaspéré.

— Il s'agira de voir, dit la Ramée d'une voix étranglée par la passion, si un serment est un serment, et, au cas où les articles d'une trêve auraient si peu de valeur qu'on les pût violer impunément, tout le pays saura que ce n'est plus avec des paroles qu'on doit accueillir les soldats royalistes quand ils se présenteront dans nos maisons, mais avec de bons mousquets dont nous ne manquons pas, Dieu merci ! Et alors, on appellera guerre la bataille rangée, et paix, tous les massacres qui se feront dans les campagnes. Et alors, aussi, continua-t-il, entraîné par son éloquente fureur, tout sera bon pour détruire ces parjures. On les laissera voler les vivres, mais ces vivres seront empoisonnés. Voilà ce que produit l'injustice, messieurs ; contre tout abus, l'excès. Venez nous piller, comme font les rats ; nous vous donnerons, comme à eux, de l'arsenic. Encore, s'ils rongent, au moins, n'incendient-ils pas !

Rosny, qui avait tenu la tête constamment baissée pendant cette harangue, sortit de sa méditation.

— Monsieur, dit-il, puisque vous persistez à demander l'exécution des articles, il sera fait selon votre désir. C'est peu chrétien, mais vous êtes dans votre droit.

La Ramée s'inclina, et son visage calmé parut alors

ce qu'il était, magnifiquement noble et beau de hardiesse et d'orgueil.

— Je suis contraint, ajouta Rosny, en se tournant vers Pontis, de vous livrer au prévôt, qui vous retiendra prisonnier jusqu'à ce que la justice ait prononcé sur votre sort.

Pontis fit un geste d'assentiment. Sa résignation n'ébranla point la Ramée.

— Quant aux autres, dit-il comme si c'était lui qui dût être à la fois le juge et l'exécuteur, je n'ai point de compte à leur demander. Quelques jours de prison me suffiront.

— Les autres, interrompit Rosny rouge de colère, j'en dispose, et non pas vous, monsieur! Les autres, je les décharge de toute responsabilité, ils sont libres, leur camarade aura payé pour tous. Ainsi, vous pouvez vous retirer, monsieur de la Ramée, et publier partout que le roi de France fait bonne justice, même à ses ennemis.

En disant ces mots, Rosny indiquait à la Ramée sa route; il le congédiait. Celui-ci, sans s'émouvoir :

— Un moment, je vous prie, dit-il, je crois que nous ne nous entendons pas.

— Plaît-il? demanda Rosny, fatigué dans sa fierté légitime de l'obsession d'un pareil adversaire.

Et il lança un regard de travers, précurseur de tempête. Ce mauvais regard de Rosny était très-connu et très-redouté. Mais la Ramée ne s'effrayait pas pour un coup d'œil.

— Non, monsieur, répliqua-t-il, nous ne nous entendons pas. Moi, je sais par cœur les articles de la trêve, et vous les oubliez perpétuellement. Ainsi, il n'est pas convenu que le délinquant sera remis au prévôt de son parti, pour être jugé par les juges de son parti, non; il est établi, au contraire, qu'il sera livré à ceux qu'il aura offensés ou lésés, pour *justice en être faite;* voilà la teneur. Ainsi, monsieur, on devrait me remettre le coupable pour qu'il fût jugé par un bailli du lieu. Mais ce n'est point de jugement qu'il s'agit ici, le crime est constant, prouvé, avoué. La peine est écrite ; passons à l'exécution.

Un cri de fureur et de dégoût retentit dans tous les rangs. Cet homme eût été déchiré s'il ne se fût trouvé des chefs énergiques et respectés pour contenir les gardes.

— Ah ! coquin, murmura Pontis en montrant le poing à la Ramée, tu as raison de chercher à me faire arquebuser, car si j'étais libre, ou si la chance veut que j'en réchappe...

— Faites-moi le plaisir de tirer à l'écart, dit Rosny à la Ramée, je ne réponds pas sans cela de votre salut. M. de Crillon va venir tout à l'heure et certainement faire exécuter la loi. Il est le maître absolu de ses gardes ; attendez son retour, et en attendant soyez prudent, car il pourrait arriver ceci : ou que M. de Pontis, qui n'a plus grand chose à risquer, vous passât son épée au travers du corps, on n'est arquebusé qu'une fois, ou qu'un de ses camarades vous cherchât une de ces querelles... Vous m'entendez ; il y a des Allemands parmi ces messieurs.

— Je vous remercie de vos prudents conseils, monsieur, repartit la Ramée avec son aigre sourire ; mais je ne crains ni celui-ci, ni celui-là, dans votre cantonnement. M. de Rosny ne laissera jamais assassiner un homme qui se plaint à bon droit.

En disant ces mots, il salua l'illustre baron huguenot, sans même essayer de réprimer l'insolente ironie de son accent et de son regard.

Soudain il sentit une main s'appuyer sur son épaule, et se retourna.

C'était la main d'Espérance qui, après des efforts prodigieux pour se vaincre pendant les débats révoltants dont il avait été témoin, venait de céder à la tentation d'entrer en scène et de jouer un rôle à son tour.

Il avait donc quitté sa place toute sillonnée des trépignements d'impatience dont il l'avait labourée depuis dix minutes, et traversant les gardes irrités, vint suppléer Rosny dans ce fâcheux dialogue.

Il appuya, disons-nous, sa charmante main musculeuse et blanche sur l'épaule de la Ramée, qui se retourna de l'air fâché d'un chat qu'on interrompt lorsqu'il savoure une arête.

— Deux mots, monsieur, s'il vous plaît, dit Espérance avec un aimable sourire.

Ces deux visages se trouvèrent en présence. Beaux tous deux, l'un de sa pâleur nacrée sous laquelle couvait la colère ; l'autre d'un frais vermillon qui dénotait cette heureuse santé du corps et de l'esprit, sans laquelle il n'est pas de véritable bonté ni de véritable force.

Aux premiers accents d'Espérance, la Ramée tressaillit, son instinct lui révélait un rude adversaire.

— Que voulez-vous ? répliqua-t-il sèchement.

— Vous fournir un moyen de terminer votre affaire, monsieur. Dans les circonstances embarrassantes, on est souvent heureux de rencontrer la solution qu'on cherchait.

Espérance avait haussé la voix de telle façon, que Rosny d'abord, puis un certain nombre de gardes entendirent et se rapprochèrent, curieux de juger par eux-mêmes le mérite de la solution dont on parlait.

Espérance, du coin de l'œil, avait vu Pontis entouré par les archers du prévôt. Ce spectacle douloureux l'animait à obtenir un prompt résultat de sa conférence.

La Ramée, au contraire, blessé de ce retour offensif sur une question qu'il jugeait épuisée, voulait éconduire au plus tôt le conciliateur importun dont l'exorde venait de susciter autour d'eux une galerie nouvelle de curieux et de malintentionnés.

— Si vous teniez à me faire plaisir, dit-il à Espérance, vous vous occuperiez de vos affaires, non des miennes.

— Monsieur, répondit le beau jeune homme, tout ce que je viens d'entendre ne m'a pas disposé le moins du monde à vous faire plaisir. Mais je vous crois fort embarrassé par vos débuts en cette affaire. Vous avez tellement crié, vous avez tellement gémi, que vous vous serez exagéré à vous-même votre offense et votre souffrance. Cela se voit souvent. Et puis, vous craigniez la partialité de ceux à qui vous faisiez vos plaintes. Donc, vous avez demandé le plus possible pour obtenir quelque chose. J'explique cela ainsi.

— Et moi, monsieur, interrompit la Ramée insolemment, je n'ai aucun besoin de vos explications, et vous en dispense.

Aussitôt il lui tourna le dos. Mais Espérance, sans se déconcerter, tourna comme lui et se remit en face avec une fermeté si calme et un tour de pirouette si élégamment équilibré, que l'admiration succéda à l'attention parmi les spectateurs.

— Je disais, reprit-il du même ton, que si vous eussiez été dans votre sang-froid, vous vous fussiez aperçu que des poules volées et de la paille brûlée ne suffisent pas pour qu'on fasse tuer un homme. C'est écrit dans la trêve, je le veux bien, mais au fond de votre esprit, au fond de votre cœur, vous trouvez l'article barbare et digne des anthropophages. Cette pensée vous honore, je la lis dans vos yeux.

La Ramée, pâle comme un spectre, s'aperçut que son interlocuteur le raillait. Un éclair effrayant jaillit de ses prunelles rougies.

— Je viens donc vous aider, continua Espérance, à revenir sur les conclusions farouches que vous dictait d'abord la colère, et c'est ici que se présente naturellement ma solution. Pour tout le monde, il est clair qu'un dommage a été causé, dommage qu'il convient de réparer.

— Ah çà ! seriez-vous un avocat ou un prêcheur? s'écria la Ramée tremblant de colère sous le souffle ardent de la popularité qui caressait chaque parole de son adversaire.

— Ni l'un ni l'autre, monsieur, mais on s'accorde à trouver que je parle facilement. J'ai eu un excellent précepteur, un Vénitien à la fois théologien et légiste. C'est de lui que je tiens cet axiome latin, que je vous traduis en français pour ne paraître pas un pédant : Le dommage d'argent se paye en argent ; or, que vaut un canard, que valent cinq cents bottes de paille? Très-cher, assurément, lorsqu'on les pille ou brûle en temps de trêve. Mais, entre nous, en temps ordinaire, cette affaire-là s'arrangerait pour deux pistoles. Vous vous récriez ; c'est vrai, j'oubliais qu'avec la paille on a brûlé la grange. Peste ! c'est plus grave. Il y en a pour vingt écus au moins !

Un formidable éclat de rire des assistants écrasa la Ramée, qui serra les poings et chercha du regard à son côté le couteau qu'on lui avait pris.

— Ne riez pas, messieurs, dit gravement Espérance, car vous feriez oublier à monsieur qu'il s'agit de la vie d'un homme !

— Je trouve honteux, balbutia la Ramée dans le délire de sa rage, je trouve déshonorant de chercher ainsi deux cents auxiliaires contre un seul ennemi.

— Moi, votre ennemi ? je suis votre meilleur ami, au contraire. Je veux vous épargner un remords éternel.

L'affreux sourire qui plissa les lèvres de l'autre fit comprendre à Espérance que ce mot remords n'a pas de sens pour tout le monde. La Ramée l'accompagna d'un geste méprisant, et rompit l'entretien par cette phrase :

— Nous nous reverrons.

Et il s'éloignait encore une fois ; mais, pour le coup, Espérance perdit patience. Il allongea le bras, saisit la Ramée par la ceinture, et, tout grand qu'il fût, le retourna vers lui comme si cette créature de chair et d'os eût été un mannequin d'osier bourré de plume.

La Ramée étourdi chancela, et une imprécation, un blasphème qu'il proféra, fut étouffé par les applaudissements de la foule.

— Maintenant, dit Espérance, j'ai épuisé avec vous les prières et les discussions courtoises. Venons au fait Vous voulez que ce jeune homme meure ?

Il désignait Pontis.

— Moi, je ne le veux pas. Vous dites que l'on a incendié votre propriété ; c'est faux, la grange qui a brûlé tout à l'heure n'est pas à vous, elle est une dépendance de la métairie appartenant à M. de Balzac d'Entragues dont votre père est l'ami, presque l'intendant, je le sais, mais enfin, la grange n'est pas à vous. Ah ! cela vous étonne que je sache si bien vos affaires, moi, un voyageur qui passe ; attendez, je vous en dirai plus encore : Vous êtes un orgueilleux, un de ces vertueux catholiques qui ont sucé, au lieu de lait, le fiel et le vinaigre de sainte mère la Ligue ; votre père est encore malade des suites d'une blessure qu'il a reçue en combattant contre le roi, pour les Espagnols... un Français!... vous ne seriez pas fâché, vous, de faire pendre quelques soldats du Béarnais, depuis que vous ne pouvez plus les tuer à l'affût derrière des buissons, comme cela s'est fait l'an dernier, pas plus tard, aux environs d'Aumale... Ah! ah! comme je vous étonne! Eh bien, mon maître, moi qui sais tant de belles choses sur votre compte, moi qui ne suis ni garde de Sa Majesté, ni sujet à la trêve, moi qui, si vous y tenez, vais vous dire encore toutes sortes de petits secrets devant ces messieurs, je vous répète mes conclusions: Pour les canards volés chez vous, pour la violation de votre domicile, j'évalue qu'il peut vous revenir vingt pistoles; mais comme il s'agit de sauver un de nos semblables, cela vaut quatre-vingts pistoles de plus. Certainement, c'est peu priser un galant homme que de l'estimer quatre-vingts pistoles, mais enfin, je n'ai que cela dans ma bourse; voici les cent pistoles, signez-moi votre désistement.

En disant ces mots, Espérance tira sa bourse bien brodée qu'il étala aux yeux de la Ramée.

Celui-ci était resté comme abruti par la surprise et la terreur. Cet inconnu qui le connaissait, et, après l'avoir convaincu de mensonge, dénonçait ainsi jusqu'à ses plus secrètes pensées; cette vigueur, cette beauté, cette assurance, le cri terrible de la conscience et cette universelle réprobation lui ôtaient la faculté de penser, de parler, de se mouvoir.

Quant à Espérance, ses paroles chevaleresques, son esprit, sa hardiesse, et par-dessus tout la magique bourse gonflée d'or, l'avaient transformé aux yeux des gardes, non pas en dieu, mais en idole. C'était à qui se jetterait dans ses bras, et Pontis, tenu à distance par le respect et la modestie, aussi bien que par les archers, essuyait une larme ou du moins une vapeur au bord de sa paupière.

La Ramée en était encore à se répéter avec la ténacité d'un fou :

— Mais, par qui sait-il tout cela, et quel est cet homme?

IV

COMMENT M. DE CRILLON INTERPRÉTA L'ARTICLE IV DE LA TRÊVE

Cependant, comme la stupéfaction n'est pas de l'attendrissement, comme le silence n'est pas un consentement, quoi qu'en dise le proverbe, les affaires de Pontis ne marchaient pas, et il n'avait d'autre ressource qu'un prompt retour de M. de Crillon.

La Ramée ne put tenir contre la curiosité qui le dévorait.

— Vous connaissez donc M. de Balzac d'Entragues? dit-il.

— Oui, monsieur, répondit Espérance.

Et comme il vit s'éclairer d'une flamme étrange la physionomie de la Ramée.

— Je le connais vaguement, dit-il.

— Cependant, tous ces détails, que vous semez si familièrement, indiqueraient que vous connaissez dans l'intimité... soit lui... soit...

— Qui? demanda Espérance en attachant un regard assuré sur le visage de la Ramée, qui détourna les yeux comme s'il craignait d'en avoir trop dit.

Évidemment, poursuivit Espérance fort du silence de son ennemi, je parle avec connaissance de cause, et j'ai puisé mes renseignements sur vous à de bonnes sources.

— Vous en avez trop dit pour ne pas achever, monsieur, répliqua le pâle jeune homme. Et ces mêmes détails, fit-il en baissant la voix, ne vous ont pas tous été confiés pour que vous en abusiez comme vous venez de le faire.

Espérance, au lieu de se laisser engager dans cette explication particulière, haussa la voix sur-le-champ, et dit :

— Voyons, un refus ou un acquiescement.
— Je réfléchirai.
— Je vous donne dix minutes.

Ce ton bref et provocateur réveilla l'orgueil de la Ramée qui sur-le-champ s'écria :

— Soit. J'ai réfléchi. Le voleur sera mis à mort, et, quant à nous, nous causerons après.

— Du tout, nous causerons tout de suite. Je suis las de vos fanfaronnades et de vos férocités. Celui que vous appelez le voleur, n'est pour moi qu'un jeune homme affamé ; vous demandez sa mort, je demande sa vie, et, comme pour arriver à votre but, vous avez pris tous les chemins, même les moins dignes d'un gentilhomme, à mon tour j'userai de tous les moyens en mon pouvoir. Je vous préviens donc que je vous tiens pour un déloyal et méchant garnement, que tout à l'heure je coucherai sur l'herbe d'un coup d'épée, si Dieu est juste. Et parce que je pourrais avoir mauvaise chance dans ce combat, je veux avant de l'entreprendre vous ôter toute ressource et toute fuite. Si vous me tuez, je veux que vous soyez pendu. Cela m'est très-facile. Écoutez bien !

Il s'approcha de l'oreille de la Ramée.

— Je dirai à ces messieurs, ajouta-t-il tout bas, que l'an dernier, près d'Aumale, vous avez rapporté de l'affût certaine bague qu'assurément vous n'avez pas trouvée sur un lièvre, car c'est un anneau de gentilhomme, et à le bien regarder, on reconnaîtrait les armoiries gravées sur le chaton.

La Ramée fit un mouvement qui trahit toute son inquiétude.

— Et, quand j'aurais rapporté une bague, dit-il, en attachant un regard effaré sur la physionomie calme et sereine d'Espérance, en quoi cela me ferait-il pendre, comme vous dites?

— Si cette bague avait appartenu à quelque seigneur huguenot tué ou plutôt assassiné d'un coup d'arquebuse lorsqu'il passait près d'Aumale dans un chemin creux bordé d'une double haie d'épines...

La Ramée devint livide.

— A la guerre, dit-il, on porte une arquebuse et l'on s'en sert contre les ennemis.

— Fort bien. Mais, lorsqu'on tombe aux mains de ces ennemis, ils vous pendent. Voilà ce que je voulais vous dire.

La Ramée, frissonnant et déconcerté :

— Vous prouveriez alors, dit-il, que j'ai...

— Assassiné le seigneur huguenot ? Ce serait difficile. Mais je prouverai que vous avez pris à son doigt l'anneau en question.

— Ah!...

— Oui, et qui plus est, je dirai par quelle personne cet anneau avait été donné au gentilhomme, et à quelle personne vous l'avez rendu. Peut-être alors devinera-t-on pourquoi le gentilhomme a été assassiné; peut-être alors fera-t-on des découvertes dont le résultat vous fera pendre... Vous voyez que je reviens toujours au même point; donc je suis dans le vrai et j'y reste.

La Ramée, au comble de l'épouvante, se mordait convulsivement les doigts en ravageant sa moustache rousse.

— C'est bien, murmura-t-il d'une voix saccadée après quelques secondes de réflexion. Vous tenez un de mes secrets, je cède, le voleur vivra. Mais, monsieur, après cette concession, si vous n'êtes point un lâche, au lieu de me faire massacrer par tous ces soldats que vous ameutez contre moi, vous me joindrez tout à l'heure au détour du chemin. Je connais un endroit fourré, désert, propre à l'entretien que nous pourrions avoir ensemble, et pour lequel il ne me manque que mon épée. Dix minutes pour l'aller chercher chez moi, et je suis à vos ordres.

— A la bonne heure! répliqua Espérance, apportez votre épée; mais je vous préviens que je me défierai de l'arquebuse, et que j'ai un poitrinal attaché à ma selle.

Avant que la Ramée n'eût pu répondre à cette rude attaque, on entendit à plusieurs reprises prononcer le nom de Crillon.

Et en effet, sous les tilleuls s'avançait, escorté par Rosny et les officiers, l'illustre chevalier, que trois rois successivement avaient surnommé le Bravo, et qui n'avait pas de rival en Europe pour la vaillance, l'adresse et la générosité.

Crillon avait alors cinquante-deux ans : il était robuste et portait haut sa tête, petite eu égard aux vastes proportions de son corps. Sans le feu qui jaillissait de ses yeux largement fendus, on l'eût pris, avec son épaisse moustache grise, les fraîches couleurs et l'embonpoint de ses joues, pour quelque honnête quartenier bourgeois encadré dans le hausse-col d'un colonel. Mais cette moustache se hérissait-elle, ces joues venaient-elles à frémir au vent de la bataille, apparaissait Crillon, et, de ce corps trapu, s'élançaient comme autant de ressorts, les muscles devenus élégants, nobles, irrésistibles : une flamme divine immatérialisait toute cette argile, et de la gaîne vulgaire du quartenier bourgeois jaillissait le héros sublime.

Bon nombre de gardes suivaient à distance leur chef vénéré. Celui-ci se faisait raconter par Rosny la scène de l'accusation et l'acharnement de l'accusateur.

— Où est l'inculpé? demanda-t-il.

— C'est moi, monsieur, répliqua piteusement Pontis.

— Ah! c'est toi; tu débutes mal, cadet dauphinois. Fouler le pauvre peuple, c'est défendu.

— Monsieur, j'avais faim, et ce n'est pas le pauvre peuple que je mettais à contribution, mais un riche gentilhomme qui eût dû m'offrir à dîner.

— Ah! où est-il, ce gentilhomme? demanda Crillon.

Rosny lui montra du doigt la Ramée près de qui se tenait Espérance.

— Lequel des deux? ajouta Crillon.

— Pas moi, dit Espérance en se reculant.

— Ah!... c'est monsieur...

Et Crillon toisa l'accusateur avec cette froide autorité devant laquelle tout orgueil plie et se tait.

— Que lui a-t-on pris?

— De la volaille, dit Pontis.

— Et une grange a été brûlée, dit brusquement Rosny.

— Pour laquelle ce généreux seigneur a offert de donner cent pistoles, s'écria Pontis avec précipitation comme s'il eût voulu empêcher son colonel de suivre une idée défavorable.

— Cent pistoles pour des volailles et une grange, c'est fort raisonnable, dit Crillon.

— N'est ce pas, monsieur?

— Tais-toi, cadet. Eh bien! qu'on donne les cent pistoles au plaignant et qu'il remercie.

— Bah! interrompit Rosny, le plaignant veut autre chose.

— Quoi donc?

— Il réclame l'exécution de l'article de la trêve.

— Quelle trêve?

— Il n'y en a qu'une, je pense, dit aigrement la Ramée, qui avait cru prudent jusque-là de garder le silence, et qui, d'après ses conventions avec Espérance, voulait bien céder la vie de Pontis, mais à condition qu'on lui en fît des remerciments.

— Est-ce à moi que vous parlez? demanda Crillon, en dilatant son grand œil noir qui rayonna sur le malheureux la Ramée.

— Mais oui, monsieur.

— C'est qu'alors on ôte son chapeau, mon maître.

— Pardon, monsieur.

Et la Ramée se découvrit.

— Vous disiez donc, continua Crillon, que ce jeune homme veut autre chose que de l'argent pour ses volailles et pour sa grange?

— Il veut qu'on exécute l'article de la trêve, s'écria Pontis, c'est à-dire qu'on me passe par les armes.

Crillon fit un soubresaut qui n'annonçait pas un grand respect pour la teneur de l'article.

— Par les armes! dit-il. Pour des poulets!

— Pour des canards, monsieur; et voyez, le prévôt m'avait déjà saisi.

— Qui a ordonné cela? demanda Crillon se retournant d'une pièce.

— Moi, dit Rosny un peu gêné.

— Êtes-vous fou? répliqua Crillon.

— Monsieur, il faut faire respecter la signature du roi.

— Harnibieu! s'écria Crillon, vous voilà bien, vous autres gens de robe, qui vous croyez soldats parce que vous nous regardez faire la guerre. Donner un homme au prévôt parce qu'il a pris des canards...

— Et brûlé... interrompit Rosny.

— Une grange, nous le savons. Et c'est toi, dit-il à la Ramée, qui réclamais ce châtiment pour *mon* garde?

— Oui, dit la Ramée, fort ému de ce subit tutoiement de Crillon; mais l'orgueil parla encore plus haut que l'instinct de la conservation.

— Et l'on t'offrait cent pistoles de rançon ?

— Oui, continua la Ramée d'un demi-ton plus bas.

— Eh bien ! dit Crillon en s'approchant de lui les mains derrière le dos, avec un sourcil hérissé comme sa moustache, je vais te faire une autre proposition, moi, et je gage que tu ne réclameras pas après l'avoir entendue. M. de Rosny, que voilà, est un philosophe, un habile homme en fait de mots et d'articles. Il a eu la patience de t'écouter, à ce qu'il paraît, et vous vous êtes entendus et il t'a prêté mon prévôt, car c'est le mien. Moi, je vais te le donner tout à fait. Regarde un peu la belle branche de tilleul; dans trois minutes tu y vas être accroché, si dans deux tu n'as pas regagné ta tanière.

— Morbleu ! s'écria la Ramée épouvanté, je suis gentilhomme, et vous oubliez qu'au-dessus de vous est le roi.

— Le roi ? continua Crillon qui ne se possédait plus, le roi ? Tu as parlé du roi, ce me semble. Bon, je te ferai couper la langue. Il n'y a de roi ici que Crillon, et le roi ne commande pas aux gardes. Je t'avais donné deux minutes, mon drôle, prends garde, je t'en retire une !

Un geste de la Ramée, une vaine protestation se perdirent dans l'effrayant tumulte qui couvrit ces paroles de Crillon. Les gardes ne se possédaient plus de joie, ils battaient follement des mains et jetaient leurs chapeaux en l'air.

— Une corde, prévôt, continua Crillon, et une bonne !

La Ramée recula écumant de rage devant le prévôt qui faisait siffler la corde demandée.

— Pardon, monsieur, dit alors Espérance au malheureux propriétaire, emportez votre argent, il est à vous.

— J'emporte mieux que l'argent, répliqua la Ramée les dents tellement serrées qu'on l'entendait à peine ; j'emporte un souvenir qui vivra longtemps.

— Et notre entretien, monsieur la Ramée, dans ce fameux fourré désert ?

— Vous ne perdrez point pour attendre, dit la Ramée.

Et aussitôt il fit retraite, la face tournée vers les gardes, marchant à reculons comme le tigre devant la flamme.

Une immense huée salua son départ. La honte le saisit ; c'en était trop depuis une heure.

Poussant un cri sourd, un cri désespéré, un cri de vengeance et de terreur vertigineuse, il s'enfuit en bondissant et disparut.

— Vive M. de Crillon, notre colonel ! hurlèrent les deux compagnies dans leur ivresse.

— Oui, dit Crillon, mais qu'on n'y revienne plus ! car effectivement ce coquin avait raison ; vous êtes tous des drôles à pendre !

Crillon, après avoir abandonné ses deux mains à la foule qui s'empressait pour les lui baiser, se tourna vers Rosny, qui boudait et grommelait dans son coin.

— Çà, dit-il, pas de rancune. Vous voyez que tous vos scrupules sont de trop avec de pareils brigands.

— La loi est la loi, répliqua Rosny, et vous avez tort de vous mettre au-dessus. Les esprits, échauffés par votre faiblesse d'aujourd'hui, ne sauront plus se retenir une autre fois, et au lieu d'un homme qu'il fallait sacrifier à l'exemple, vous en sacrifiez dix.

— Soit, je les sacrifierai. Mais l'occasion sera bonne, tandis qu'aujourd'hui c'eût été une cruauté stérile.

— Monsieur, dit aigrement Rosny, je n'agissais qu'en vue de faire respecter les armes du roi.

— Harnibieu! ne les fais-je point respecter, moi? répondit Crillon avec une vivacité de jeune homme.

— Ce n'est point cela que j'entends, et par grâce, si vous avez des observations à me faire, faites-les-moi en particulier, pour que personne ne soit témoin des différends qui s'élèvent entre les officiers de l'armée royale.

— Mais, mon cher monsieur Rosny, il n'y a point de différend entre nous; je suis prompt et brutal, vous êtes circonspect et lent. Cela seul suffit à nous séparer quelquefois. D'ailleurs, tout se passe en famille, devant nos gens, et je ne vois point de témoin qui nous gêne pour nous embrasser cordialement.

— Excusez-moi, en voici un, répliqua Rosny en désignant Espérance à Crillon.

— Ce jeune homme, c'est vrai. N'est-ce pas lui qui a offert de payer cent pistoles pour Pontis?

— Lui-même, et regardez avec quelle effusion Pontis lui serre les mains.

— C'est un beau garçon, ajouta Crillon, un ami de Pontis, sans doute?

— Nullement; c'est un étranger qui passait et qui a pris fait et cause pour vos gardes.

— En vérité! il faut que je le remercie.

— Cela lui fera d'autant plus de plaisir que tout à l'heure, en arrivant, c'est vous qu'il cherchait dans le quartier des gardes.

— Il m'a trouvé, alors, dit gaiement Crillon qui s'avança vers Pontis et Espérance.

Ces deux derniers étaient encore en face l'un de l'autre, les mains entrelacées; Pontis, remerciant avec la chaleur d'un cœur généreux qui aime à exagérer le service rendu ; Espérance, se défendant avec la simplicité d'une belle âme qui craint d'être trop remerciée.

L'arrivée de Crillon mit fin à cet affectueux débat.

— Monsieur, dit Pontis à son jeune sauveur, je n'ai point terminé avec vous, et cela durera éternellement.

— Bien ! s'écria le mestre de camp, bien, cadet ! j'aime les gens qui contractent de pareilles dettes et qui les payent. Va-t'en !

Et il lui asséna sur l'épaule une caresse de cent livres pesant.

Pontis plia sous le double fardeau du respect et de ce poing mythologique; il adressa un dernier sourire à Espérance et rejoignit ses camarades.

— Quant à vous, monsieur dit Crillon à Espérance, je vous remercie pour mes gardes. Harnibieu ! vous me plaisez. Ce que vous voulez me dire serait-il une demande que je pusse vous accorder ?

— Non, monsieur.

— Tant pis. Qu'est-ce donc, je vous prie ?

— Monsieur, rien que de fort simple : je vous apporte une lettre.

— Donnez, dit Crillon avec bienveillance, celui qui m'écrit a choisi un agréable messager. De quelle part, s'il vous plaît ?

— Il me paraît que c'est de la part de ma mère.

A cette réponse, empreinte d'une incertitude qui la rendait si singulière, Crillon arrêta sur le jeune homme un regard étonné.

— Comment, il paraît, dit-il, n'en êtes-vous pas certain ?

— Ma foi non, monsieur ; mais lisez, et vous en saurez autant que moi, peut-être plus.

Ces mots, prononcés avec une grâce enjouée, achevèrent d'intéresser Crillon, qui prit la lettre des mains d'Espérance.

Elle était cachetée d'une large cire noire, empreinte d'une devise arabe. On eût dit le type d'une de ces vieilles pièces orientales sur lesquelles les califes faisaient frapper un précepte du Koran ou un éloge de leurs vertus.

La lettre était contenue dans une enveloppe de parchemin d'Italie. Il s'en exhalait un vague parfum noble et sévère comme celui de l'encens ou du cinamone.

Espérance se recula modestement, tandis que Crillon déchirait l'enveloppe. Mais, si peu curieux qu'il voulût être, il fut frappé de l'expression du visage de Crillon, dès la lecture des premières lignes. Ce fut d'abord de la surprise, puis une attention si profonde qu'elle ressemblait à de la stupeur.

Puis, à mesure qu'il lisait, le vieux guerrier baissait la tête. Il pâlit enfin, appuya sa tête sur sa main et poussa un soupir semblable à un gémissement.

On eût dit le passage d'une nuée noire sur un vallon doré de la Lombardie. Tout s'était assombri sur cette sereine et affable physionomie du chevalier.

Crillon releva comme avec effort sa main qui avait fléchi sous le poids de cette lettre si légère. Il la relut encore, puis encore, et toujours avec une émotion qui dégénérait en trouble, en anxiété.

— Monsieur, balbutia-t-il en fixant sur le jeune homme un regard mal assuré, cette lettre me surprend, je l'avoue, elle me frappe. Je chercherais en vain à vous le dissimuler.

— Ah! monsieur, dit vivement Espérance, si la commission vous est désagréable, ne m'en veuillez pas. Dieu m'est témoin que si je l'ai acceptée, c'est malgré moi.

— Je ne vous accuse pas, jeune homme, tant s'en faut, repartit Crillon avec la même bienveillance ; mais j'ai besoin de comprendre tout à fait les choses, un peu obscures pour moi, qui sont renfermées dans cette lettre, et je vous demanderai...

— Vous vous adressez bien mal, monsieur, car j'ai reçu une lettre aussi, moi, et je ne l'ai pas comprise le moins du monde. Si vous voulez m'aider pour la mienne, je tâcherai de vous aider pour la vôtre.

— Très-volontiers, jeune homme, dit Crillon d'une voix émue. Causons bien franchement surtout... n'est-ce pas? Vous êtes avec un ami, monsieur, tirons à l'écart, je vous prie, pour que nul ne nous entende.

En disant ces mots, Crillon entraîna le jeune homme par la main, et le conduisit à son quartier, d'où il renvoya tout le monde.

— Je fais de l'effet, pensa Espérance ; j'en fais trop.

V

POURQUOI IL S'APPELAIT ESPÉRANCE

Crillon alla vérifier lui-même si personne ne pourrait entendre, et revenant s'asseoir près d'Espérance.

— Nous pouvons causer librement, dit-il. Commencez par me dire votre nom.

— Espérance, monsieur.

— C'est tout au plus le nom du baptême ; encore ne sais-je point qu'il y ait un saint Espérance. Mais le nom de famille?

— Je m'appelle Espérance tout court. De famille, je ne m'en connais point.

— Cependant, votre mère dont vous parliez... elle a un nom ?

— C'est probable, mais je ne le sais pas.

— Eh quoi ! dit Crillon avec surprise, vous n'avez jamais entendu nommer devant vous madame votre mère ?

— Jamais, par une excellente raison, c'est que je n'ai jamais vu ma mère.

— Qui donc vous a élevé?

— Une nourrice qui est morte quand j'avais cinq ans, puis un savant qui m'a donné les notions de tout ce qu'il savait, et des maîtres pour le reste. Il m'a enseigné les sciences, les arts, les langues, et a payé des écuyers, des officiers, des maîtres d'armes pour m'apprendre tout ce que doit et peut savoir un homme.

— Et vous savez tout cela? demanda Crillon avec une sorte d'admiration naïve.

— Oui, monsieur. Je sais l'espagnol, l'allemand, l'anglais, l'italien, le latin et le grec; je sais la botanique, la chimie, l'astronomie ; quant à me tenir à cheval, à manier une épée ou une lance, à tirer un coup de mousquet, à nager, à dessiner des fortifications, je n'y réussis pas mal, à ce que disaient mes maîtres.

— Vous êtes un aimable garçon, dit le vieux chevalier; mais revenons à votre mère. Ce devait être une bonne mère pourtant, puisqu'elle a pris un pareil soin de votre éducation.

— Je n'en doute pas.

— Vous dites cela froidement.

— Certes oui, répliqua mélancoliquement Espérance; à force de vivre seul sous la direction d'un homme égoïste et avare, qui ne me parlait jamais de ma mère, mais de son argent, qui chaque fois que mon cœur s'ouvrait à l'espoir de quelque confidence sur cette mère que j'eusse tant aimée, se hâtait, non pas seulement de refermer, mais de glacer ce tendre cœur par quelque menace ou quelque diversion brutale; à force, dis-je, de considérer ma mère comme fabuleuse et chimérique, j'ai senti s'éteindre peu à peu le foyer d'affection qu'un seul mot délicat d'allusion eût entretenu en moi.

— Seriez-vous devenu méchant? dit Crillon, pris d'un douloureux serrement de cœur.

— Moi, monsieur, s'écria le jeune homme avec un charmant sourire, moi, méchant! oh, non! ma nature est privilégiée. Dieu n'y a pas versé une goutte de fiel. J'ai remplacé cet amour filial par l'amour de tout ce qui est beau et bon dans la création. Enfant, j'ai adoré les oiseaux, les chiens, les chevaux, puis les fleurs, puis mes compagnons d'enfance; je n'ai jamais été triste quand il a fait du soleil et que j'ai pu causer avec une créature humaine. Tout ce que j'ai appris de la perversité du monde et des imperfections de l'humanité, c'est mon précepteur qui me l'a enseigné, et, je dois vous le dire, c'est pour ce genre d'étude que mon esprit s'est montré le plus rebelle. Je n'y voulais pas croire, je n'y crois pas encore tout à fait. Un méchant m'étonne, je tourne autour comme on tourne autour d'une bête curieuse, et quand il montre la dent ou la griffe, je crois que c'est pour jouer, et je ris; quand il égratigne ou qu'il mord, je le gronde, et si je le soupçonne venimeux et que je le tue, c'est uniquement pour qu'il ne fasse pas de mal aux autres. Oh! non, monsieur le chevalier, je ne suis pas méchant. C'est si vrai, que parfois on m'a dit de me venger d'une injure que je n'avais pas comprise, et alors on m'appelait poltron, lâche.

— Seriez-vous timide ? demanda Crillon.

— Je ne sais pas.

— Mais cependant, pour supporter patiemment une offense, il faut manquer un peu de cœur.

— Croyez-vous? c'est possible. Moi je croyais que toutes les fois qu'on est certain d'être le plus fort, on devrait s'abstenir de frapper.

— Mais... murmura Crillon, contre la force, les faibles ont l'adresse et peuvent battre un fort.

— Oui, mais si l'on est sûr d'être aussi le plus adroit, ne se trouve-t-on pas dans le cas des gens qui gagnent à coup sûr? Or, gagner à coup sûr n'est pas de la prud'homie, à ce que je pense. C'est donc parce que toute ma vie je me suis trouvé le plus adroit et le plus fort que je n'ai pas poussé les querelles jusqu'au bout. Ah! s'il m'arrive jamais de combattre un méchant qui soit plus fort et plus adroit que moi, je le combattrai rudement, j'en puis répondre.

— C'est bien, je dirai plus, c'est trop bien; car avec un pareil caractère, il vous arrivera ce qui m'est arrivé à moi, une blessure par combat livré. Me voilà réconcilié avec votre caractère, et j'en voudrais presque à votre mère de vous avoir éloigné d'elle avec cet acharnement; car voilà bien des années que cela dure. Quel âge avez-vous ?

— J'aurais, dit-on, vingt ans.

— Quoi ! pas même la certitude de votre âge ?

— A quoi bon ? Je compte du jour que mon souvenir peut aller atteindre, la mort de ma nourrice; cela est arrivé, m'a-t-on dit, quand j'avais cinq ans. Eh bien ! j'ai vu passer quinze étés depuis cette époque.

— Un jour viendra où cette mère se révélera, comptez-y.

— Monsieur, je n'ai plus cet espoir. Il y a six mois, un matin, lorsque je me préparais à aller chasser—il faut vous dire que j'habite une petite terre en Normandie et que la chasse occupe beaucoup de place dans ma vie — j'allais dire adieu à mon précepteur, quand je vis entrer dans ma chambre un homme vêtu de noir, un vieillard d'une belle figure ombragée de cheveux blancs. Cet homme, après m'avoir considéré attentivement et salué avec une sorte de respect qui me surprit de la part d'un vieillard, voyant que j'appelais Spaletta, mon gouverneur, m'arrêta et me dit :

— Seigneur, ne cherchez point Spaletta, car il n'est plus ici.

— Où donc est-il ?

— Je ne sais, seigneur, mais je l'avais fait prévenir de mon arrivée par un courrier qui me précède, et quand tout à l'heure je suis entré dans la maison, votre laquais m'a répondu que Spaletta était monté à cheval et parti subitement.

— Voilà qui est singulier ! m'écriai-je. Vous connaissez donc Spaletta, monsieur ?

— Un peu, dit le vieillard, et je comptais sur lui pour m'introduire près de vous. Son absence me surprend.

— Elle m'inquiète, moi ; car il s'éloignait peu, d'ordinaire. Mais veuillez m'apprendre, puisque vous voilà tout introduit, le motif de votre visite.

Je n'eus pas plutôt prononcé ces paroles, que le front du vieillard s'assombrit, comme si je lui eusse rappelé une pensée amère, que mon aspect aurait d'abord écartée de son esprit.

— C'est vrai, murmura-t-il... le motif de ma visite... Eh bien, monsieur, le voici.

Sa voix tremblait, et l'on eût dit qu'il essayait de retenir un sanglot ou des larmes. Il me tendit alors une lettre enveloppée de parchemin comme celle que j'ai eu l'honneur de vous remettre tout à l'heure, monsieur le chevalier. Elle était fermée d'un cachet noir pareil à celui que vous venez de briser. Au fait, monsieur, la voici, prenez la peine de la lire.

Crillon, dont ce récit avait doublé l'émotion, se mit à lire à demi-voix la lettre suivante, dont les caractères grêles et incertains se dessinaient lugubrement sur le vélin.

« Espérance, je suis votre mère. C'est moi qui du fond de ma retraite où votre souvenir m'a fait supporter la vie, ai veillé sur vous et dirigé votre éducation avec sollicitude. J'invoque aujourd'hui votre reconnaissance, ne pouvant faire appel à votre tendresse. J'ai bien souffert de ne pouvoir vous appeler mon fils, mais j'ai tellement souffert de ne pouvoir vous embrasser, que mes années se sont consumées dans cette soif ardente comme une fièvre. Un pareil bonheur m'était défendu.

» L'honneur d'un nom illustre dépendait de mon silence. Chacun de mes soupirs était épié, le moindre pas que j'eusse fait vers vous m'eût coûté votre vie. Aujourd'hui, placée sous la main de la mort, dégagée à jamais des craintes qui ont empoisonné toute mon existence, sûre du pardon de Dieu et de la fidélité du serviteur que je vous envoie, j'ose vous appeler mon enfant et déposer pour vous dans cette lettre le baiser qui s'élancera de mes lèvres avec mon âme.

» On me dit que vous êtes grand, que vous êtes beau. Vous êtes bon, fort, adroit. Tout le monde vous aimera. Vos qualités, votre éducation vous conduiront aussi haut que votre naissance eût pu le faire. J'ai tâché que vous fussiez riche, Espérance ; mais, bien que depuis votre naissance, j'aie changé en clinquant mes joyaux et mes pierreries, afin d'amasser pour vous, la mort me surprend avant que j'aie pu vous composer une fortune digne de mon amour et de votre mérite. Cependant, vous n'aurez besoin de qui que ce soit sur la terre, et s'il vous plaît de vous marier, pas un père de famille, fût-il prince, ne vous refusera sa fille à cause de votre dot.

» Il faut que je vous quitte, Espérance, mon fils ; la chaleur de la vie abandonne mes doigts, mon cœur seul est encore vivant. Je vous recommande d'abord de ne me point maudire, et d'accueillir parfois mon fantôme triste et doux, qui viendra vous visiter dans vos rêves. Je fus une âme tendre et fière dans un corps que vous pouvez vous représenter noble et beau.

» Je vous adjure ensuite, si votre inclination vous porte à embrasser le métier des armes, de ne jamais servir une cause qui vous oblige de combattre contre M. le chevalier de Crillon. Mon serviteur vous remettra une lettre pour cet homme illustre. Vous la rendrez vous-même à M. de Crillon.

» Adieu. Je vous avais nommé Espérance, parce qu'en vous était tout mon espoir sur la terre. Aujourd'hui encore vous vous nommez pour moi Espérance. Je vous attends au ciel pour l'éternité ! »

Il n'y avait pas de nom au bas de cette lettre ; rien qu'un large et long espace vide : soit que la mort, se hâtant d'enlever sa proie, lui eût assuré le secret éternel en l'empêchant de tracer un nom, soit que la mourante elle-même se fût arrêtée au moment de se nommer, et que, soumise encore à la loi mystérieuse qui avait dirigé toute sa vie, elle eût voulu précipiter avec elle son secret dans le néant...

— En sorte, dit Crillon après un long silence, que vous ignorez qui était... cette personne?

— Absolument.

— N'importe, voilà une lettre touchante, ajouta le chevalier de Crillon en proie à l'émotion la plus vive. C'est bien une lettre de mère.

— Vous trouvez, n'est-ce pas, monsieur le chevalier?

— Continuez votre récit, jeune homme, et dites ce qu'était devenu votre précepteur.

— Vous allez le deviner, monsieur. Quand j'eus achevé cette lettre de ma mère, le vieillard me voyant touché, les yeux humides, me prit et me baisa la main.

— Puis-je savoir, lui demandai-je, si l'on vous a chargé de me dire le nom qui n'est pas écrit sur ce papier?

Et je lui montrai la place vide de la signature.

— Monsieur, répliqua le vieillard, on m'a imposé l'obligation contraire.

— C'est bien, dis-je avec amertume; j'espérais encore que l'on aurait eu assez de confiance, sinon en ma discrétion, du moins dans mon orgueil, pour me révéler un secret qu'il m'est si honorable de garder.

— Monsieur, ne sachant rien, vous ne serez jamais exposé à vous trahir, et par conséquent à vous perdre. C'est pour elle que madame votre mère s'est tue pendant sa vie, c'est pour vous qu'elle garde le silence après sa mort.

Je n'insistai plus. Le bon vieillard me remit alors la lettre qui vous était destinée. Je lui demandai pourquoi il m'était recommandé de ne jamais porter les armes contre M. de Crillon.

— Parce que, répliqua le serviteur de ma mère, M. de Crillon n'embrasse jamais que les causes loyales et justes, et puis, parce qu'il fut l'ami de quelqu'un de très-grand dans votre famille.

Je n'avais rien à objecter. En effet, le brave Crillon est le plus loyal des chevaliers, et, ma mère n'eût-elle rien recommandé, jamais l'idée ne me serait venue de porter les armes contre lui.

Crillon rougit et baissa les yeux.

—Le vieillard, ajouta Espérance, me demanda ensuite à visiter la chambre de mon gouverneur Spaletta, pour savoir si celui-ci n'aurait pas laissé quelque avertissement de son départ. Mais non, il n'y avait rien.

Tandis que nous parcourions la maison, le serviteur de ma mère manifestait un étonnement qui éclata en une sorte de colère, quand je lui eus fait voir tout l'ameublement et la vaisselle, qui étaient d'une simplicité que jusque-là j'avais appelée luxe.

Ce fut bien pis, lorsque descendu aux écuries, le vieillard n'aperçut que mon cheval au râtelier, encore ce cheval était-il une bête commune quoique vigoureuse.

—Est-ce là, s'écria-t-il, est-ce bien là le genre de vie que l'on vous a fait mener? Quoi, un seul cheval! et toute cette maigre dépense!... Combien de gens avez-vous pour votre service? Vous thésaurisez donc?

— J'ai une femme de charge qui dirige la cuisinière et un laquais. Encore Spaletta trouvait-il l'entretien de tout cela bien cher, et il avait raison. La pension que nous faisait ma mère suffisait à peine depuis que j'avais désiré me faire une petite meute de sept chiens.

Le vieillard frappa du pied, furieux.

— Seigneur, s'écria-t-il, je comprends maintenant pourquoi Spaletta s'est enfui à mon approche. La pension de votre mère était, dites-vous, à peine suffisante?... Savez-vous bien le chiffre de cette pension?

— Mais, mille écus par chaque année, je crois, répondis-je.

— J'envoyais mille écus par mois ! dit le vieillard, rouge d'indignation, et vous devriez avoir ici six laquais, autant de chevaux et un parc où chevaux et chiens se fussent fatigués tous les jours. Mais, voyez-vous, Spaletta vous a volé dix mille écus par an. Depuis dix ans que cela dure, il doit être riche !

— Je n'en suis pas plus pauvre, répondis-je en souriant. D'ailleurs, faute de chevaux de relais, j'ai été forcé d'arpenter à pied les vallons et les collines, et de fouler le marais ; faute de laquais je me suis servi souvent moi-même, aussi voyez comme je suis devenu grand et fort. La médiocrité qui vous déplaît m'a rendu de grands services. Et Spaletta que vous maudissez, nous devrions au contraire le bénir de m'avoir volé mon argent. Avec le luxe dont vous m'eussiez entouré je fusse devenu gros et lourd.

— Peut-être, seigneur, me dit le vieillard. Mais c'eût été un grand chagrin pour la pauvre dame votre mère, d'apprendre que vous avez désiré ou regretté quelque chose. Pareil malheur ne se représentera plus. Je vous apporte le premier douzième de la pension qui vous est allouée désormais.

Et il me compta deux mille écus en or.

— Vingt-quatre mille écus par an ! s'écria Crillon.

— Tout autant.

— Vous voilà bien riche, jeune homme.

— Trop. C'est une fortune royale dans un temps où personne n'a plus d'argent. Et il faut, disais-je au serviteur de ma mère, que cette somme qui m'est destinée soit bien considérable ; car si j'allais vivre cinquante ans !

— Vos enfants continueront à la toucher, répondit le

vieillard avec un sourire. Ne craignez rien, vous n'épuiserez pas votre cassette.

— Mon ami, murmurai-je, si ma mère, a économisé tout cela sur ses pierreries, elle en avait donc beaucoup ?

— Beaucoup, dit-il gravement, beaucoup en effet.

— Et j'ajoute, reprit Espérance en s'adressant à Crillon, que tout cela est bien étrange, n'est-ce pas ?

— Oui, jeune homme, soupira le chevalier.

— Pour achever, monsieur, le vieillard passa près de moi la journée, me fit des caresses toujours respectueuses qui me le firent aimer tendrement ; puis, après m'avoir fait promettre de ne le suivre point et de ne questionner qui que ce fût à son sujet, il repartit. Je ne l'ai plus revu ; seulement, tous les mois les deux mille écus m'arrivent.

— Mais, ce Spaletta, demanda Crillon, il sait quelque chose, lui ?

— Non pas, car le vieillard à qui je faisais la même observation, m'a répondu que Spaletta avait été engagé par lui pour me servir de gouverneur, et n'a jamais correspondu qu'avec lui. Il me reste à vous demander maintenant, monsieur le chevalier, si mon récit vous a éclairci ce que vous trouviez d'obscur dans mes paroles et si vous comprenez mieux la lettre de ma mère ?

Crillon, sans répondre, rouvrit et relut cette lettre ; puis il dit à Espérance :

— Je crois que je la comprends.

— S'il y avait quelque chose qui m'intéressât et qui pût me satisfaire à mon tour, serait-il indiscret de vous interroger ?

— Je ne sais trop encore.

— Je me tais, monsieur, excusez-moi.

Crillon réfléchit un moment :

— Pardon, dit-il, vous me disiez que cette lettre vous est parvenue il y a six mois ?

— C'est vrai.

— Et, par conséquent, il y a six mois que vous gardez cette lettre qui m'était destinée; vous n'avez eu guère de hâte !

Espérance rougit.

— Ai-je mal fait ? demanda-t-il. Je ne me suis pas cru pressé. Qu'exigeait de moi la volonté de ma mère ? De ne point prendre parti contre M. de Crillon ; je ne l'ai pas fait. De porter un message à M. de Crillon ; je viens de le faire. Certes, j'eusse pu me hâter plus, mais vous faisiez la guerre çà et là, loin de moi. C'était un voyage à entreprendre qui, je l'avoue, m'eût gêné beaucoup en ce temps-là.

— Quelque amourette vous occupait, sans doute ?

— Oui, monsieur, répliqua Espérance en souriant de la plus charmante façon. Je vous supplie de me pardonner. Les jeunes gens sont égoïstes, ils ne veulent pas perdre une seule des fleurs que sème pour eux la jeunesse.

— Je ne vous blâme point, dit Crillon, mais ces amours sont donc terminées, ces fleurs sont donc fanées, que je vous vois aujourd'hui ?

— Non, monsieur, Dieu merci, car ma maîtresse est adorable.

— Cependant, vous la quittez pour moi.

— Eh bien, non, dit Espérance avec enjouement; non, monsieur le chevalier, je n'ai pas même cette bonne action à compter. Vous m'excuserez en faveur de ma franchise. Je ne viens près de vous que pour suivre ma maîtresse.

— En vérité !

— Elle était venue habiter dans mon voisinage pendant près d'une demi-année. Son père la rappelle à une maison qu'il a dans les environs de Saint-Denis, et, faut-il encore l'avouer, quoique ce soit bien incivil, c'est en passant sur la route qui mène à Saint-Denis, en apprenant que vous campiez de ce côté, que j'ai demandé à vous voir, et fait, comme on dit, d'une pierre deux coups. Encore une fois, monsieur le chevalier, je vous supplie d'être indulgent. Cette franchise n'est que de la grossièreté; mais j'aime mieux être impoli envers le brave Crillon, que de lui mentir. A présent que mon message a été remis, je vais vous saluer avec bien du respect, et reprendre mon chemin.

— Si pressé !

— J'ai reçu en route un certain petit billet de la personne en question. On m'y donne rendez-vous à un jour, à une heure, à un lieu précis. C'est un rendez-vous que je ne saurais manquer d'observer religieusement comme une consigne, sous peine des plus grands malheurs.

— En vérité... Serait-ce une femme mariée ?

— Non pas, c'est une demoiselle ; mais elle n'en est point plus libre. Or, il faut que je prenne toutes les précautions de prudence... et je n'ai pas trop de temps.

— Mais... dit Crillon avec tristesse.

— Vous ai-je déplu, monsieur ?

— Non, mais vous m'inquiétez, et je ne veux pas être inquiet à votre égard.

Espérance regarda Crillon avec surprise.

— Cela vient de ce que vous m'êtes recommandé, se hâta de dire le chevalier. A quand le rendez-vous ?

— A demain.

— Où cela? Je ne vous interroge pas pour connaître le nom de votre maîtresse, mais seulement pour juger de la distance.

— C'est près d'un petit village qui s'appelle Ormesson.

— Je le connais ; je m'y suis battu et j'ai été blessé, dit Crillon.

— Ah ! vraiment. Fâcheuse connaissance.

— Oui, les Balzac d'Entragues ont même une maison dans les environs un petit château avec fossés.

Espérance devint pourpre. Mais comme le chevalier ne le regardait pas en face, il put dissimuler cette rougeur causée par le nom d'Entragues que venait de prononcer innocemment Crillon.

— Il faut huit heures pour aller là, continua le chevalier qui ne s'aperçut de rien ; vous avez plus que le temps nécessaire ; demeurez ici quelques moments. J'aurai à vous parler, je crois.

— A votre souhait, monsieur, dit Espérance en s'inclinant respectueusement, mais que ferai-je en attendant vos ordre ?

— Rejoignez votre protégé Pontis, qui va rôdant là-bas, et vous espère comme l'âme en peine. Allez ! tandis que je vais ici recueillir mes souvenirs.

Espérance s'éloigna, Crillon le suivit d'un regard affectueux, et quand il l'eut perdu de vue appuya son front dans ses mains et rêva.

VI

UNE AVENTURE DE CRILLON

Derrière ses paupières fermées passèrent une à une, lentement, les actions de sa vie déjà si longue et si bien remplie.

C'étaient d'abord ses exploits de jeune homme sous

le roi Henri II ; les grandes guerres de religion et les égorgements de la guerre civile sous François II et Charles IX ; la matinée d'Amboise, la nuit de la Saint-Barthélemy.

Tout cela passa, teint de pourpre et de sang, trois règnes tout rouges.

Cependant la mémoire de Crillon s'est arrêtée sur une journée, une journée splendide ; le soleil embrase l'immensité de la mer ; cent voiles, cinq cents, mille, pavoisées de toutes les couleurs connues, se balancent sur les flots bleus du golfe de Lépante. Toute l'Europe est là représentée par ses chevaliers. Sultan Sélim II pousse contre les chrétiens sa flotte formidable. Le choc a lieu.

Crillon se voit, l'épée au poing, sur une mauvaise barque dont personne n'a osé prendre le commandement. Ce frêle esquif ouvre la marche aux grosses galères de don Juan d'Autriche. Crillon a tant frappé ce jour-là, qu'il est devenu immortel. Ce jour-là toute l'Europe a connu l'éclair de son épée. C'est Crillon qui porte à Rome, au pape Pie V, la nouvelle de la victoire. Rome ! que c'est beau ! Et le vieux pontife a serré Crillon dans ses bras, en le remerciant de sa vaillance au nom de toute la chrétienté.

Viennent ensuite d'autres combats, d'autres triomphes. Ce terrible duel avec Bussy, le siége de la Rochelle après les massacres de 1572 ; puis, le voyage de Pologne, entrepris pour escorter Henri d'Anjou, alors qu'impatient de posséder une couronne, il disait adieu à celle de France, que son frère Charles IX devait lui céder si vite.

Charles IX, le troisième maître de Crillon, est descendu dans le tombeau ; Henri, roi de Pologne, jette sa froide couronne pour aller ramasser celle de France. Crillon l'aide à s'enfuir ; ils arrivent tous deux à Venise.

Ici s'arrête longuement la pensée du noble guerrier. Ici son front devient plus pesant, et voilà que, sur cette tête courbée, descendent en foule, évoqués par une fidèle mémoire, les jeunes idées radieuses et embaumées, les souvenirs printaniers de la vie, la gloire unie au plaisir, l'amour se jouant parmi les écharpes et les armes.

C'est en 1574. Crillon a trente-trois ans; il est victorieux, il est fier, il est beau. Son nom retentit comme une fanfare martiale à l'oreille du soldat, et fait tressaillir les femmes comme une caresse.

A l'arrivée du roi de France, Venise riche et puissante alors, s'est levée pour faire honneur à son allié qui occupe le premier trône du monde. Les cloches du campanile de Saint-Marc, le canon des galères et les compliments du sénat saluent Henri III. Mais la foule applaudit Crillon le vainqueur de Lépante, et lorsqu'il passe sur la Piazzetta, pour entrer au palais ducal, les Vénitiens l'admirent et les Vénitiennes lui sourient.

Quelle faveur de la fortune et de la gloire peut valoir une caresse de Venise, alors que le soleil sème de poudre d'or, en s'abaissant sur eux, les monts Vicentins et la lagune, alors que les coupoles de Saint-Marc rougissent, qu'un diamant s'attache à chaque vitre des Procuraties et que les deux sonneurs d'airain de l'horloge sur la Place lèvent avec mesure leur marteau de bronze qui frappe l'heure pour les navires mouillés en face des Esclavons; alors que la procession sort lentement des voûtes dorées de Saint-Marc, jetant les roses et l'encens sur les têtes inclinées des fidèles.

Mais que serait-ce si la place dallée de marbre s'est remplie de spectateurs, si un tournoi s'y prépare dans lequel on verra combattre Crillon!

Le jour en est arrivé; Venise, qui admire tant son guerrier de marbre, saint Théodore; Venise, qui ne connaît de chevaux que ses chevaux de bronze, bat des mains avec frénésie aux prouesses du chevalier français.

La vigueur, l'adresse, l'élan du maître, l'orgueil obéissant de son coursier, l'ardeur rivale de tous deux pour la victoire, le choc des lances fracassées, dix concurrents roulés dans le sable épais qui recouvre le pavé de la Place, tout cet enivrement du combat monte aux cerveaux chauffés déjà par le soleil de juillet; et, des fenêtres des Procuraties, des balcons du Palais Ducal, des rangs pressés de la foule s'élancent des frémissements, des bravos, des cris qui vont épouvanter les colombes du sommet des Plombs jusque par delà les toits de la Giudecca.

Jamais rien de si grand ni de si valeureux n'avait frappé Venise, alors féconde en gloires de tout genre. Crillon fut applaudi et adoré par cette cité, comme s'il eût été saint Marc ou saint Michel.

Ce qu'il trouva de fleurs à son logis, et les fleurs sont rares à Venise, ce qu'il reçut de présents magnifiques et de suppliantes invitations, comment l'énumérer froidement dans ces pages!

Vingt ans s'étaient écoulés depuis ce triomphe, et sous les couches successives des lauriers de cent victoires plus récentes, le héros sentait encore avec délices l'âpre parfum de ces fleurs écloses sous le baiser frais de l'Adriatique.

Un soir, il revenait de souper à l'Arsenal après des régates splendides que le doge avait offertes à Henri III. La régate est la fête nationale de Venise. On n'offre rien de mieux à Dieu et à saint Marc. Cette régate, par sa splendeur et ses prouesses, avait effacé toutes les autres. Un soir donc, après souper, Crillon rentrait à son palais, seul et tout émerveillé d'avoir vu les *arsenalotti* tailler, cambrer, construire, gréer et faire naviguer devant le roi et lui, pendant qu'ils soupaient, une petite galère entièrement achevée en deux heures. Étendu sur les coussins, bercé par le mouvement moelleux de la gondole, il admirait, aux lueurs du fanal accroché à sa proue, le chatoiement de son riche habit de satin blanc brodé d'or et la perfection de ses jambes musculeuses serrées dans des chausses de soie à reflets nacrés. Certes, il était beau et admirablement beau, ce gentilhomme illustré par des exploits qui jadis eussent fait du simple chevalier un empereur. Il avait la jeunesse, la santé, la fortune, la gloire : il ne lui manquait rien que l'amour.

Au moment où il passait sous le Rialto, bâti alors en bois, sa gondole côtoya une barque plus grande d'où partirent soudain les sons d'une douce musique. Crillon savait déjà que les barcarols de Venise aiment assez la musique pour s'attacher des nuits entières à suivre les concerts qui flottent sur l'eau. Il ne s'étonna donc point de sentir se ralentir la marche de la gondole, et s'accoudant à droite, à la petite fenêtre, il écouta comme les gondoliers.

Rien n'était plus suavement mélancolique que ces accords à demi voilés. Les musiciens semblaient ne chanter que pour les esprits invisibles de la nuit et dédaigner de parvenir jusqu'à l'oreille humaine. Les flûtes, les théorbes, la basse de viole soupiraient si doucement, que l'on entendait, autour de la barque, l'eau des avirons retomber en cadence.

Partout, sur le passage de cette barque, les fenêtres s'ouvraient sans bruit, et l'on distinguait vaguement dans l'ombre azurée des formes blanches qui se penchaient curieuses sur les balcons. Crillon ne connaissait pas les enivrements de cette fée qu'on appelle Venise; il ne savait pas qu'elle profite de la nuit pour répandre sur l'étranger la séduction irrésistible de tous ses charmes, et que tout est bon à cette enchanteresse pour tenter celui qu'elle aime. Elle parle en même temps aux sens, à l'esprit et au cœur.

Obéissant comme dans un rêve, vaincu par l'oreille et les yeux, Crillon ne s'apercevait pas qu'il avait dépassé le palais Foscari où il logeait avec le roi, et que sa gondole suivait toujours sur le Grand Canal la mystérieuse harmonie dont les accents s'attendrissaient palpitants d'amour.

Déjà la douane de mer était dépassée, on arrivait à l'île Saint-George, où depuis trois ans le génie de Palladio faisait monter du sein de la lagune la magnifique église de Saint-George-Majeur. Les échafaudages gigantesques, les grues avec leurs bras noirs se profilaient bizarrement sur le ciel, et par delà ces entassements de charpente et de marbre qui noircissaient de leur masse opaque une immense étendue du canal, on apercevait les eaux diaprées d'argent de la haute lagune.

La musique continuait. Crillon écoutait toujours.

Alors une petite gondole, avec son cabanon de drap noir à houppes soyeuses, s'avança silencieusement par le travers de la gondole qui portait Crillon.

Un seul barcarol, vêtu à la façon des gens de service et masqué, la dirigeait sans effort. Cet homme après avoir rangé son esquif côte à côte avec l'autre, rama quelque temps de conserve comme pour donner la facilité à son maître de voir et de reconnaître Crillon dans sa gondole. Puis, sur quelque signe qui lui fut fait sans doute, il dit un mot aux barcarols du Français, et ceux-ci s'arrêtèrent aussitôt.

Crillon n'avait rien vu de ce manége. Fâché de voir s'éloigner la barque du concert, il s'apprêtait à interroger ses barcarols sur leur halte, lorsqu'un poids nouveau fit incliner la gondole à gauche; un frôlement singulier bruit devant le felce — c'est ainsi qu'on nomme la cabine — et une ombre, s'interposant à l'entrée, déroba au chevalier la lumière du fanal rose.

Avant que Crillon n'eût rien vu ou rien compris, une femme entra sous le dais, à reculons selon l'usage, et prit place à droite sur les coussins sans proférer une parole.

Aussitôt la gondole se remit en chemin et Crillon vit ramer à côté le silencieux barcarol de l'inconnue.

Devant les deux gondoles ainsi mariées marchait toujours la barque des musiciens.

Crillon, avec une galanterie toute française, s'était approché, méditant un compliment sur la beauté, la grâce et la politesse. Mais sa compagne était masquée, ensevelie dans une mante de soie toute cousue de dentelles épaisses de Burano. Pas un rayon du regard, pas un reflet de l'épiderme, pas même le bruit du souffle pour avertir Crillon qu'il n'était point en société d'un fantôme.

Lorsqu'il ouvrit la bouche pour interroger, la dame leva lentement son doigt ganté jusqu'à ses lèvres pour le prier de se taire; il obéit.

Alors elle laissa retomber sa main sur sa robe et rentra dans son immobilité. Mais à la lueur d'une large lanterne attachée au quai de la Giudecca, et qui égara son rayon furtif jusqu'aux gondoles, Crillon vit briller dans les trous du masque deux paillettes de flammes. L'inconnue le regardait. Elle le regardait avec toute son âme. Elle le regardait fixement, sans vaciller, comme font ces étoiles curieuses qui, cachées sous les plis d'un nuage noir, contemplent incessamment la terre.

Cependant les gondoles avançaient de front avec une lenteur calculée d'après la marche des musiciens. La symphonie, de plus en plus douce et caressante, courait sur l'eau d'une rive à l'autre du canal de la Giudecca ; jamais plus pure nuit n'avait plané sur Venise. Le flot montait sans colère, et agitait lascivement les herbes souples et odorantes qui tapissent la lagune.

Toutes ces myriades de diamants qui constellent la voûte céleste, transparaissaient comme sous une gaze au travers des nuées pâles. En une pareille nuit, Joseph eût senti son cœur de bronze s'amollir et se fondre d'amour.

Crillon, lui, osa regarder à son tour l'inconnue qui ne baissa pas les yeux ; il étendit la main pour saisir celle qui, l'instant d'avant, lui avait recommandé le silence. Mais, cette main se releva encore pour le même geste toujours froid et solennel. Puis, comme il traduisait son étonnement par une exclamation courtoise, l'inconnue se retourna vers l'entrée de la cabine, et se mit à contempler le ciel et l'eau, moins pour admirer que pour dérober au chevalier le spectacle de son trouble et les élans tumultueux d'un sein qu'on voyait battre sous la moire et la dentelle.

Crillon profita, en galant homme, de cette belle occasion d'analyser sa compagne sans la gêner dans son examen. Elle était grande et portait la tête avec une distinction naturelle aux Vénitiennes, qui partout semblent nées pour s'appeler reines. Celle-là eût été reine même à Venise. Sous la résille brodée d'or dont les franges inondaient ses épaules, le chevalier vit briller les tresses énormes de ses cheveux ; une ligne pure, noblement infléchie, dessinait son dos et son corsage, tandis que les reflets soyeux de sa robe couraient en longs frissons sur son flanc, digne de la Cléopâtre antique.

Mais cette femme était-elle jeune, était-elle belle ? Pourquoi cette étrange idée de venir s'asseoir muette dans la gondole ? Pourquoi toute cette réserve avec tout cet abandon ?

On était sorti de la Giudecca ; les musiciens tournèrent comme pour prendre le chemin de Fusine, puis doublant la pointe Sainte-Marie et longeant le Champ-de-Mars par l'étroit Rio-dei-Secchi, gagnèrent le Rio-San-Andrea et rentrèrent dans le Grand Canal.

Pendant ce trajet, qui fut long, la Vénitienne ne cessa de regarder Crillon, qui, après quelques efforts pour la faire parler, s'était persuadé qu'elle était décidément muette. Il lui prit une seconde fois la main que, moins farouche, elle laissa prendre. Bien plus, elle souleva elle-même, de ses dix petits doigts gantés, la main nerveuse du chevalier, l'examina bien attentivement, et l'approchant du rayon lumineux que projetait le fanal, elle palpa et fit rouler avec curiosité un anneau qu'il portait à la main droite.

Cet anneau parut éveiller en elle des idées d'un ordre moins tranquille. On put voir au jeu actif de ses doigts, à leur pression inquiète, que ce cercle d'or la gênait et la troublait. Lorsqu'elle l'eut bien froissé, bien tourmenté comme pour en épeler la gravure avec ses ongles, elle replaça doucement la main de Crillon sur son manteau, baissa la tête, et ne chercha point à dissimuler le profond abattement qui succédait à son agitation fébrile.

Le chevalier tenta vainement de provoquer des explications. Une heure sonnait à l'église de Saint-Job. L'inconnue frappa trois coups avec son éventail sur le petit volet sculpté de la gondole, et aussitôt, d'un seul coup d'aviron, le barcarol qui l'avait amenée coupa le passage aux gondoliers de Crillon, et vint s'offrir à droite, tendant le bras à sa maîtresse.

Celle-ci se leva, salua le chevalier du geste, et, légère comme un sylphe, posa un pied charmant sur le bord de sa gondole, où elle disparut sans que Crillon, qui cherchait à la retenir, rencontrât entre ses mains autre chose que le froid aviron du gondolier.

Cependant ses deux barcarols, toujours immobiles, attendaient ses ordres, et déjà il leur commandait de suivre la gondole voisine; mais la barque longue des musiciens se mettant en travers du canal, les arrêta une minute, pendant laquelle, gondole, inconnue, intrigue, tout s'évanouit comme un rêve.

Le désappointement de Crillon fut vif. Lorsqu'il questionna ses barcarols, ceux-ci, de l'air le plus naturel, et ils étaient naturels en effet, répondirent qu'ils avaient suivi la barque des musiciens parce que c'est l'habitude à Venise, et que le seigneur français n'avait pas donné d'ordres contraires.

Quant à la rencontre de la gondole mystérieuse, ils déclarèrent ne la connaître pas. Le barcarol masqué leur avait dit d'arrêter, et ils l'avaient fait parce que c'est l'usage. La dame était entrée dans la cabine sans qu'ils se permissent de la regarder, parce que c'eût été impoli. Enfin, il n'y avait dans toute cette affaire, aux yeux de ces braves gens, rien qui ne fût parfaitement dans l'ordre, attendu, ajoutèrent-ils, que cela se passe toujours ainsi à Venise, si ce n'est que d'ordinaire c'est le cavalier qui entre dans la gondole de la dame.

Crillon dut se contenter de ces explications. Tout ce qu'il tenta pour éveiller l'imagination de ses barcarols et leur faire deviner le nom ou la qualité de l'inconnue, fut parfaitement inutile.

— Elle était masquée, répondirent-ils.

Le chevalier, réduit à ses propres ressources, rentra au palais Foscari, où dormait déjà Henri III, et en se mettant à son tour dans le lit magnifique que lui avait réservé l'hospitalité vénitienne, Crillon, pour se défaire du rêve qui l'obsédait, s'efforça de se persuader que son aventure était toute naturelle, et qu'en effet cela se passait ainsi chaque jour à Venise.

D'ailleurs, pour achever de se consoler, il se disait que l'aventure témoignait peu en faveur de son mérite; que la dame, après l'avoir tant regardé, l'avait trouvé moins à son goût qu'elle n'espérait; et il s'endormit en se posant ce dilemme : Ou c'est une banalité, auquel cas j'aurais tort d'y penser encore; ou c'est un échec, et alors il le faut oublier.

Il s'endormit donc aux sons mourants de la musique, qui, plus polie que l'inconnue, l'avait escorté jusqu'au palais Foscari, et lui avait servi ses plus gaillardes symphonies pour le bercer entre les bras du sommeil.

Cependant, le lendemain, il n'avait rien oublié de la veille, et repassant en lui-même tous les détails de l'étrange visite qui lui était venue dans sa gondole, il s'arrêtait surtout à l'impression douloureuse que son anneau avait causée à l'inconnue.

Il reçut en se levant un magnifique bouquet de roses et de lis sur lesquels perlait encore la rosée du matin. Du milieu de ces fleurs embaumées jaillissait une large pensée aux pétales de velours, au calice d'or. Et, comme il en respirait encore les suaves parfums, un autre bouquet tout pareil lui arriva, puis un autre, l'heure suivante, puis un autre, ainsi à chaque heure de la journée. Cela signifiait si bien : Je pense à vous à toute heure, que Crillon, sans être un fort habile interprète du langage des fleurs, ne put s'empêcher de comprendre la phrase odorante qu'on lui répétait durant toute cette journée.

Au lieu de sortir, il resta enfermé chez lui pour attendre et accueillir chacun de ces messages. Mais, quoi qu'il pût faire, jamais il ne réussit à découvrir les messagers. Portes, fenêtres, voûtes, cheminées, balcons, escaliers, tout fut bon à la fée industrieuse pour lui faire parvenir ses présents anonymes, et toujours la pensée surmontait le bouquet comme un refrain passionné.

Enfin, furieux de la maladresse de ses gens, il faisait le guet lui-même, quand un dernier bouquet lui arriva le soir. Il était apporté par un enfant qui déclara l'avoir reçu d'un gondolier.

A la pensée, était attaché par une soie bleue un léger billet que Crillon ouvrit et dévora, le cœur embrasé.

« Seigneur, disait la fine écriture, si l'anneau de votre main droite signifie que vous êtes marié ou lié par un serment à quelque femme, brûlez ce billet et jetez-en les cendres. Mais si vous êtes libre, faites-vous mener dans votre gondole en face des chantiers de l'Arsenal. A dix heures, si vous êtes libre, entendez-vous, Crillon ! »

Le chevalier poussa un cri de joie, il comprenait enfin que son aventure n'était pas banale comme ses barcarols voulaient bien le dire. Libre, jamais son cœur ne l'avait été autant que ce soir-là.

A dix heures sonnées par les deux batteurs de bronze au Palais-Ducal, il attendait dans sa gondole, sous les platanes qui bordaient alors le quai des Chantiers, et dont l'ombre gigantesquement allongée sur l'eau le dérobait à tous les regards.

Il attendait depuis cinq minutes à peine, quand un léger bruit d'avirons lui annonça l'arrivée d'une barque. Bientôt il reconnut la gondole noire de la veille et la silhouette du barcarol masqué qui se courbait sur sa rame.

La gondole vint lui présenter le flanc comme elle avait fait la veille pour l'inconnue, et Crillon en pénétrant à la hâte sous le felce, fut bien surpris de s'y trouver seul.

Il allait commander à ses barcarols de rester à l'attendre, mais l'homme masqué leur dit de s'en retourner au palais, ce qu'ils firent immédiatement.

La gondole mystérieuse tourna vers la lagune et fila légèrement à travers les batteries de pilotis jetées çà et là pour servir de refuge et d'abri aux barques.

La nuit était sombre, le vent venait de la mer et soulevait une longue houle sur le dos de laquelle montait la gondole avec un doux balancement. Crillon vit paraître et disparaître dans les ténèbres les îles San-Lazaro, Saint-Michel et Murano, dont les fourneaux incandescents soufflaient du feu et de la fumée rouge par leurs longues cheminées de briques.

Puis, continuant à couper diagonalement la lagune, le barcarol arriva dans des eaux plus calmes, bordées de rivages fleuris. La barque divisait avec sa proue des touffes frémissantes de roseaux, de nénufars, et plus d'une fois, l'éperon reluisant arracha, de ses dents tranchantes, les grenades enlacées de liserons, qui formaient une haie touffue de chaque côté du canal, et retombaient en jonchées dans la gondole, sur les pieds du chevalier.

— Où me conduit cet homme ? pensait Crillon. Me voilà bien loin de Venise, il me semble.

L'idée ne lui vint pas qu'on pouvait lui tendre un piége. Il ne questionna pas même le barcarol qui, toujours avec la même rapidité, dirigea la gondole parmi les charmants méandres de ces déserts ; et après avoir passé sous un pont de brique d'une seule arche hardiment cintrée, laissa glisser l'esquif dans les hautes herbes et les oseraies, jusqu'à ce qu'elle touchât le sol. Alors il sauta sur le rivage, et offrit silencieusement son bras à Crillon pour qu'il descendît.

Le chevalier mit pied à terre et regarda curieusement autour de lui. Il se trouvait sous une sorte de portique formé par un entrelacement de vignes sauvages et de lianes. Un grenadier au feuillage épais surmontait l'étroite baie d'une porte à peine visible, tant les fleurs et les branchages s'en disputaient la penture et les gonds.

Le barcarol indiqua silencieusement du geste cette petite porte ouverte comme par enchantement. Crillon entra. La gondole s'éloigna du rivage et la porte se referma sur le chevalier, dont toutes ces précautions faisaient battre le cœur.

Il était alors dans un petit jardin sombre, irrégulièrement planté ; pas une lueur ne guidait ses pas ; déjà il hésitait et cherchait à tâtons un aboutissant quelconque, lorsqu'une clarté douce illumina soudain les arbres et en fit ruisseler les feuilles comme autant d'émeraudes. Une autre porte, intérieure cette fois, venait de s'ouvrir, et Crillon distingua l'entrée d'une maison.

En quatre pas, il fut au milieu d'un vestibule de marbre, au plafond duquel brûlait une lampe à chaînes d'argent. Une tapisserie fermait la communication de ce vestibule avec les chambres voisines. Chose étrange ! à peine Crillon fut-il entré dans le vestibule, que la porte d'entrée se ferma aussi.

Le chevalier souleva la lourde portière et pénétra dans l'appartement. Là, sur une table d'ébène richement sculptée et incrustée d'ivoire, une collation était servie sur des plats de vermeil et dans des bassins d'argent magnifiquement ciselés. Tous les fruits de la riche Lombardie, les vins de l'Archipel dans des buires de cristal de Murano, des viandes froides et les plus rares poissons de l'Adriatique, promettaient à Crillon seul un festin qui eût rassasié vingt rois en appétit.

De la voûte en chêne sculpté pendait un de ces lustres vénitiens à fleurs de verre bleu, rose, jaune et blanc, dont les courbes élégantes, les merveilleux accouplements, les spirales fantastiques, font encore aujourd'hui l'admiration de notre siècle orgueilleux et sans patience. Dans le calice de douze fleurs variées, douze cires bleues, roses, jaunes et blanches, selon la nuance des cristaux, s'élançaient avec leur étoile de flamme et dégageaient une odeur d'aloès qui parfumait la chambre éclairée à peine.

Ce petit palais enchanté à colonnettes de cèdre était meublé de ces admirables fauteuils de frêne sculpté, sur le bois desquels chaque artiste avait laissé tomber dix ans de son génie et de sa vie. Les bras en col de guivres et d'hydres enroulés de ronces et de lierres, les pieds en racines diaprées de coquilles et de fruits sauvages, les frontons peuplés de gnomes, de salamandres aux yeux d'émail, le dossier formé de bas-reliefs, d'un fouillis inextricable, composaient un de ces ensembles qui résument à la fois le caractère et la richesse d'une époque de civilisation et d'art, le caractère, parce qu'on y voit éclater dans sa libre toute-puissance la fantaisie de l'ouvrier, la richesse, parce qu'un pareil ouvrage, n'eût-il été payé qu'avec le pain quotidien, vaudrait encore son pesant d'or.

Quant aux tapisseries, aux tableaux de Bellini, de Giorgion et du vieux Palma, tout cela disparaissait dans l'ombre moelleuse, comme si le maître du palais estimait peu ces trésors, et voulait attirer l'attention sur d'autres plus précieux.

Crillon admirait et s'étonnait de la solitude. Il s'assit dans un fauteuil, mit son épée en travers sur ces genoux, et attendit qu'une créature humaine vînt lui faire les honneurs de la maison.

En face de lui une porte s'ouvrit dans la muraille et donna passage à une femme qu'il crut reconnaître pour la belle visiteuse de la veille. Même démarche, même taille, mêmes cheveux, l'éternel masque, et cette fixité du regard qui, dans la gondole, avait si fort surpris et gêné Crillon.

Cette dame s'arrêta au seuil de la chambre sans parler ni saluer. Elle portait sur sa poitrine une large pensée attachée à sa robe de damas de soie blanc. A voir les pesants bracelets de sequins qui tombaient jusqu'au milieu de sa petite main et tordaient ensemble leurs chaînons inégaux, l'on eût dit que tout son corps, entraîné par les bras, s'affaissait ainsi sous le poids de cette masse d'or. Cependant l'émotion de l'inconnue était la seule cause qui fît pencher sa tête, et bientôt fléchissant comme si elle eût été saisie de vertige, elle fut forcée, pour se retenir, d'accrocher ses doigts pâles aux sculptures d'un cadre qui se rencontra, sous sa main.

Crillon courut à elle et s'agenouilla en discret chevalier.

Elle, sans quitter sa pose mélancolique et rêveuse :

— Vous parlez espagnol, je le sais, dit-elle avec une voix d'une vibration sonore; eh bien, nous parlerons espagnol. Levez-vous et écoutez-moi.

Crillon obéit et resta en face d'elle, penché pour aspirer ses paroles et son souffle.

— Ainsi, continua l'inconnue, vous êtes libre puisque vous êtes venu.

Crillon s'inclina.

— Cet anneau, dit-il, est mon cachet, qui vient de ma mère.

— J'ai bien fait alors de ne pas vous le prendre hier pour le jeter dans le canal comme j'en avais l'envie.

— Assurément, madame, cela m'eût fort attristé.
— En sorte que si je vous le demandais...
— Je serais forcé de vous le refuser, madame.
— Il vient bien de votre mère?
— Madame, Crillon ne dit jamais un mensonge et ne répète jamais une vérité.
— C'est vrai, Crillon est Crillon.

Elle garda le silence, et, plus hardie, se dirigea vers un des coussins où elle prit place en faisant signe au chevalier de s'asseoir en face d'elle.

— Puisque vous ne mentez jamais, reprit-elle enfin, dites si vous m'aimez ?
— Presque, madame ; je dirais tout à fait si je connaissais votre visage.
— Oh ! mon visage... est donc indispensable pour faire naître l'amour ? Moi, je connais une personne qui s'est éprise d'amour pour quelqu'un sur sa seule réputation... et il me semble que le souffle, le contact d'une femme ou d'un homme qui aime devraient suffire à opérer la réciprocité de l'amour.
— Assurément, balbutia Crillon. Toutefois, l'aspect d'un beau visage est bien puissant.
— Pourquoi donc alors certaines femmes laides sont-elles aimées ?

Crillon frémit.

— D'ailleurs, continua l'inconnue, la beauté est idéale. Belle pour d'autres, on peut paraître laide à celui précisément qu'on voudrait toucher.
— Il est vrai, soupira le héros de plus en plus tremblant.
— Tenez, dit vivement la Vénitienne en se levant pour montrer à Crillon une toile magnifique de Giorgion, où Diane se voyait au milieu des nymphes, dans le bain

après la chasse. Voici plusieurs beautés, les trouvez-vous telles ?

— Admirables, madame.

— Et ces madones de Jean Bellini, pour être moins voluptueusement profanes, les aimez-vous aussi ?

— Ce sont des beautés achevées.

— Une Suzanne de Palma, qu'en dites-vous ?

En disant ces mots elle levait un flambeau pour éclairer les tableaux à Crillon. Cette pose forcée dessinait sous son bras une taille pareille à celle des Nymphes, et comme, pour se hausser, elle avait dû poser le pied sur une escabelle de cuir de senteur, son pied fin et cambré, une cheville d'enfant, une jambe ronde, le galbe élégant et riche de tout le corps qui repoussait les plis du damas, prouvèrent à Crillon que cette femme n'avait pas besoin de la beauté du visage pour être belle et exciter l'amour.

Il le pensait et le lui dit.

— Vraiment, s'écria-t-elle ; que me direz-vous donc quand vous m'aurez vue ?

— Ce que je disais des nymphes, des madones et de Suzanne.

— Allons donc, monsieur ! murmura la Vénitienne avec un superbe dédain, ne me comparez donc plus à ces faces vernies. Tout cela est gratté, froid, mort. Je suis bien plus belle que cela : regardez !

Et d'un frôlement de ses doigts elle fit voler son masque. Crillon poussa un cri de profonde admiration.

En effet, rien de si parfaitement beau ne s'était offert à ses yeux; et il avait vu les Romaines et les Polonaises.

Sous des sourcils noirs dessinés comme deux arcs irréprochables brillaient les yeux dilatés et chatoyants de cette femme. Le regard était brûlant comme un fer rouge. Quand ce regard parlait, tout le reste de la physionomie se transfigurait : l'ange devenait archange. Elle avait le teint d'une pâleur mate, des lèvres d'un carmin si frais qu'il paraissait violent, le nez de la Niobé, des dents d'un million par perle, la tête d'Aspasie sur le corps de Vénus, et dix-huit ans.

— Je vous aime ! s'écria le Français ébloui, éperdu, à genoux.

— Et moi donc ! répondit la Vénitienne, qui, en le relevant, chancela dans ses bras.

Les cires consumées coulaient en larges nappes sur les plaques de cristal ; une pâle clarté, celle de l'aube, bleuissait les ténèbres. Crillon ouvrit des yeux appesantis, et chercha vainement la Vénitienne à ses côtés.

Elle reparut bientôt, éblouissante de joie et de parure, vint à Crillon, qui déjà lui reprochait son absence si courte, et d'une voix plus caressante encore que son sourire :

— Désormais, dit-elle, nous ne nous quitterons plus. C'est pour la vie.

— Pour la vie, répéta Crillon enivré.

La Vénitienne lui saisit la main droite, baisa la bague et dit :

— A nous deux, maintenant, cette bague de votre mère.

— Pourquoi ? demanda Crillon.

— Parce que maintenant nous partagerons tout : ceci d'abord.

Elle lui montrait un coffret dont sa main adroite fit jouer le ressort, et qui contenait des poignés de joyaux et de pierreries qu'eussent enviées des reines.

— Mais... objecta Crillon.

— Et ceci ensuite, continua la Vénitienne, avec une joie d'enfant ; regardez.

Une caisse de fer, longue de trois pieds, profonde de deux, et pleine de sequins d'or.

Le chevalier pensa qu'il continuait son rêve.

— Et maintenant que vous connaissez la dot et que vous connaissez la femme, votre bras, Crillon.

Elle lui prit le bras avec une douce autorité.

— Où me conduit le bel ange? demanda-t-il.

— Tout près, tout près.

Elle l'entraînait vers la muraille où son petit poing nerveux heurta vivement un bouton d'acier.

La porte s'ouvrit ; elle donnait sur un long couloir sombre, au bout duquel on voyait dans des flots de lumière resplendir les colonnes de marbre et la mosaïque d'or d'une église. L'autel était orné, le prêtre agenouillé et deux assistants attendaient en s'appuyant sur la balustrade.

— Qu'est ceci ? s'écria le chevalier.

— Une belle église, des plus belles et des plus antiques.

— Mais je ne comprends pas.

— Vous allez comprendre, seigneur. Je suis patricienne, riche, et je vous aime. Vous allez savoir mon nom. Vous connaissez ma fortune, je vous ai prouvé mon amour. Ma famille veut m'imposer un mariage pour lequel je me sens de l'horreur. Si je choisis monsieur de Crillon, ai-je pensé, ma famille n'aura plus rien à dire ; et, au besoin, mon préféré saura faire respecter mon choix. Vous aurez eu peut-être mauvaise opinion de la jeune fille qui semblait accepter un amant ; rassurez-vous : c'est un époux que j'ai pris. Venez, Crillon, le prêtre nous attend à l'autel.

Si la foudre eût fait voler en morceaux le lambris de chêne, si la maison fût disparue sous le jet d'une mine, si la sublime beauté de la Vénitienne eût fait place à Méduse, Crillon n'eût pas éprouvé ce qu'il éprouva en ce moment. Il vacilla comme étourdi du coup, et sa main se glaça dans celle de la jeune fille.

Cette brusque proposition, ces préparatifs, lui parurent un guet-apens dirigé contre son honneur. Toute la beauté de la jeune femme, son abandon délirant, ce mélange inconcevable de virginale innocence et d'audace vicieuse, cette richesse splendide, cette féerique retraite, n'étaient-ce pas autant de piéges du démon pour lui voler son âme et le damner à jamais, en lui faisant violer ses vœux ?

Dans le trouble qui s'empara de lui, Crillon se figura qu'en gagnant une minute, il verrait se confondre et disparaître en fumée toutes ces sorcelleries, tout cet attirail infernal des tentations de Satan. La belle femme se changerait en couleuvre, les sequins en feuilles desséchées, les lumières en flammes sépulcrales. Au doux bruit des baisers d'amour succéderait le rire strident du mauvais ange qui triomphe, et Crillon demeurerait seul, écrasé, dans une effrayante solitude. Mais, du moins, il aurait, comme sur le champ de bataille, combattu jusqu'à la mort.

Comment exprimer à cette femme une seule des pensées qui se heurtaient dans son cerveau ? Il la regarda fixement et se tut.

Elle, au contraire, le crut ivre de son bonheur.

L'idée ne pouvait pas venir à cette étrange créature que son patriciat, sa richesse, sa beauté, son amour, la rendissent à ce point fabuleuse et incompréhensible qu'un amant la repoussât épouvanté de son triomphe.

Elle se croyait dans son noble cœur d'autant plus assurée d'avoir conquis Crillon, qu'elle s'était, sans réserve aucune de sa vie et de son honneur, livrée au plus hardi, au plus généreux chevalier du monde. S'il hésitait, ce devait être par délicatesse et magnanimité.

— Il faut l'encourager par de bonnes paroles, pensa la Vénitienne. Et, s'armant de son irrésistible sourire :

— Allons, il le faut ; il faut subir votre femme, malgré sa laideur et son obscure pauvreté.

— Impossible ! s'écria-t-il la sueur au front, devant ce nouvel assaut du tentateur.

— Impossible ! pourquoi ?

— Je suis chevalier de Malte.

— Vous l'étiez au berceau. Ce sont des vœux absurdes, et le saint-père, qui n'a rien à refuser au héros de Lépante, vous en relèvera quand nous voudrons.

— Madame, balbutia Crillon, qui avait pris sa résolution, ces vœux qu'on prononça pour moi, enfant au berceau, ainsi que vous venez de le dire, je les ai répétés à vingt ans, homme, et sachant ce que je faisais.

La Vénitienne pâlit comme une morte et reculant, les sourcils froncés.

— Vous ne m'acceptez pas ?... murmura-t-elle d'une voix déchirante... Vous me repoussez !

— Dieu m'est témoin...

— Oui ou non... monsieur ! s'écria la jeune fille, qui sentit l'orgueil de son sang patricien lui monter tumultueusement au front.

Crillon baissa la tête, le cœur navré.

— On vous dit brave, prouvez-le donc, dit-elle avec ironie, oui, ou non ; c'est facile à dire, ce me semble.

— Eh bien... articula le chevalier en serrant les poings, jusqu'à les déchirer de ses ongles... Non !...

Le visage de la jeune fille prit une effrayante expression de désespoir. Pas un cri, pas un soupir ne s'exhala de sa poitrine. Son œil chargé d'éclairs, sa lèvre frémissante, éloquents interprètes de ce qui se passait dans cette âme, prononcèrent la muette imprécation sous laquelle Crillon se courba anéanti.

Elle passa devant lui lentement comme un spectre,

et laissa tomber une à une sur la tête du chevalier ces sanglantes paroles :

— Crillon, vous n'étiez pas libre. Vous avez trompé lâchement une femme. Vous n'êtes plus Crillon !

Lorsqu'il releva la tête pour essayer de se justifier, il se trouva seul dans l'appartement. Il courut au vestibule, croyant avoir entendu marcher de ce côté. Il ouvrit même la porte et regarda dans le jardin.

Rien. La porte se referma au moment où il cherchait à rentrer.

La porte extérieure, au contraire, était béante devant lui.

Crillon tomba sur un banc de pierre. Sa tête en feu roulait mille vagues projets, mille pensées contradictoires.

Irait-il se jeter aux pieds de cette femme offensée ? N'était-ce pas un crime de refuser la réparation après l'offense ?

N'était-ce pas sa bonne étoile, au contraire, qui le sauvait d'un piége où peut-être il eût péri honneur et bonheur.

Il fut tiré de sa rêverie par une rauque exclamation. Le barcarol à son poste l'appelait et lui montrait le jour naissant.

Crillon obéit, se jeta dans la gondole, insensible désormais à ce spectacle splendide d'un lever du soleil par delà les grèves du Lido.

Venise dormait encore tout entière quand la barque aborda au palais Foscari et déposa son passager sur l'escalier de marbre.

Crillon glissa sa bourse pleine d'or dans la main du gondolier.

Celui-ci, avec un froid dédain impossible à décrire, étendit le bras, et la bourse alla tomber dans le milieu du canal. Le barcarol poussa au large, et, se courbant sur son aviron, disparut en vingt secondes dans l'étroit et sombre Rio del Duca.

A partir de ce moment, ce ne fut plus du regret ni du repentir, ce fut du remords et du désespoir qui dévora le cœur du chevalier. Il était amoureux, idolâtre, fou, de cette belle et noble femme; pour la revoir, il eût donné sa vie, il eût donné sa vie éternelle pour retrouver l'heure à jamais envolée de cet amour tel, qu'il était assuré de n'en plus trouver en ce monde.

Il courut Venise, il courut les îles voisines sans retrouver ni la gondole ni la petite porte mystérieuse. Il sema l'or, les espions, et pour tout résultat n'obtint pas même le coup de stylet qu'il espérait et invoquait sans cesse.

A la cour du doge, aux promenades, aux assemblées, aux fêtes, il épiait, dévorait tous les visages. Jamais il ne retrouva l'inconnue, et lorsqu'il la voulut dépeindre pour aider à ses recherches, les mieux informés lui répondirent qu'assurément une telle perfection n'existait pas et qu'il avait rêvé.

Huit jours après, Henri III quitta Venise, rappelé en France, sans avoir pu assister aux fiançailles du fils du doge, que la république voulait marier à une de ses riches héritières, lorsqu'il aurait, disait-on, atteint sa majorité.

Crillon suivit son maître; le corps retourna en France, mais le cœur et l'âme étaient restés à Venise, dans cette maison perdue sous les althéas et les grenadiers en fleur.

Telle fut cette poétique aventure, à laquelle, vingt ans plus tard, le brave Crillon, le front caché dans ses mains, rêvait, et son généreux sang bouillonnait encore.

La lettre que lui avait remise le jeune homme ne contenait que ces mots :

« Je fais connaître mon fils Espérance à M. de Crillon, afin que le hasard ne les oppose jamais l'un à l'autre les armes à la main. Il est né le 20 avril 1575.

» De Venise, au lit de la mort. »

Voilà pourquoi la plaie s'était rouverte au cœur du héros ; voilà pourquoi il tressaillait en regardant Espérance.

VII

CE QU'ON APPREND EN VOYAGEANT

Pontis faisait à son sauveur de sincères protestations, lorsque Crillon rappela près de lui Espérance.

Au coup d'œil bienveillant et attendri que le colonel des gardes attacha sur lui, le fils de la Vénitienne sentit que les méditations lui avaient été favorables.

— Eh bien ! monsieur, dit-il en s'approchant avec son air engageant et poli, avez-vous découvert qu'il soit nécessaire de me faire pendre comme maître la Ramée tout à l'heure ?

— Oh ! si l'on cherchait un peu, répliqua Crillon en souriant, on trouverait bien certaines peccadilles.

Et il passa son bras sous celui du jeune homme, heureux et surpris de cette douce familiarité.

— Mais, continua Crillon, ce n'est pas de cela qu'il s'agit. Vous courez les aventures, mon jeune maître, et fort imprudemment, ce me semble. Comment, en temps de guerre, un cavalier de votre mine et de votre qualité se risque-t-il à arpenter le grand chemin, seul, avec un cheval et un portemanteau, qui tenteraient tant de gens désœuvrés ?

— C'est que, monsieur, répliqua Espérance, pour aller où je vais, je ne puis prendre de valet ni d'escorte. Il ne manquerait plus que d'emmener des trompettes, et de faire sonner fanfares.

Crillon l'interrompit.

— Vous ne prendrez point mal mes questions, dit-il. On vous a recommandé à moi, et je me crois autorisé, vous sachant orphelin, seul, à vous offrir mes conseils, sinon ma protection.

— Monsieur, c'est trop de bontés, et soyez assuré que conseils et protection me sont bien précieux de votre part.

— A la bonne heure. Je continue donc : nous avons un rendez-vous et nous y allons ?

— Oui, monsieur.

— Vers Saint-Denis, près d'Ormesson.

— A Ormesson même.

— Et cela ne peut se remettre ?

— Oh ! monsieur, jamais...

Crillon se retournant vers son quartier :

— Un cheval, dit-il.

Puis à Espérance :

— Je veux vous accompagner un bout de chemin ; justement j'ai affaire de ce côté. Est-ce que je vous gêne ?

— Le pouvez-vous croire, monsieur ? Mais quoi ! m'accompagner, vous, un si grand personnage ?

— Vous craignez que je ne traîne avec moi tout un cortége. Non, rassurez-vous, nous voyagerons côte à côte, comme deux reîtres.

— Mais, monsieur, c'est moi qui, à mon tour, ne vous laisserai pas seul par les chemins. S'il vous arrivait malheur...

— Il y a trêve ; et puis, pour ceux qui ne me connaîtront point, je vaux mon homme. Pour les autres, mon nom vaut une troupe! D'ailleurs, je n'irai pas absolument seul. Holà, cadet!

Il appelait Pontis, qui se hâta d'accourir.

— As-tu un cheval? dit-il.

— Moi, monsieur! si j'en avais un, je l'eusse déjà mangé.

— C'est vrai ; fais t'en donner un à mon écurie, tu m'accompagnes.

— Merci, mon colonel.

— Et j'accompagne M. Espérance.

— Sambioux! quelle joie! s'écria le Dauphinois transporté, qui courut à l'écurie comme s'il y devait trouver une fortune.

Dix minutes après tout était préparé. Espérance voulut tenir l'étrier à Crillon, mais celui-ci avant de monter fut arrêté par une réflexion.

— Nous oublions quelque chose, dit-il.

Et, faisant signe au jeune homme de le suivre, il alla trouver Rosny qui continuait sa promenade au bord de la rivière.

Le seigneur huguenot travaillait, comme toujours, faisant des plans ou prenant des notes.

Il vit du coin de l'œil Crillon descendre de son côté, mais il feignit de ne pas le voir. Il avait encore sur le cœur la rebuffade du matin.

Mais Crillon allait droit au but ; il lui barra la route, et, la bouche souriante, l'œil sincèrement affectueux :

— Monsieur de Rosny, dit-il en lui prenant la main, je m'en vais faire un tour du côté de Saint-Germain, où j'ai reçu avis d'aller trouver le roi notre maître pour quelque affaire de conséquence, confidentiellement, ceci. J'emmène avec moi ce jeune voyageur et le Dauphinois, vous savez, l'échappé de la corde. Je vous prie, monsieur de Rosny, de donner ici votre coup d'œil incomparable, de traiter les choses en maître, et de me regarder comme votre serviteur.

Rosny ne tint pas devant cette généreuse expansion ; il embrassa cordialement Crillon qui, profitant de la bonne veine, fit signe à Espérance d'approcher, le prit par la main et ajouta :

— J'ai voulu vous présenter moi-même ce jeune homme, qui m'est recommandé par sa famille. C'est un aimable compagnon, n'est-ce pas, monsieur? et vous me rendrez sensiblement votre obligé en lui accordant vos bonnes grâces.

Rosny allait répondre.

Crillon s'adressant à Espérance :

— Et vous, notre ami, dit-il, regardez bien ce seigneur qui sera fort grand parmi nous, car il s'y prend jeune.

Rosny rougit de plaisir.

— J'aurai beau faire, répliqua-t-il, je ne vous égalerai jamais.

— Il y a plus d'une gloire, monsieur de Rosny ; notre roi est le seul qui les ait toutes. Ainsi je compte pour Espérance, que voici, sur vos bonnes grâces.

— Que veut-il? demanda Rosny.

— Rien, monsieur, que votre estime, dit le jeune homme.

— Gagnez-la, répondit le huguenot en homme de Plutarque.

— J'y tâcherai, monsieur.

— Soit ; mais pour qu'on vous y aide, que voulez-vous ?

Crillon, avec un rire joyeux :

— C'est plutôt lui, dit-il, qui nous offrirait quelque chose. Savez-vous que le compagnon est seigneur comme Zamet, non pas de dix-sept cent mille écus, mais de vingt-quatre mille par chaque année !

— Vingt-quatre mille écus de rente ! s'écria Rosny d'un ton qui annonçait le commencement de cette estime réclamée l'instant d'avant par Espérance.

— Tout autant.

— Si le roi les avait ! soupira Rosny.

— Monsieur, dit vivement le jeune homme, je suis tout à la disposition de Sa Majesté.

— A la bonne heure, à la bonne heure, vous êtes un brave cavalier, s'écria Rosny en serrant la main d'Espérance.

— Voilà qu'il l'estime tout à fait, pensa Crillon avec un sourire plein de finesse.

Ils prirent congé, et quand ils furent un peu éloignés :

— Vous auriez là une bonne connaissance si je venais à vous manquer, dit Crillon d'une voix pénétrée, dont Espérance ne put comprendre tout le sentiment et la portée. Mais à cheval et en route.

Le colonel partit entouré de ses gardes qui, l'adorant comme un père, le suivirent pendant quelques cent pas avec des protestations et des vœux pour son prompt retour.

Pontis, fier d'avoir été choisi, se prélassait sur le grand cheval du colonel. Il laissa prendre l'avance à ses compagnons, et les suivit au petit pas hors de la portée de la voix, comme un discret et délicat serviteur.

Le temps était magnifique, et la campagne, protégée par la trêve, épanouissait de jaunes moissons sur lesquelles se jouait le soleil. Les chevaux hennissaient de plaisir à chaque souffle de la brise tiède qui leur apportait l'arome des foins frais et des pailles odorantes.

Lorsque Crillon eut respiré quelque temps en silence ce bon air de la paix, si doux aux braves soldats, il se rapprocha d'Espérance et lui dit :

— Encore une fois, je vous trouve imprudent de voyager seul et sans cuirasse ni salade quand vous êtes porteur de deux mille écus pour le moins.

— Moi ? monsieur, deux mille écus ! je n'ai pas cent vingt pistoles.

— Alors, vous n'avez donc pas reçu votre pension ce mois-ci ?

— Ce mois-ci et tous les autres, mais...

— Ah ! vous dissipez tant d'argent !

— Ce n'est pas pour moi, au moins, n'allez pas le croire, dit vivement Espérance.

— Pour qui donc, alors ?

Espérance ouvrit son justaucorps et en tira une petite boîte de cuir, d'une forme plate et longue.

— Un écrin !...

Espérance desserra les crochets pour faire voir le contenu à Crillon.

— Des pendants d'oreille... Oh ! oh ! les beaux diamants !

— Mes oreilles n'en seraient pas dignes, n'est-ce pas ? dit le jeune homme.

— Il faut de bien jolies oreilles pour mériter de pareils diamants, murmura Crillon. Ah ! mon pauvre ami, si Rosny vous voyait avec cette boîte, son estime baisserait singulièrement !

— A défaut de son estime, je me contenterai, pour cette fois, d'une autre...

Crillon secoua la tête.

— Oh ! ne la dépréciez pas, monsieur, dit Espérance avec enjouement, elle vaut son prix.

— Vous en savez plus que moi à cet égard, probablement ; mais, à ne considérer que les pendants d'oreille, je trouve la conquête d'un prix considérable. Vous avez payé cela au moins deux cents pistoles.

— Quatre mille livres.

— A un juif?

— De Rouen. Je n'avais pas le choix. En guerre, les diamants se cachent.

— Et il vous en fallait absolument.

— A tout prix.

— Peste ! votre inestimable est bien exigeante.

— Ce n'est pas elle précisément.

— Qui donc, alors ?

— Elle a une mère, monsieur.

Crillon, avec un mouvement qui fit rire Espérance :

— Une honnête mère, s'écria-t-il, qui prie mademoiselle sa fille d'avoir besoin de quatre cents pistoles de diamants. Harnibieu !... la jolie drôlesse de mère. Vous êtes dans la nasse.

— Là, là, monsieur, dit Espérance avec le même enjouement, comme vous arrangez cela ! vous avez l'imagination trop vive. Eh non, ce n'est pas la mère qui exige les diamants.

— Vous venez de le dire.

— J'ai dit : elle a une mère. Cela signifie que la mère est une si grande dame...

— Que pour ne pas l'humilier dans la personne de sa fille, vous donnez à celle-ci des pendants de quatre cents pistoles.

— C'est un peu cela.

— Voilà d'impudentes pécores, et vous êtes un grand niais, mon cher protégé.

— Vous changeriez de langage si vous connaissiez Henriette.

— Elle n'est pas fille d'empereur, harnibieu !

— Elle pourrait être fille de roi !

— Plaît-il ?

— J'ai dit de roi, et si elle ne l'est pas, son frère a cet honneur.

— Ah çà, quels contes me faites-vous : est-ce que nous avons des fils de roi autres que notre roi ?

— Mais oui, monsieur, dit Espérance avec une douce opiniâtreté.

— Harnibieu ! s'écria Crillon en se frappant le front d'un coup si brusque que le cheval en fit un écart. Ah ! malheureux que nous sommes... oui... c'est cela !...

— Vous auriez deviné ?

— Plaise à Dieu que non. En fait de lignée royale, vous n'entendez pas me citer le comte d'Auvergne, par hasard ?

— N'est-il pas fils de Charles IX et de...

— Quoi ! c'est bien de lui que vous voulez parler ?

— Mais oui, monsieur.

— Et, alors, cette mère, cette grande dame, cette merveille à diamants, c'est Marie Touchet...

— Eh bien ?...

— Maintenant dame de Balzac d'Entragues.

— Sans doute.

— Et de sa fille, mademoiselle Henriette.

— Un chef-d'œuvre de beauté.

— Pauvre garçon !

Crillon après cette exclamation laissa choir sa tête sur sa poitrine.

— Mon Dieu, dit Espérance, vous m'épouvantez. Je vous vois consterné comme si j'étais tombé dans les griffes d'une goule.

Crillon ne répondit pas.

— S'il y a là quelque chose qui intéresse l'honneur, dit Espérance, soyez assez bon pour m'en instruire. Tout amoureux que je sois, je saurai prendre des mesures.

— Comment vous dire ma pensée sans calomnier des femmes, répondit lentement Crillon, ou du moins sans avoir l'air de calomnier. Or, c'est un métier révoltant pour moi, j'aime mieux me taire.

— Mais enfin, monsieur, dit Espérance, madame Touchet a pu être aimée de Charles IX, sans qu'un déshonneur infranchissable la sépare à jamais des honnêtes gens. Monsieur le comte d'Auvergne, fils du roi Charles IX, n'est sans doute pas un prince légitime, mais il est né prince, quoique bâtard, et je ne sais pas trop si j'aurais bonne grâce à faire le dégoûté en pareille circonstance. Il y a au bas de la lettre de ma mère certain espace blanc, certain anonyme qui me dispose très-fort à l'indulgence chrétienne envers les enfants illégitimes.

Crillon rougit, et sa conscience acheva de donner raison au jeune homme. Espérance reprit :

— Pour en revenir à monsieur le comte d'Auvergne, qui m'est parfaitement inconnu, du reste, sa part est encore très-honorable. Il a été élevé dans le cabinet même du feu roi Henri III, et n'est pas mal traité du roi actuel. D'ailleurs, je ne le fréquente pas, moi. C'est à la fille que j'adresse ma cour et non à la mère.

Crillon continua à secouer la tête.

— Le poing y a passé, dit-il ; le bras entier, puis tout le corps y passeront. Ces Entragues ne sont pas des gens comme les autres ; ce qu'ils tiennent, ils le tiennent bien. Et voyez, vous en êtes déjà aux présents de noces... Harnibieu ! vous épouseriez une Entragues, vous !...

— Pourquoi non ? dit Espérance, frappé du ton de volonté presque colère avec lequel Crillon, un étranger, venait de lui parler de ses affaires de cœur.

— Voici mes raisons, mon ami : d'abord vous avez annoncé quelques bonnes dispositions pour le parti du roi, qui est le mien, cela vous est recommandé, je crois, par madame votre mère...

— Oui, monsieur, et je ne pense pas y contrevenir.

— Plus que vous ne croyez. La maison d'Entragues est ligueuse, ligueuse enragée. Pour faire votre cour à la fille, comme vous dites, il est impossible que vous demeuriez bon serviteur du roi ; impossible que vous ne complotiez pas un peu avec ses ennemis.

— Jamais cela n'est arrivé ; l'occasion même ne s'en est pas offerte. Henriette m'a bien parlé quelquefois d'un petit hobereau de leurs amis qui est un ligueur fanatique, ce la Ramée, vous savez, à qui vous offriez une corde tantôt. Mais les confidences qu'elle m'a faites sur ce drôle m'ont aidé à servir le roi, puisqu'en rappelant à ce la Ramée ses prouesses derrières les haies, prouesses qu'il ne croyait pas plus connues que lui-même, je l'ai forcé à lâcher le pauvre Pontis, dont il demandait la punition. Il est donc bon à quelque chose d'avoir sa maîtresse dans le camp ennemi, et pour achever de vous rassurer, mon noble protecteur, je vous proteste qu'Henriette et moi, quand nous sommes seuls, nous ne parlons jamais politique.

— Cela viendra. Si vous épousez la fille, il vous faudra bien entendre politiquer la mère. Or, la dame, la noble dame, comme vous dites, n'admet pas d'autre roi en France que Charles IX. Il a beau être mort : pour elle il n'en est pas moins le roi, attendu qu'il a été son roi. Tout au plus consentira-t-elle à couronner monsieur son fils, et encore ! Je ne vous parle pas du père Entragues ; oh ! celui-là est un type tellement curieux d'ambition, d'avarice, de vile admiration pour sa femme, que je conçois, par amour de l'art, que vous vous rapprochiez de la fille pour mieux étudier le père. Rapprochez-vous donc : mais, harnibieu ! n'épousez pas !

Espérance se mit à rire.

— Je ne le connais pas plus que sa femme, dit-il; tous ces gens-là, de si près qu'ils touchent à ma maîtresse, je ne les ai jamais vus.

— Comment est-ce possible?

— Voici... Vous savez que j'habitais un petit domaine loué par le seigneur Spaletta, mon gouverneur. Environ à une lieue est la maison d'une vieille tante des Entragues, fort avare. Quelquefois, en chassant, je forçais un lièvre ou je volais une pie sur la lisière de ses terres. Si la pièce tuée me paraissait d'une provenance équivoque, je l'envoyais à la vieille dame. Un jour, il y a sept mois environ, j'avais porté des perdrix rouges chez elle, quand je vis à table une jeune fille d'une éblouissante beauté. C'était sa nièce Henriette de Balzac d'Entragues, que ses parents envoyaient là pour lui épargner les dangers de l'assaut qu'alors le roi préparait à la ville de Paris.

— Eh! interrompit Crillon avec colère, c'est absurde; il n'y avait pas de dangers à courir si nous eussions pris Paris. Le roi force les villes, mais non les filles!

— Enfin, on le disait, continua Espérance, et, je l'avoue, en voyant cette admirable fraîcheur, cette fleur si vivante, si vigoureuse, je me pris à approuver M. d'Entragues de ne point l'exposer au feu d'un siége et aux admirations flétrissantes des officiers ou des lansquenets.

— Oui, vous avez approuvé Entragues d'envoyer sa fille à point nommé pour vous distraire. Eh bien, tenez, dit encore Crillon à qui démangeait la langue, la belle Henriette était envoyée là pour surveiller l'héritage de la tante et l'empêcher de tomber trop mûr en des mains prêtes à le cueillir.

— Je ne dis pas non, car, la tante morte, et l'héritage cueilli, comme vous dites, Henriette a été rappelée sur-le-champ par ses parents.

— Vous voyez bien ! continuez.

— Le fait est que, comme je vous l'ai dit, je ne puis me décider jamais à chercher le côté honteux des faits et gestes de l'humanité. Donc, je vis Henriette, elle rougit en me voyant, elle admira mes perdrix comme si elles eussent été des faisans, et quelque chose m'avertit dès cette entrevue que le temps allait passer pour nous plus agréablement et plus vite.

Crillon frisa désespérément sa moustache.

— D'abord, reprit Espérance, nous nous vîmes à la chapelle, puis, de ma fenêtre à la sienne.

— Vous me disiez que vous habitiez à une lieue.

— Sans doute...

— Et vous vous voyiez d'une lieue ?... ô jeunesse !

— Elle a de fiers yeux noirs, allez !...

— Et vous de fiers yeux bleus ! dit Crillon avec une tendre complaisance. Après ?

— Après... c'était en automne, vers la fin, il faisait bon pour la promenade, et elle sortait sur un petit cheval, et courait tout à travers les bois jaunissants...

— Surtout les jours où vous chassiez ?

— Mon Dieu, oui.

— Eh bien, que faisait le gouverneur, et que disait la tante ?

— Spaletta avait souvent la goutte, et la tante n'était plus d'âge à courir à cheval. Cependant Spaletta grondait bien plus que la tante.

— Brave tante ! comme elle est bien de la famille, hein ? Donc, Spaletta gagnait un peu l'argent de votre mère ; il vous gênait ?

— Oui, mais à partir du jour où vint la lettre que je vous ai montrée, Spaletta disparut, vous savez ?

— Harnibieu!... je me rappelle... il disparut, et alors vous ne fûtes plus gêné.

— Plus du tout, dit naïvement Espérance.

Crillon s'arracha une poignée de barbe, et poussa un soupir bien plus éloquent que dix harnibieu.

Le silence régna quelques moments entre les deux interlocuteurs.

VIII

MAUVAISE RENCONTRE

Crillon revint le premier à la charge.

— Ainsi vous aimez Mlle Henriette d'Entragues, dit-il?

— Mais oui.

— Passionnément? Vous en êtes fou?

— Elle me tient au cœur, et les racines sont longues.

— Quant à elle, elle vous aime aussi?

— Je le crois.

— Essayez donc de me dire que vous en êtes sûr.

— Je vois, dit Espérance plus patiemment et plus gaiement que Crillon n'eût dû s'y attendre, que, pareil à saint Thomas, vous ne me croirez qu'après avoir touché mon côté. Touchez-le, du côté du cœur.

— Qu'est-ce encore? un autre écrin?

— Non, un billet.

— Tiens, elle écrit. C'est plus honnête que je n'aurais cru.

— Vous avez une triste opinion des femmes, cher seigneur.

— De celles qui s'appellent Entragues! dit Crillon impétueusement, non des autres. Mais que dit ce billet?

« Cher Espérance, tu sais où me trouver ; tu n'as oublié ni le jour ni l'heure fixés par ton Henriette qui t'aime. Viens. Sois prudent ! »

— Il y a : *Ton Henriette ?* grommela Crillon.

— En toutes lettres. Tenez !

— Ni date, ni point de départ. Elle aussi est prudente : c'est la vertu des Touchet.

— Écoutez donc, une jeune fille peut craindre de se compromettre.

— Lâcheté, c'est le vice des Entragues.

— Vraiment, monsieur, répondit Espérance d'un ton sec, vous manquez d'indulgence.

— Je vois, mon ami, qu'il faut tout vous dire, interrompit le chevalier ; c'est une tâche pénible que celle du froid vieillard qui dénoue le bandeau de l'amour. Ordinairement ce vieillard s'appelle le Temps, et je joue ici son rôle. Mais n'importe ; au risque de vous déplaire, je m'expliquerai. D'ailleurs, c'est un peu pour cela que je vous ai accompagné.

— Je brûle de m'instruire, dit Espérance avec une ironie sans fiel. Voyons les crimes de Mlle Henriette. Il faut qu'ils vaillent la peine d'être racontés, pour que le brave Crillon daigne s'en faire l'historien.

— D'abord, mon jeune ami, venons aux prises : tout à l'heure nous courrons la bague, si vous voulez. Dans l'énumération de votre famille d'Entragues, vous avez cité le père, la mère, le frère et une sœur ?

— Oui, monsieur.

— Vous avez oublié quelqu'un, je crois ?

— Qui donc ?

— Une seconde fille de Mme d'Entragues, la propre sœur de Mlle Henriette.

— Celle-là ne compte pas. Nul n'en parle. Voilà pourquoi je ne vous en ai pas parlé.

— Ah ! Nul n'en parle, dit Crillon avec un étrange sourire, pas même M{^lle} Henriette ?

— Non. A peine Henriette m'en a-t-elle touché quelques mots vaguement.

— M{^lle} Henriette avait peut-être ses raisons pour se taire. Mais, tout le monde ne s'appelle pas d'Entragues, et je vous prie de croire que tout le monde a terriblement parlé.

Crillon comptait avoir porté un rude coup à Espérance. Celui-ci ne chancela pas sur ses arçons. Souriant d'un air de finesse :

— Je sais ce que vous voulez dire, répliqua-t-il.

— Vous connaissez l'histoire ?

— Oui.

— Scandaleuse ?

— Le mot est peut-être bien gros, mais enfin il y a une histoire et je la sais.

— Voulez-vous me faire la grâce de me la conter comme vous la savez.

— Je suis en mesure de vous la dire telle qu'elle est, dit Espérance. M. d'Entragues avait pour page un jeune gentilhomme huguenot qui s'est oublié jusqu'à faire une déclaration d'amour à M{^lle} Marie d'Entragues, et on l'a chassé.

— Une déclaration ! s'écria le chevalier ; tout cela !

— N'est-ce pas assez ? La fin de l'histoire est plus grave et vous satisfera probablement davantage. C'est un secret, mais vous me faites l'effet de le savoir.

— Dites-moi toujours votre fin, je vous dirai mon commencement.

— Eh bien, Marie avait été légère avec ce page ; elle lui avait donné une bague.

— Tiens, tiens, tiens, Marie ?

— Et le page, une fois sorti de chez M. d'Entragues, s'en est vanté.

— Voyez-vous cela.,. Alors ?...

— Alors comme il fallait arrêter le tort que cette vanterie pouvait causer à l'honneur de la maison, Mme d'Entragues a pris à part un gentilhomme, fils d'un ami de la famille, et l'a prié d'appeler en duel ce page qui était devenu grand et servait dans les gardes du roi Henri IV ; vous devez bien le connaître, monsieur, Urbain du Jardin.

— Harnibieu ! si je le connaissais, le pauvre garçon ! dit Crillon, rouge de s'être si longtemps contenu. Mais vraiment je me ronge à vous entendre ainsi débiter, comme un geai bien élevé, toutes les sornettes qu'on vous a fait siffler par cette petite couleuvre ; le gentilhomme huguenot n'a pas du tout été appelé en duel : il a été assassiné.

— Je le sais, et j'allais vous le dire.

— Un bravo; pardon, Espérance, c'est ainsi qu'à Venise on appelle les meurtriers à gages, un bandit a été dépêché à ce huguenot, qui était bien le plus charmant garçon du monde, et, le lendemain de la journée d'Aumale, où le pauvre garçon avait fait en brave homme, l'assassin l'a couché par terre de trois balles tirées derrière une haie.

— Je le sais.

— C'est moi qui l'ai ramassé, dit Crillon essoufflé de rage, et j'ai soupiré comme s'il eût été mon neveu ou mon fils...

— Assurément... essaya de dire Espérance.

— Mais vous trouvez cela très-bien, poursuivit le chevalier trop lancé pour s'arrêter facilement, c'est loyal, c'est permis, puisque cela vient des Entragues.

— Pardon, interrompit Espérance, c'est, je le sais, un

abominable meurtre ; mais il ne faut pas l'attribuer aux Entragues. Henriette elle-même, quand elle m'a tout raconté, détestait et maudissait l'assassin.

— Elle a fait cet effort !... Moi, j'ai juré Dieu que je le ferais pendre, non, écarteler, si jamais je mets la main dessus.

— Eh ! monsieur, vous êtes parjure ; car tantôt vous l'avez eu sous votre main, et il vit encore.

— Quoi ! ce brigand...

— C'est M. la Ramée, dit Espérance en riant de la fureur de Crillon.

— Harnibieu ! je le flairais.

— Et moi qui l'avais reconnu quand il s'est nommé à M. de Rosny, j'avais aussi une démangeaison de le faire brancher par les gardes, mais la crainte de déplaire à Henriette m'a retenu, et je n'ai point dit ce que je savais sur son compte.

— L'infâme...

— N'est qu'un lâche vantard qui n'a pas osé s'adresser en face au huguenot, et qui a préféré voler à son cadavre la bague de Mlle Marie.

— Toujours la bague de Marie !... dit le chevalier en arrêtant son cheval et se croisant les bras. Voyons, jeune homme, continua-t-il avec un accent de compassion profonde, allez-vous m'écouter un peu maintenant ? et si je vous raconte l'histoire telle qu'elle est... me croirez-vous ?

— On croit toujours monsieur de Crillon, dit Espérance avec inquiétude. Mais, ajouta-t-il en reprenant peu à peu cette vivace gaieté que doublait en lui tout le charme comme toute la vigueur de ses vingt ans, quelle que soit l'histoire que vous savez, je ne m'embarrasse heureusement ni de Mme d'Entragues ni de Mlle Marie, sa fille. Que celle-ci ait donné sa bague, et peut-être mieux au huguenot; que celle-là ait expédié M. de la Ramée pour assassiner le porteur de la bague, et ensevelir un secret déshonorant avec un cadavre, c'est abominable, je l'avoue; mais, ma foi, que ces vilaines gens-là s'arrangent. Moi, j'aime Henriette, la beauté, la grâce, l'esprit, l'honnêteté, toutes les perfections de l'âme et du corps. Elle m'aime aussi; elle a seize ans, j'en ai dix-neuf, et vive la vie.

Crillon prit doucement la main d'Espérance, et, la lui serrant avec une affectueuse mélancolie.

— Enfant, dit-il, vous ne m'avez pas laissé achever la confession du huguenot.

— Il y a encore quelque chose? s'écria Espérance, en affectant une liberté d'esprit qu'il n'avait plus depuis cette interpellation de Crillon.

— Il y a le principal. Remarquez donc que depuis le commencement de notre conversation vous parlez toujours de Mlle Marie d'Entragues, tandis que moi, je dis seulement Mlle *d'Entragues*.

— Eh bien ! où tend cette distinction un peu subtile, je l'avoue, de la part de monsieur de Crillon.

— A vous faire observer que, suivant la leçon qui vous a été apprise, vous attribuez la faute à l'une des sœurs, tandis qu'elle appartient peut-être à l'autre.

— Oh! monsieur, ce doute sur Henriette...

— Ce n'est pas un doute, je vous disais *peut-être* par ménagement; c'est *certainement* que j'eusse dû vous dire.

— Mais la preuve ?

— Urbain du Jardin l'a emportée dans le tombeau. Mais ce qu'il m'a confié, je me le rappelle : le nom qu'il m'a dit, j'en suis certain; la maîtresse pour laquelle on l'a assassiné, c'est Mlle Henriette d'Entragues. Entre deux demoiselles dont l'une mérite le respect d'un honnête homme, je regrette que vous ayez précisément choisi celle qui ne le mérite pas. Du reste, mon cher Espérance, ma tâche est terminée. Je savais un secret dont la révélation eût pu vous épargner bien des ennuis futurs. J'ai révélé, vous voilà averti ; je me tais. Que m'importe, à moi, Mme d'Entragues et toute la sequelle? Suis-je assez désœuvré pour avoir besoin d'occuper mes loisirs à des commérages de vieilles femmes ? Suis-je assez peu de chose en ce monde pour craindre qu'un Entragues me gêne ? Allons donc ! vous me faites injure. Mais, je vois que nous nous sommes tout dit. Brisons là, faites ce que vous voudrez et ne retenez de mes paroles que celle-ci : Je suis votre ami, monsieur Espérance.

— Oh! monsieur, s'écria le jeune homme, dont l'excellent cœur fut inondé de reconnaissance. N'ai-je pas à Dieu de grandes obligations ! S'il me retire une illusion d'amour, au même instant il m'envoie le plus généreux, le plus puissant des protecteurs. Oui, je suis né heureux !

— Charmant enfant ! murmura Crillon attendri par l'élan de cette noble nature. Comment ne pas l'adorer

Et pour cacher l'émotion qui peut-être se fût remarquée sur son visage, le brave chevalier se tourna en disant :

— Que cette forêt de Saint-Germain est belle!

Tous deux avaient oublié leur fidèle serviteur Pontis qui, depuis Vilaines, chevauchait sur leurs traces.

Espérance s'en souvint le premier et voulut le récompenser par quelque bonne parole ; mais lorsqu'il le chercha derrière lui, il ne trouva plus rien.

— Et M. de Pontis ! s'écria-t-il.

— C'est vrai, dit Crillon, le cadet manque à l'appel.

En vain cherchèrent-ils, appelèrent-ils, rien ne répondit. C'était aux derniers bouquets de la forêt de

Saint-Germain. Les maisons d'Argenteuil apparaissaient dans la brume blanchâtre du soir qui commençait à envelopper la plaine.

Crillon impatienté d'attendre, voulait qu'on retournât jusqu'au carrefour afin de prévenir un bûcheron qu'ils y avaient vu et de faire ainsi donner à Pontis, s'il revenait, des renseignements exacts sur leur route. Mais Espérance objecta timidement que six heures venaient de sonner à Saint-Germain, qu'il y avait encore deux grandes heures de chemin jusqu'à Ormesson, et que le rendez-vous convenu avec Mlle Henriette était pour huit heures précises.

— Ah! ah! reprit froidement Crillon. Eh bien! n'attendons pas alors.

Puis, après une pause souvent coupée de mouvements d'impatience.

— Vous êtes décidé à aller ce soir chez les Entragues, dit le chevalier d'un ton dégagé.

— Je vous avouerai, monsieur, que j'ai des explications si sérieuses à demander à Mlle d'Entragues, que, pour arriver plus vite, je monterais sur un dragon de feu. Mais ce n'est pas chez les Entragues que je vais, oh! non! Henriette habite un pavillon sur les champs.

— Et vous avez la clé?

— Inutile. Le balcon touche à un marronnier superbe. La porte la plus commode c'est la fenêtre.

— A merveille... Eh bien! comme je ne puis aller rendre visite à toute cette mauvaise graine, j'irais bien, mais enfin cela paraîtrait singulier, ils savent que je les exècre... Enfin, non, je ne puis, dit le bon chevalier dont les angoisses qu'il cherchait si bien à cacher éclataient dans chaque mouvement, dans chaque parole, dans l'incohérence même de ses pensées.

Espérance comprit tout cela.

— Mon Dieu! dit-il, que je suis un sot et un bélître; j'ai d'un côté la parole de Crillon, de l'autre celle d'une petite...

— Dites le mot! s'écria le chevalier.

— Coquette!

— C'est faible, grommela Crillon.

— Et je balance...

— Mais non, vous ne balancez même pas, puisque vous continuez à vous rapprocher de la tanière de ces bêtes puantes. Puantes n'est pas vrai, elles ne sont que trop fardées et parfumées, les sirènes. Allons, mon pauvre Espérance, marchez, ne vous égarez pas, ni dans les ornières, ni ailleurs. Adieu... au revoir... adieu!

Il s'agitait sur son cheval de façon à inquiéter sérieusement la pauvre bête, qui connaissait la calme et ferme assiette de ce modèle des cavaliers.

— Monsieur, s'écria Espérance, ne croyez pas que je vous laisserai aller seul ainsi!

— Et pourquoi non?

— Parce que s'il m'arrive malheur à moi, ce sera bien fait, et chacun en rira, tandis que s'il fallait qu'un buisson vous égratignât, la France entière prendrait le deuil.

— Tenez, Espérance, il faut que je vous embrasse, dit le brave guerrier en se penchant vers le jeune homme, qu'il arrêta un moment sur sa poitrine gonflée. Là, je me suis contenté. Maintenant, c'est fini, allez! tous mes discours sentent le vieux podagre. Allez! un homme de vingt ans ne doit pas faire attendre une belle fille de seize. Allez, dis-je, et faites-moi grand'mère l'illustre Marie Touchet... Mais n'épousez pas, harnibieu!

Espérance se mit à rire.

— Voilà parler, dit-il, et je reconnais Crillon; mais

je resterai avec vous jusqu'à ce que Pontis nous ait rejoints.

— Il s'est arrêté à quelque cabaret, l'ivrogne.

— Il aime le vin?

— C'est la manie de tous ces jeunes gens. Celui-là est une véritable éponge. Vous souvenez-vous d'avoir aperçu un petit cabaret dans le bois, à un carrefour?.. Eh bien, le drôle est là. Nous avons passé devant dans la chaleur de notre conversation. Je vais l'aller tirer par la jambe sous quelque table, où il sera tombé.

— Je vous suis.

— Non, non! allez à tous les diables, c'est-à-dire à Entragues! Adieu. Tenez, voilà d'ailleurs un galop de cheval; c'est mon drôle qui revient. Il est bonne lame et mauvais comme teigne quand il a bu. Gare à ceux qui nous chercheraient noise!

— En effet, j'entends venir un cheval, dit Espérance qui brûlait de se remettre en route. Eh bien, monsieur, puisque vous me le permettez...

— Je vous l'ordonne.

— Je vais prendre un trot allongé. M'autorisez-vous à retourner vous dire les explications de Mlle Henriette?

— Harnibieu! si vous manquiez de me voir demain à Saint-Germain, où je serai, j'aurais de l'inquiétude. Venez demander de mes nouvelles et m'apporter des vôtres aux *Barreaux-Verts*.

— Êtes-vous bon pour moi, qui ne vous cause que des ennuis!

— J'obéis à la recommandation de votre mère, répondit Crillon qui frappa de sa houssine le cheval d'Espérance et le lança ainsi par le chemin.

Le jeune homme rendit les rênes et partit comme un trait; mais si rapide que fût sa course, si bruyante que fût la brise qui sifflait à ses oreilles, il entendit encore une fois la voix déjà éloignée de Crillon qui lui répétait :

— Harnibieu ! n'épousez-pas !

Crillon regarda Espérance tant qu'il put le voir, et se retourna ensuite vers la forêt.

Le galop qu'il avait entendu retentissait toujours ; il s'approchait, et le chevalier finit par apercevoir dans l'ombre quelque chose qui traversait les taillis à cent pas, écrasant, cassant et foulant avec autant de bruit qu'en eût fait une troupe.

— Ce n'est pas un cerf qui passe. C'est bien un cheval, il me semble. Que diable cet animal fait-il dans le fourré, pensa Crillon ? Est-il sans maître ?

Le cheval disparut laissant Crillon dans la perplexité.

— J'irai décidément, se dit-il, jusqu'au cabaret, c'est là que mon Dauphinois a pris racine.

Tout à coup le cheval reparut, il piaffait dans les fougères avec une joie et une aisance qui n'appartiennent qu'aux êtres libres.

L'animal était d'un gris-blanc. Il se mit à grignoter des branches de chêne, tout en se rapprochant du chevalier.

— Mais c'est mon cheval, dit Crillon, c'est bien Coriolan, sans Pontis, oh! oh! serait-il arrivé malheur au pauvre cadet ?

Crillon poussa son cheval vers le quadrupède fringant et libre. Il l'appela par son nom sur des tons affectueux et impérieux tout ensemble, qui rappelèrent l'indépendante créature aux leçons de discipline qu'elle avait reçues trop souvent. Coriolan revint, l'oreille basse, en frottant ses étriers à toute branche, et accrochant sa bride à ses pieds comme une entrave.

— Pontis, ivre-mort, sera tombé, se dit Crillon; il

faut le faire chercher par charité, puis, demain, je l'enverrai au cachot pour une quinzaine.

Soudain il entendit crier dans l'épaisseur du bois, et bientôt un homme en sueur, souillé de poussière, les habits en lambeaux, soufflant ou plutôt râlant à faire pitié, arriva près de Crillon, qui fut bien forcé de reconnaître son garde sous cet accoutrement de truand ou de sauvage.

— Ah! s'écria Pontis, enfin!
— Eh bien! quoi; tu as bu et tu t'es jeté par terre.
— J'ai bu, oui, et j'ai vu aussi.
— Quoi vu?
— Deux hommes à cheval, vous avez dû les voir passer?
— Non.
— C'est qu'ils ont pris la route à gauche au carrefour. C'est égal, sortons vivement du bois, je vous prie.
— Parce que?
— Parce qu'en plaine nous verrons venir leurs arquebusades.
— Les arquebusades de qui?
— Du coquin, du brigand, de la Ramée.
— La Ramée!... Il est ici?
— Il traversait la forêt tout à l'heure; du cabaret où je faisais rafraîchir votre cheval, je l'ai reconnu avec un autre de mauvaise mine. J'ai voulu les suivre et me suis coulé dans le bois; mais, pendant ce temps-là, mon cheval s'est sauvé. Que faire? courir après les deux, impossible.

— Il fallait suivre la Ramée.
— Bah!... tandis que j'hésitais entre l'homme et le cheval, l'homme avait disparu.
— Et le cheval aussi : mais où peut aller ce la Ramée?

— Sambioux! vous le demandez! Il suit M. Espérance.

— Tu crois?

— J'en suis sûr! Si vous aviez vu son dernier coup d'œil quand il lui a dit : Vous ne perdrez pas pour attendre.

— Harnibieu! s'écria le chevalier, tu as raison, il sait peut-être où le retrouver, où l'attendre. Oui, tu as mille fois raison : je devrais aller moi-même sur ses traces. Mais le roi qui m'attend! comment faire? Ah! monte à cheval, rattrape Espérance qui s'en va vers le village d'Ormesson, par Épinay.

— Bien, colonel.

— Rattrape-le; dusses-tu crever Coriolan et toi-même.

— L'un et l'autre, colonel.

— Et préviens Espérance, ou si tu ne le rattrape pas, veille, veille autour de la maison d'Entragues, au bout du parc, du côté d'un balcon ombragé par un marronnier.

— Fort bien.

— Et souviens-toi, ajouta Crillon en appuyant sa robuste main sur l'épaule du garde, que s'il arrive malheur à Espérance, tu me réponds...

— Je me souviendrai qu'il m'a sauvé la vie, mon colonel, dit le garde avec noblesse. Où vous retrouverai-je?

— A Saint-Germain, où je coucherai.

Pontis enfonça les éperons aux flancs du volage Coriolan, et disparut dans un tourbillon de poussière.

XI

LA MAISON D'ENTRAGUES

A cent pas du village qu'on appelle aujourd'hui Ormesson, s'élevait jadis un château dont on a fait un hameau, ou plutôt des morceaux de château. Mais à l'époque dont nous parlons, le château était bien entier, avec ses petites tours carrées montées en briques, ses fossés alimentés par des eaux claires et froides, et son parapet bâti du temps de Louis IX.

Des fenêtres du donjon, de la terrasse même, la vue s'étendait charmée sur ces collines riantes qui forment à la plaine Saint-Denis une ceinture de bois et de vignes. Le château semblait fermer au nord la plaine elle-même, et son fondateur, qui était peut-être quelque haut baron chassant la bonne aventure, pouvait surveiller à la fois les routes de Normandie et de Picardie, et s'en aller après, soit à Deuil demander l'absolution à saint Eugène, soit à Saint-Denis faire bénir son épée pour quelque croisade expiatoire.

La situation du petit château était charmante. Les terres, fertilisées par les sources généreuses qui depuis ont fait toute la fortune d'Enghien, alors inconnu, rapportent les plus beaux fruits et les plus riches fleurs de la contrée. Cinquante ans après sa fondation, le château était caché aux trois quarts sous le feuillage des peupliers et des platanes, qui, se piquant d'émulation, avaient lancé leurs têtes chevelues par delà les cimes du donjon.

Un parc plus touffu que vaste, des parterres plus vastes que soignés, un verger dont les fruits avaient eu l'honneur de figurer plus d'une fois sur des tables royales, l'eau murmurante et limpide dont l'efficacité pour les blessures avait été proclamée par Ambroise Paré, puis une distribution élégante et commode, qualités rares dans les vieux édifices, faisaient du petit domaine un bienheureux séjour fort envié des courtisans.

Le roi Charles IX, en revenant d'une chasse, était venu visiter mystérieusement ce château à vendre, et l'avait acheté pour Marie Touchet, sa maîtresse, afin que celle-ci, à l'abri de la jalousie de Catherine de Médicis, pût faire élever sans péril le second fils qu'elle venait de donner au roi, et qui pourtant était le seul enfant mâle de ce prince, puisque la mort, une mort suspecte au dire de beaucoup de gens, lui avait enlevé le premier fils de Marie Touchet, ainsi qu'une fille légitime qu'il avait eue de sa femme Élisabeth d'Autriche.

Mais Charles IX n'avait pas joui longtemps des douceurs de la paternité. Il était allé rejoindre ses aïeux à Saint-Denis, et Marie Touchet, s'étant mariée à messire François de Balzac d'Entragues, chevalier des ordres du roi et gouverneur d'Orléans, apporta son fils et son château en dot à son mari.

Le fils avait été, nous le savons, soigneusement élevé par Henri III, le château fut entretenu convenablement par M. d'Entragues, et c'était là que les deux époux venaient passer les chaudes journées de l'été, quand ils n'allaient point dans leur terre plus importante, qu'on appelait le Bois de Malesherbes.

Ormesson, depuis la Ligue, était devenu une position dangereuse mais bien commode; dangereuse, si les maîtres eussent été bons serviteurs du roi Henri IV. Car la Ligue, alliée aux Espagnols, poussait incessamment ses bataillons dans la plaine Saint-Denis pour protéger Paris incessamment menacé par le roi contesté. Et alors, gare aux propriétaires qui n'étaient point ligueurs. Mais les Entragues étaient grands amis de M. de Mayenne et fort bien avec la Ligue et les Espagnols.

Ainsi que l'avait dit Crillon, Mme d'Entragues avait à peine toléré Henri III acclamé par toute la France, et profitait de l'opposition faite contre Henri IV pour ne pas reconnaître ce prince, lequel du reste se passait de son consentement pour conquérir vaillamment son royaume de France. Marie Touchet se consumait de chagrin à chaque nouvelle victoire, et son plus violent dépit venait de la conduite du comte d'Auvergne, son fils, qui suivait la fortune d'Henri IV, et s'était bravement battu à la journée d'Arques pour ce Béarnais qui lui volait le trône, à ce que prétendait Mme d'Entragues.

Le château, puisqu'il n'était pas dangereux pour ses maîtres, leur était donc d'autant plus commode. Sa proximité de Paris facilitait l'arrivée des nouvelles fraîches, et quant aux visites, tout cavalier médiocre pouvait aisément, au sortir d'un conciliabule de ligueurs, venir comploter contre le Béarnais à Ormesson et s'en retourner à Paris sans avoir perdu plus de trois heures. Aussi voyait-on au château nombreuse sinon excellente compagnie, car les Entragues, dans leur ardeur de tout savoir, préféraient la quantité des visiteurs à la qualité.

Le jour dont il s'agit ici, vers six heures, quand la chaleur fut tombée, et que l'ombre des arbres s'allongeait sur les pelouses, Mme d'Entragues sortit de sa grande salle, appuyée sur un petit page de huit à neuf ans, qui, tout en supportant la main de sa maîtresse sur sa tête, tenait un oiseau sur son poing droit, et un pliant sous son bras gauche. Un autre page un peu plus grand, mais encore enfant, portait un coussin et un parasol. Deux grands lévriers bondissaient de joie et, se renversant l'un l'autre, saccageaient autour de leur maîtresse les bordures du jardin.

Marie Touchet avait alors quarante-cinq ans, et, belle encore de ce reste de beauté qui n'abandonne jamais les traits réguliers du visage, elle était loin cependant de son anagramme célèbre.

Ce fameux visage tant comparé au soleil et à tous les astres un peu qualifiés, et qui, du temps de Charles IX, était *plus rond qu'ovale avec un front plus petit que grand, une bouche plus mignonne que petite et des yeux plus prodigieux que grands*, ce visage adoré s'était élargi, ossifié avec le temps. Le rond avait tourné au carré, et le front petit s'était peu à peu déprimé pour laisser aux pommettes cette saillie qui décèle la dissimulation et la ruse. Les yeux *prodigieux*, dont les cils s'étaient raréfiés, n'avaient plus que la flamme sans la chaleur.

Deux plis obliques, creusés profondément, remplaçaient les fossettes de la bouche mignonne, et achevaient d'enlever au visage toute cette grâce, tout ce charme séducteur qui avaient triomphé d'un roi. Un caractère sérieux, presque viril de sécheresse majestueuse, de belles lignes, l'habitude de la dignité, ou plutôt la raideur, tout cela superbement vêtu et entretenu, complétait, avec des mains nerveuses et des pieds royalement paresseux et petits, non pas le portrait, mais le souvenir effacé de ce qui, vingt ans avant s'était appelé justement : *Je charme tout*.

Aux côtés de Mme d'Entragues marchait, en se retournant à chaque minute vers la porte d'entrée comme s'il guettait l'arrivée de quelqu'un, un cavalier d'un âge mûr, et qui par une minutieuse recherche de coquetterie cherchait à dissimuler une douzaine des hivers qui avaient neigé sur sa tête demi-chauve.

Il portait l'écharpe rouge espagnole, et se dandinait en marchant avec cette précaution fanfaronne que les Trivelin et les Scaramouche savaient si bien habiller de leurs bouffonneries, quand ils représentaient un tranche-montagne espagnol.

Ce gentilhomme, dont les bottes de Cordoue étaient crevées de satin rouge bouffant, avec des semelles crevées aussi, par parenthèse, exhalait à chaque pas un mélange indescriptible de parfums que Marie Touchet, sans paraître y prendre garde, chassait de temps à autre avec son éventail de plumes.

L'hidalgo avait nom Castil. Il était l'un des capitaines que le duc de Feria, commandant la garnison espagnole de Paris, avait répartis aux portes de la capitale pour le service de son auguste maître Philippe II ; et pour obtenir quelques politesses quand ils allaient à Paris, les Entragues recevaient chez eux cet officier-concierge espion aux gages du roi d'Espagne.

A cette bienheureuse époque de haines politiques et religieuses, les partis ne se gênaient point pour convier l'étranger à les aider contre des compatriotes. La Ligue, étant, de fondation, régénératrice et conservatrice de la religion catholique, le très-catholique roi d'Espagne Philippe II, du fond de son noir Escurial, avait jugé l'occasion belle pour faire en France les affaires de la religion et allumer chez nous, avec notre bois, de beaux auto-da-fé pour lesquels, chez lui, le fagot devenait rare à cause de la grande consommation.

Par la même occasion, ce digne prince pensait à ses affaires temporelles et cherchait le moyen de réunir la couronne de France à toutes celles qu'il possédait déjà.

Il avait donc envoyé avec un pieux empressement beaucoup de soldats et peu d'argent à M. de Mayenne, pour l'aider à chasser de Paris et de France cet abominable hérétique Henri IV, qui poussait l'audace jusqu'à vouloir régner en France sans aller à la messe.

Et M. de Mayenne et toute la ligue avaient accepté ; et les Espagnols occupaient Paris au grand scandale des gens de bien, et le moment approchait où Philippe II, fatigué du rôle d'invité, allait prendre le rôle du maître de la maison.

Il va sans dire que la garnison espagnole de Paris était aguerrie, vaillante, comme il convient aux descendants du Cid. La plupart avaient combattu sous le grand-duc de Parme, illustre capitaine mort l'année précédente. C'étaient donc de braves soldats, mais ils étaient d'une galanterie opiniâtre dont les dames ligueuses commençaient elles-mêmes à se fatiguer. Je ne parle pas des maris ligueurs, ceux-là en étaient fatigués tout à fait ; mais il faut bien souffrir un peu pour la bonne cause.

Cette pauvre petite digression nous sera pardonnée, puisqu'elle permet de comprendre mieux le personnage singulier qui accompagnait Mme d'Entragues dans le jardin, après un dîner fort délicat, qui, pourtant, n'était pas, comme on le verra bientôt, le motif le plus intéressant de sa visite.

Mais derrière l'Espagnol et la châtelaine venait M. d'Entragues, gentilhomme déjà vieillissant, suivi, lui aussi, de deux pages microscopiques.

Le successeur de Charles IX donnait le bras à une belle personne de seize ans au plus, qui écoutait avec distraction la phraséologie paternelle. C'était une fille brune, aux yeux d'un noir velouté, profonds, aux cheveux d'ébène, à la bouche purpurine, aux narines dilatées comme celles des voluptueuses indiennes. Son front large et sa tête ronde recelaient encore plus d'idées qu'il ne jaillissait d'éclairs de ses yeux. Un fin duvet brun dessinait une ombre bistrée sur le tour de ses lèvres frémissantes. Tout en elle respirait l'ardeur et la force : et les riches proportions de son corsage et de sa taille, la cambrure hardie de son pied, son bras rond et ferme, l'attache solide de son col d'ivoire sur des épaules larges et charnues révélaient la puissance d'une nature toujours prête à éclater sous le souffle à grand'peine contenu de son indomptable jeunesse.

Telle était Henriette de Balzac d'Entragues, fille de Marie Touchet et du seigneur qui avait par grand amour épousé la maîtresse du roi de France. Revenue la veille sous le toit paternel avec la succession de la tante de Normandie, elle rendait compte à M. d'Entragues de certains détails sur lesquels il l'interrogeait. Mais le lecteur peut croire qu'elle ne lui répondait pas sur une foule d'autres qui concernaient aussi son absence.

L'hidalgo don José Castil, dans sa voltige déhanchée, se retournait souvent pour lancer à cette belle fille en même temps qu'à la porte du château une œillade qui s'émoussait parfois sur le père Entragues ; car, nous l'avons dit, Mlle Henriette avait des distractions ; le mot n'est pas juste, c'est préoccupations qu'il faudrait dire.

Elle aussi attendait quelqu'un, mais non pas du même côté que l'Espagnol, et elle voyait avec inquiétude la direction que sa mère imprimait à la promenade. Au bout des parterres on trouvait le parc ; à cent pas, dans le parc, le pavillon où logeait Henriette, et dont les murs blancs s'apercevaient déjà sous les épais marronniers. Or, Henriette avait ses raisons pour que la société ne s'installât point du côté de ce pavillon à une pareille heure.

Cependant, Mme d'Entragues s'avançait toujours dans sa lente majesté ; Henriette passait de l'inquiétude au dépit. Par bonheur, le petit pied de la mère s'embarrassa dans sa robe, et un faux pas s'ensuivit. L'hidalgo et M. d'Entragues se précipitèrent de chaque côté pour prêter leur appui à cette divinité chancelante. Henriette profita du moment pour s'écrier :

— Vous êtes lasse madame. Vite... le pliant, page !

Le page au pliant lâcha l'oiseau, l'oiseau s'envola sur une branche ; le page au coussin jeta son coussin sur le page au pliant, les chiens croyant qu'on voulait jouer avec eux fondirent sur tout cela. Il y eut une bagarre désobligeante pour des maîtres de maison qui tiennent au bel air et au cérémonial.

Les pages furent tancés d'importance.

— Ils sont bien jeunes, dit l'hidalgo. Pourquoi si jeunes ? Quelle habitude singulière en certaines maisons françaises ? Pourquoi ne pas prendre plutôt de robustes jeunes gens bons au service, à la guerre, à tout ?

Ce malencontreux *à tout* fut accueilli par un fauve regard de Marie Touchet, lequel ricocha sur Henriette et lui fit baisser la tête.

—Monsieur, répliqua la mère, les maisons françaises dans lesquelles il y a des demoiselles préfèrent le service des pages enfants. J'eusse cru qu'on pensait de même en Espagne.

L'hidalgo comprit qu'il avait dit une sottise. Il s'apprêtait à la réparer, mais Marie Touchet changea aussitôt la conversation. Elle s'assit à l'ombre d'une grande futaie, près de la fontaine. Sa fille prit place auprès d'elle.

M. d'Entragues offrit lui-même un siége au capitaine espagnol.

— Dites-nous, senor, quelques nouvelles de Paris, demanda Henriette, satisfaite de la halte, et jetant un coup d'œil furtif au pavillon que sa mère ne pouvait plus voir.

— Toujours les mêmes, senora, toujours de bons préparatifs contre le Béarnais, si jamais il revient. Mais il ne reviendra pas, nous sachant là.

Cette rodomontade ne persuada pas M. d'Entragues.

— Il y est déjà venu, dit-il, et vous y étiez, et c'était du temps de votre grand-duc de Parme, lequel, aujourd'hui, ne peut plus effrayer personne. Moi, je ne crois pas qu'il se passe un mois avant le retour du Béarnais devant Paris.

— Si vous en savez plus long que nous, répliqua l'Espagnol avec curiosité, parlez, monsieur; sans doute vous êtes bien renseigné; car, en effet, M. le comte d'Auvergne, votre beau-fils, est colonel-général de l'infanterie des royalistes, et à la source des nouvelles.

— Monsieur mon fils, interrompit Marie Touchet, ne nous fait point part des desseins de son parti; nous le voyons très-peu; d'ailleurs il nous sait trop fermes adversaires du Béarnais, trop dévoués à la sainte Ligue et vieux amis de M. de Brissac, le nouveau gouverneur donné à Paris par M. de Mayenne.

— M. de Brissac ! Excellent choix pour nous Espagnols, dit le seigneur Castil, que le nom de Brissac, prononcé en cette circonstance, sembla frapper d'une défiance nouvelle. Ne me disiez-vous pas tout à l'heure, madame, que le seigneur gouverneur est de vos amis ?

— Excellent ! dit M. d'Entragues.

— Vous le voyez souvent ? demanda l'Espagnol.

— Non, malheureusement. Il est devenu bien rare depuis quelque temps.

L'hidalgo enregistra cet aveu.

— Il a tant d'affaires, maintenant, se hâta de dire Mme d'Entragues, qui ne voulait pas se laisser croire négligée. Mais absent ou présent, je suis sûre qu'il nous porte une affection vive. Et j'y tiens, car son amitié en vaut la peine.

— Assurément, dit l'Espagnol, le seigneur comte nous aide vaillamment, c'est un franc ligueur. Mais quelle étrange division dans les familles! quel affreux exemple! ajouta sentencieusement l'hidalgo. Voir M. le comte d'Auvergne armé contre sa mère!

Mme d'Entragues se pinça les lèvres. Un violent dépit de paraître opposée à son fils, dont elle était si vaine, combattait en elle la crainte non moins grande de déplaire au parti régnant.

M. d'Entragues intervint, pour écarter de la déesse ce nuage fâcheux.

— Non, senor, dit-il, M. le comte d'Auvergne ne s'arme pas contre sa mère. Fils et neveu de nos rois, il croit rester fidèle à leur mémoire en servant celui que le feu roi Henri III avait désigné pour son successeur, car enfin c'est un fait; le feu roi a eu cette faiblesse à ses derniers moments de nommer roi le roi de Navarre.

— En est-on bien sûr? demanda l'hidalgo avec cet aplomb de l'ignorance victorieuse qui conteste volontiers tout ce qui la gêne.

— M. le comte d'Auvergne, mon fils, en a été témoin, répliqua Mme d'Entragues.

Don Castil salua en matamore. Henriette voulant ramener un peu de souplesse dans la conversation qui commençait à se tendre, réitéra sa question :

— Qu'y a-t-il de nouveau à Paris, sauf cette nomination de M. de Brissac par M. de Mayenne ?

Et elle ajouta :

— Excusez-moi, senor, j'arrive de voyage.

— Mademoiselle, rien de précisément nouveau, sinon l'attente des fameux états généraux qui vont s'assembler.

— Quels états ?

— Excusez cette petite fille, senor, dit Mme d'Entragues, nous nous occupons si peu de politique entre nous. Ma fille, les états généraux sont une réunion des trois ordres de l'État qui s'assemblent en des circonstances difficiles pour délibérer des mesures à prendre pour le bien public. Il s'agit d'abord de repousser le Béarnais, en quoi il y aura majorité, je pense.

— Unanimité, dit le capitaine avec son assurance imperturbable.

— S'il y avait unanimité, fit observer Henriette, on n'eût pas eu besoin de convoquer les états généraux, ce me semble.

M. d'Entragues sourit à sa fille, pour la récompenser de cette réflexion judicieuse.

L'hidalgo riposta :

— D'ailleurs, ce n'est pas la nation française qui convoque les états généraux, c'est le roi d'Espagne, notre gracieux maître.

— Ah ! dit Henriette surprise, tandis que les deux Français, son père et sa mère, baissaient honteusement la tête.

— Oui, senora ; ce moyen vient de nous. Il peut seul mettre un terme à vos discordes civiles. Les états généraux vont trancher le nœud gordien, comme dit l'antiquité. S'il vous plaît d'assister aux séances, je vous ferai entrer.

— Qui verrai-je là ?

— Mgr le duc de Feria, notre général ; don Diégo de Taxis, notre ambassadeur ; don...

— En fait de compatriotes ? demanda Henriette avec enjouement.

— M. le duc de Mayenne, M. de Guise, répliqua d'Entragues.

— Qui délibéreront à l'effet d'exclure Henri IV du trône de France? demanda encore Henriette.

— Assurément.

— Mais ce ne sera pas tout que de délibérer, il faudra exécuter.

— Oh ! cela nous regarde, poursuivit l'hidalgo ; aussitôt que la nation française se sera prononcée, nous nous emparerons de l'hérétique et nous l'expulserons de France. Peut-être le mettra-t-on à Madrid dans la prison de François Ier. J'ai reçu d'un mien cousin, alcade du palais, l'avis que les ouvriers réparent cette prison.

— Cela va bien, monsieur, continua Henriette, cependant, sera-ce facile de prendre l'hérétique ?

— Oh ! moins que rien, il court sans cesse par monts et par vaux.

— Alors, on eût peut-être dû commencer par là, au lieu de le laisser gagner tant de batailles sur les Espagnols.

— Ce n'est pas sur les Espagnols, senora, que le Béarnais a gagné des batailles, s'écria l'hidalgo rougissant, c'est sur les Français.

Henriette se tut, avertie par un sévère coup d'œil de sa mère, et par l'inquiétude qui agitait M. d'Entragues sur son banc de gazon.

— Et, le Béarnais exclu, reprit Marie Touchet en s'adressant tout haut à sa fille comme pour lui faire leçon, les états nommeront un roi.

— Qui ?

Cette naïve et terrible question qui résumait toute la guerre civile, avait à peine retenti sous la voûte de feuillage, qu'une voix enfantine, celle d'un page annonça pompeusement :

— M. le comte de Brissac !

Chacun se retourna. M. d'Entragues poussa une exclamation de joie et Madame rougit légèrement, comme si l'aspect du nouvel interlocuteur l'eût frappée un peu plus loin que la paupière.

— M. de Brissac, le gouverneur de Paris ! s'écria Entragues, en se précipitant au-devant de l'étranger, qui arrivait par le jardin.

— Encore quelqu'un ! pensa Henriette, avec un regard plaintif au pavillon des marronniers. L'heure s'approche où je devrais être chez moi !

Le comte aperçut tout d'abord l'Espagnol et tressaillit.

— Quel heureux hasard amène M. le comte de Brissac chez ses anciens amis tant négligés ? dit Mme d'Entragues.

— La trêve, madame, qui laisse un peu respirer le pauvre gouverneur de Paris, et pendant la paix on se dépêche de faire ses civilités aux dames.

En même temps il la salua comme elle aimait à l'être, c'est-à dire fort bas, et en lui baisant la main il lui serra sans doute involontairement les doigts, car elle rougit au point de redevenir presque belle.

L'hidalgo attendait gravement son tour. Il l'eut. Brissac ne l'embrassa point, il est vrai, mais le reconnut, et lui pressant les mains avec expansion :

— Notre brave allié, don Jose Castil, s'écria-t-il, un vaillant, un Cid Campeador !

Tout en s'acquittant de ces devoirs de politesse, grâce auxquels il divisa l'attention des assistants, il remettait son chapeau et ses gants à un grand laquais d'une tournure militaire, auquel il dit sans affectation à l'oreille :

— L'Espagnol a des pistolets dans ses arçons ; prends-les sans être vu et ôtes-en les balles.

Le comte Charles de Cossé-Brissac, homme de quarante-cinq ans, d'une haute mine, était un grand seigneur de race et de manières, enragé ligueur, que les Parisiens adoraient parce qu'il les avait commandés contre le tyran Valois aux barricades, et les Parisiennes ligueuses l'idolâtraient parce qu'elles pouvaient avouer cette idole sans faire médire de leur patriotisme.

Il avait pour principe qu'on ne se fait jamais tort en clignant l'œil pour les dames ; que les belles en sont flattées, les laides transportées.

Il avait tiré de cette conduite les plus grands avantages. Ses clins d'œil placés avec adresse lui rapportaient de gros intérêts sans qu'il eût déboursé onéreusement. Parmi ses placements on pouvait compter Mme d'Entragues, à laquelle, depuis quelque dix années, il payait trois ou quatre fois l'an un soupir et un serrement de doigts. Mme d'Entragues, comme placement, offrait un certain avenir.

Brissac avait peut-être payé de la même monnaie Mme de Mayenne et Mme de Montpensier. Cette dernière pourtant, selon la mauvaise chronique, était plus dure créancière et partant plus difficile sur les termes de payement et la qualité des espèces. Mais enfin, Brissac était bien avec toutes deux, puisqu'il venait d'être nommé par leurs maris gouverneur de Paris, c'est-à-dire gardien public de ces dames et de leur ville capitale.

Le comte, depuis sa nomination, s'était montré d'un zèle si farouche pour la ligue, que les gens clairvoyants l'eussent trouvé trop vif pour être sincère. D'autant plus qu'il avait signé la trêve avec le Béarnais, au risque de déplaire à ses commettants les ligueurs. Il courait à ces moments-là des bruits sourds du mécontentement de M. de Mayenne, à qui les Espagnols ne donnaient pas assez vite la couronne de France; et comme le roi très-catholique Philippe II savait à quoi s'en tenir sur la destination de cette couronne, puisqu'il la convoitait pour lui-même, il avait vu avec inquiétude le changement de gouverneur opéré par Mayenne, pris Brissac en soupçon, et recommandé à ses espions ledit Brissac, qui, depuis la trêve surtout, était surveillé dans ses moindres démarches avec cette habileté supérieure des gens à qui l'on doit l'invention du saint-office et de la très-sainte Inquisition.

Brissac, fin comme un Gascon, c'est-à-dire comme deux Espagnols, avait pénétré ses alliés. Créature de M. de Mayenne, mais créature décidée à s'émanciper dans le sens de ses sympathies et de son intérêt, il ne voulait plus tenir les cartes pour personne, et jouait désormais à son compte. Aussi déroutait-il continuellement ses espions par des allures d'une franchise irréprochable; sa correspondance n'avait pour ainsi dire plus de cachets, sa maison pour ainsi dire plus de portes; il ne sortait qu'accompagné, annonçant toujours le but de chaque sortie, parlait espagnol et pensait en français. Il croyait pouvoir se flatter d'avoir endormi Argus.

Le matin du présent jour où il s'était décidé à prendre un grand parti, Brissac annonça dans ses antichambres, remplies de monde, qu'il suspendait dorénavant ses audiences pour l'après-dîner; que l'on était en trêve, que chacun respirant, le gouverneur de Paris voulait respirer aussi, que d'ailleurs MM. les Espagnols faisaient si bonne garde que tout le monde pouvait dormir en paix. Et il conclut en commandant ses chevaux pour la promenade.

Puis, s'adressant familièrement au duc de Feria, le chef des Espagnols, il lui proposa de le mener souper à une maison de campagne où il avait certaine vieille amie. Il lui nomma tout bas Mme d'Entragues.

Le duc refusa discrètement, avec mille civilités amicales. Et Brissac, en arrivant à Ormesson, fut mortifié, mais non surpris d'apercevoir l'hidalgo Castil, l'un des plus déliés espions de l'Espagne, qu'on lui avait expédié pour savoir à quoi s'en tenir sur cette visite chez les Entragues.

Mais comme il était décidé à ne rien ménager pour assurer le succès de son entreprise, il ne songea qu'à assoupir les soupçons de l'hidalgo jusqu'au moment de l'exécution. Il congédia donc son valet, avec la consigne dont il s'aperçut bien que Castil avait flairé l'importance, et, s'asseyant entre les deux dames de façon à ne point perdre de vue le visage du capitaine :

— Que c'est beau, la campagne, dit-il. Beaux ombrages, belles eaux, beautés partout !

Il décocha un de ses clins d'œil à Marie Touchet. C'était l'appoint du trimestre.

L'hidalgo, distrait par le chuchotement de Brissac à l'oreille de son laquais, s'était levé. Brissac se leva à son tour.

— Que désirez-vous ? lui demanda M. d'Entragues.

— J'avais prié tout bas mon valet de m'apporter à boire, et il ne vient pas.

— J'y cours moi-même, se hâta de dire Henriette, qui bouillait d'impatience et cherchait cent prétextes de fausser compagnie.

L'hidalgo se précipita au-devant d'elle :

— C'est moi, dit-il, qui veux épargner cette peine à la senora.

— Quoi ! monsieur, dit Brissac, vous me serviriez de page !

Ces mots arrêtèrent le Cid, profondément humilié.

— Asseyez-vous, Henriette ; asseyez-vous, capitaine, interrompit sèchement Marie Touchet. N'a-t-on pas ici des pages pour servir et un sifflet pour appeler les pages ?

Elle siffla majestueusement dans un sifflet de vermeil, comme une châtelaine du treizième siècle.

Henriette vint se rasseoir avec dépit, l'Espagnol avec regret, Entragues essayant d'échauffer la conversation avec ses hôtes, Mme d'Entragues grondant les serviteurs tardifs, l'Espagnol rêvant au moyen de savoir ce qu'avait dit Brissac au laquais, Brissac songeant au moyen de sortir sans traîner après lui l'Espagnol, Henriette se creusant la tête pour s'évader avant huit heures.

En attendant on buvait frais sans que l'imagination de personne eût rien trouvé d'ingénieux.

Tout à coup deux pages sautillant, pour éviter les lévriers qui mordillaient leurs petites jambes, apparurent à l'entrée du couvert et annoncèrent pompeusement :

— M. le comte d'Auvergne vient d'arriver au château.

— Mon fils ! s'écria Marie Touchet émue de surprise.

— Le comte ! balbutia M. d'Entragues, effrayé de voir l'effet produit sur l'Espagnol par cette visite imprévue.

Celui-ci dévorait Brissac d'un regard ironiquement triomphant qui signifiait :

— Te voilà pris ! tu avais donné ici rendez-vous à M. d'Auvergne. Je m'y trouve. Comment vas-tu sortir de là ?

Brissac le devina et se dit :

— Attends, imbécile ; puisque tu prends ainsi le .

change, je vais te faire voir du pays. Et j'ai trouvé mon moyen.

Cependant, toute la maison était en émoi de cet événement. Mme d'Entragues n'entendait pas raillerie sur le cérémonial. Ses gens s'occupaient donc à recevoir M. d'Auvergne en prince.

Henriette faillit s'évanouir de rage à ce nouveau contre-temps ; mais il lui fallut surmonter tout cela pour accompagner Mme d'Entragues.

Celle-ci, pareille à une statue assise qui se dresserait sur son siége, se leva pour aller à la rencontre de son fils. Le cérémonial de la maison de France veut que la reine aille aussi au-devant de son fils roi.

L'Espagnol voyant Brissac immobile, le crut déconcerté; il se rapprocha donc hypocritement pour lui dire :

— Trouvez-vous convenable, monsieur, que nous demeurions dans la société du colonel général de l'infanterie royaliste ?

— Ah ! en temps de trêve, répliqua Brissac, jouant la naïveté.

— On pourrait mal penser de cette rencontre, ajouta l'hidalgo avec insistance ; et cependant vous semblez hésiter.

— J'hésite, j'hésite, parce que ce n'est pas poli en France de s'enfuir lorsqu'il arrive quelqu'un.

Cette feinte résistance avait déjà plongé l'Espagnol aux trois quarts dans le piége.

— Monsieur, dit-il, en y tombant tout à fait, je vous adjure, au nom de la Ligue, de ne pas vous compromettre en restant ici, car vous vous compromettez.

— Vous avez peut-être raison, répliqua Brissac.

— Partez, monsieur, partez !

— Eh bien, soit ! puisque vous le voulez absolument. Vous êtes une bonne tête, don José !

— Je cours faire préparer vos chevaux.

— Nos chevaux ! vous m'accompagnerez, je suppose, don José ?

L'admirable bonhomie de cette dernière invitation acheva l'Espagnol. Il se figura que Brissac, après avoir voulu un tête-à-tête avec M. d'Auvergne, voulait maintenant que nul ne fût témoin de ce qui se passerait entre M. d'Auvergne et sa famille. Complots, toujours complots, qu'il était réservé à don José Castil de déjouer par la force de son génie.

Au lieu de répondre, l'Espagnol appuya mytérieusement un doigt sur ses lèvres.

Le désespoir de M. d'Entragues, au milieu de cette agitation, était un spectacle bien pitoyable. Que penserait la Ligue de la visite chez lui d'un royaliste aussi suspect ? Et cela, quand il sortait de dire à Castil que M. d'Auvergne ne venait jamais à Ormesson ! Brissac partait, scandalisé sans doute. Castil fronçait le sourcil. Quel désastre !

D'Entragues courut après les deux ligueurs pour leur faire mille protestations de son innocence. Il s'abaissa jusqu'à jurer à l'hidalgo que la visite de M. d'Auvergne était tout à fait imprévue.

— N'importe, dit Brissac, je ne puis me trouver avec lui sans inconvenance. Il vient d'entrer dans le parterre; prenons une contre allée, don José, pour qu'il soit dit que lui et moi nous ne nous sommes pas même salués. Vous êtes témoin, don José.

— Certes ! répliqua celui-ci.

Brissac pria d'Entragues d'offrir ses excuses aux dames qui comprendraient cette brusque retraite, et après l'avoir salué en affectant beaucoup de froideur, il le laissa désolé.

Castil alors dit à Brissac qui l'entraînait :

— Nous ne sommes pas dupes de cet imprévu, n'est-ce pas, et tandis que vous protesterez par votre départ, je resterai, moi, pour qu'on ne nous joue pas.

— Quoi! vous me laissez seul, dit Brissac avec les plus affectueux serrements de main; mais c'est vous qui allez vous compromettre. Par grâce, venez.

— Moi, je ne risque rien, dit l'hidalgo, plus que jamais persuadé qu'il allait découvrir toute une conspiration royaliste.

M. de Brissac partit. L'Espagnol revint sur les pas de M. d'Entragues et arriva juste à la rencontre du fils de Charles IX et de Marie Touchet.

M. le comte d'Auvergne portait bien ses vingt ans et son titre de bâtard royal. Il était suffisamment humble et suffisamment insolent. Sa mère lui avait appris à se préférer à tout le monde, même à elle.

Il entra dans le château comme un vainqueur, mais un vainqueur dédaigneux, et saluant sa mère, qui lui faisait la révérence.

— Bonjour, madame, dit-il; avouez que je suis un événement ici. Ah! c'est M. d'Entragues que j'aperçois. En vérité, il rajeunit. Serviteur, monsieur d'Entragues.

D'Entragues s'inclinait; le jeune homme aperçut l'Espagnol.

— Don José Castil, capitaine au service de S. M. le roi d'Espagne, dit Marie Touchet, pour se hâter d'en finir avec cette désagréable présentation.

Le comte toucha légèrement son chapeau, et demanda:

— Monsieur était-il à Arques?

L'hidalgo grommela un non de mauvaise humeur et s'effaça derrière d'Entragues. Ce dernier, prenant par la main Henriette, la mena en face de son frère.

— Mademoiselle d'Entragues, dit-il, que vous ne connaissez point, monsieur le comte, car vous l'avez vue une seule fois lorsqu'elle était enfant.

Le comte regarda cette belle fille qui le saluait comme un étranger. Il la regarda avec une attention qui n'échappa point au père et à la mère.

— Mais, s'écria-t-il, je la connais, au contraire.

— Comment est-ce possible ? demanda Marie Touchet.

— Était-elle ici hier ?

Ce ton familier, presque méprisant, ne révolta ni les Entragues ni la jeune fille elle-même, tant ils étaient curieux de savoir la pensée du comte.

— Henriette est arrivée seulement hier, répliqua M. d'Entragues.

— Venant de ?...

— De Normandie.

— Elle a passé à Pontoise ?

— Oui.

— Elle était accompagnée de deux laquais ?

— Oui.

— Et montait une haquenée noire, boiteuse du pied hors montoir ?

— Oui. Comment savez-vous cela ?

— Attendez... En sortant du bac elle s'est accrochée par sa robe à un piquet et a failli tomber.

— C'est vrai, dit Henriette surprise.

— Et en chancelant elle a montré une jambe très-galante, ma foi.

Henriette rougit.

— Eh bien ! monsieur, dit-elle avec un sourire.

— Eh bien ! mademoiselle, vous pouvez vous flatter d'avoir une chance !... cette demi-chute vous a procuré une belle conquête !

— Ah! dirent à la fois le père et la mère, en souriant aussi.

— Vous devez vous souvenir, continua le comte avec sa cynique familiarité, d'avoir vu trois hommes sous une petite échoppe, près de là, la cabane du passeur.

— Je ne sais, balbutia Henriette.

— Eh bien, je vous l'apprends. Savez-vous quels étaient ces trois hommes? moi, M. Fouquet la Varenne, qui continuait sa route vers Médan, et enfin... ah! ceci est le bon, le roi!

— Le Béarnais! s'écria Mme d'Entragues.

— Non, le roi, reprit M. d'Auvergne, le roi, qui a vu Mlle d'Entragues et sa jambe, le roi qui a poussé des hélas! d'admiration, et qui est amoureux fou de Mlle d'Entragues.

— Est-ce possible?... dit Marie Touchet, avec une réserve du meilleur goût.

— Quelle folie! balbutia Entragues, dont le cœur se mit à battre.

— C'est une folie peut-être, mais qui allait avoir des suites, si le roi n'eût été appelé par le passeur. Il s'est embarqué alors, en gémissant de ne pouvoir suivre l'inconnue, et nous n'avons parlé que de cette figure brune et de cette jambe ronde jusqu'à Pontoise, où nous devions coucher. Diable emporte si je me doutais que ce fût une jambe de famille!

Henriette était rouge comme le feu. Son sein battait, une sorte de vague ivresse montait à son cerveau. Elle, naguère si pressée de regagner son pavillon, s'assit alors près de sa mère en minaudant comme pour agacer son frère et le provoquer à de nouvelles confidences.

— Le roi de Navarre a bon goût, dit Marie Touchet.

— Le roi, reprit le comte d'Auvergne, oui, certes, il a bon goût, car Mlle d'Entragues est une petite merveille.

— Le roi sera bien surpris, dit le père, quand il saura de vous que cette inconnue est une fille de noblesse, sœur de son ami le comte d'Auvergne ; il le saura, car vous le lui direz certainement.

— Pourquoi faire ? murmura Henriette en coquetant.

— Eh ! mordieu ! s'écria le jeune homme, je gage qu'il le sait déjà, car c'est lui qui m'a envoyé ici aujourd'hui. Profitez de la trêve, m'a-t-il dit, et du voisinage, pour aller voir votre mère, afin qu'on ne m'accuse pas de vous séparer d'elle.

— Il a dit cela, donc il ne savait rien, objecta M⁰ d'Entragues.

— Bah ! il ne pouvait pas me dire : Allez annoncer à Mlle d'Entragues que je la trouve belle, non pas qu'il se gêne avec moi, mais enfin c'est la charge de Fouquet la Varenne de faire ces commissions-là.

— Mais pour vous envoyer ici dans ce but... de curiosité, comment le roi, dit Mme d'Entragues, aurait-il su le nom de ma fille ?

Le jeune homme sourit malicieusement en remarquant les progrès de Marie Touchet qui, cinq minutes avant, ne pouvait appeler Henri que *le Béarnais*, et maintenant l'appelait *le roi* à la barbe de l'Espagnol.

— Est-ce que la Varenne, répliqua-t-il ne connaît pas tous les jolis minois de France ? Ils sont tout rangés, tout étiquetés dans sa mémoire, et, à l'occasion, il en tire un du casier, comme un sommelier tire un flacon de l'armoire.

— Il y a cependant des flacons sur table en ce moment, dit le père Entragues pour continuer la métaphore, sans s'apercevoir de l'inconvenance profonde d'un semblable entretien devant une jeune fille.

— Ma foi, non. Le roi a trop peu réussi près de la marquise de Guercheville, trop réussi près de Mme de

Reauvilliers et il avait déjà ébauché une autre passion. Mais cela m'a l'air de vouloir finir avant d'avoir commencé.

— Qui donc? demanda Marie Touchet, aussi excitée que son mari.

Henriette dévorait chaque parole.

— C'est une demoiselle de la maison d'Estrées, à ce que je crois, on l'appelle Gabrielle, c'est une blonde incomparable, dit-on; je ne la connais pas.

— Eh bien? demanda le père Entragues.

— Oh! des complications à n'en plus sortir. Une fille qui se révolte contre l'amour, un père féroce capable de tuer sa fille comme je ne sais plus quel boucher de Rome : le roi se lassera s'il n'est déjà las. Il soupire gros, notre cher sire, mais pas longtemps; le moment serait bien bon à prendre pour devenir...

— Quoi donc? s'écrièrent Marie Touchet avec une fausse dignité, Entragues avec une fausse surprise, Henriette avec une fausse pudeur.

— Reine, sans doute, répliqua ironiquement le cynique jeune homme, aussitôt que notre roi aura rompu son mariage avec la reine Marguerite. Cela tient à un fil.

— Alors comme alors, murmura Entragues en s'agitant.

— Bah! à ce moment-là, le roi aura bien oublié sa belle inconnue, dit Marie Touchet.

— En admettant qu'il y ait songé jamais, ajouta Henriette rouge et pensive.

Huit heures sonnèrent lentement à Deuil. Le vent du soir apporta chaque coup comme un avis pressant à l'oreille de la jeune fille, sans la tirer de ses rêves. Il fallut que sa mère, changeant de conversation, s'écriât:

— Huit heures!

Alors Henriette réveillée fit un bond sur son siége.

Le père et la mère venaient d'échanger un regard qui signifiait :

— Renvoyons cette enfant pour causer plus librement avec le comte d'Auvergne.

Quelque chose comme le craquement d'une branche au fond du parc, et le hennissement d'un cheval du côté du pavillon des marronniers, troubla le silence général, et Henriette se leva le sourcil froncé.

La nuit commençait à descendre sur les grands arbres ; les personnages assis sous le couvert ne se voyaient qu'à peine. L'Espagnol, qui pendant toute cette scène avait constamment cherché aux paroles un sens mystérieux et essayé de lire dans les triviales provocations du comte d'Auvergne comme dans un chiffre diplomatique, se fatigua des mille combinaisons qui s'entrechoquaient dans sa cervelle, et annonça son départ, à cause, disait-il, de la fermeture des portes de Paris qui avait lieu à neuf heures.

Mais son véritable motif, c'est qu'il voulait suivre Brissac, dont le départ si prompt commençait un peu tard à lui inspirer des soupçons.

— Je le rattraperai, se dit l'Espagnol, c'est par-là qu'est le complot.

Il prit donc congé, reconduit avec politesse par Entragues, mais sans l'empressement que d'ordinaire le châtelain savait manifester à ses confrères de la Ligue.

Ce refroidissement après tant de caresses parut maladroit à Marie Touchet, qui ne put s'empêcher de le dire tout bas à son mari.

— Il ne serait pas hospitalier, répliqua Entragues, de faire tant d'amitié à un ligueur en présence d'un royaliste. Le capitaine est Espagnol, c'est vrai, mais après tout M. le comte d'Auvergne est fils de roi, et votre fils.

Là-dessus, Entragues se hâta d'en finir avec Castil, qui ne demandait pas mieux.

Henriette se glissa dans l'ombre et partit sans dire bonsoir à personne, car elle se promettait de revenir bien vite.

M@@ d'Entragues, demeurée seule avec le comte d'Auvergne, se préparait à le faire bien parler, quand un page accourant, annonça qu'un gentilhomme, venu en toute hâte de Médan, voulait parler à madame.

— Son nom ? demanda la châtelaine.
— La Ramée.
— Qu'il attende.
— Ne vous gênez pas, madame, dit le comte d'Auvergne, recevez-le.
— Il dit être porteur de nouvelles, ajouta le page.
— Bien importantes, madame, s'écria la Ramée qui avait suivi le page à quelques pas et contenait à peine son impatience.
— Venez donc, monsieur de la Ramée, dit M@@ d'Entragues avec inquiétude, venez, puisque M. le comte d'Auvergne le permet...

X

D'UN MUR MAL JOINT ET D'UNE FENÊTRE MAL CLOSE.

La Ramée, en se présentant, n'avait plus sa bonne mine. Le voyage un peu rapide, les suites de son exaltation de la journée, l'incubation d'une mauvaise pensée avaient reflété une teinte sinistre sur son visage.

La dame d'Entragues, qui brûlait de se trouver seule

avec lui, n'osa cependant pas le prendre à part tout de suite. Elle fut aidée en cela par l'intelligence du jeune homme ou plutôt par sa méchanceté.

En effet, sachant qu'il était en présence du comte d'Auvergne, un royaliste, la Ramée débuta ainsi :

— Je vous apporte, madame, une fâcheuse nouvelle de la guerre.

— Comment, de la guerre ? dit M. d'Entragues, qui revenait de conduire l'Espagnol. Est-ce que nous sommes en guerre, monsieur la Ramée ?

Puis, se tournant vers le comte d'Auvergne, il lui expliqua ce qu'était la Ramée, le fils d'un voisin de terres.

— Nous sommes en paix, ou plutôt nous y devrions être, monsieur, répliqua le jeune homme ; mais c'est seulement en paroles ou sur le papier. De fait, nous sommes en guerre, attendu qu'aujourd'hui même les soldats du Béarnais...

— Du roi ! dit M. d'Entragues, inquiet d'un froncement de sourcils du comte d'Auvergne.

— Des soldats, continua la Ramée avec une volubilité qui témoignait de sa colère, ont forcé l'entrée de notre maison, pillé les vivres et provisions, et enfin incendié.

— Incendié ! s'écria Mme d'Entragues.

— Votre grange, madame, où était rentrée toute la récolte de cette année pour votre consommation de chasse.

Mme d'Entragues se tut sur un signe de son mari ; mais ce silence de tous deux était éloquent ; il demandait l'avis de M. d'Auvergne.

Celui-ci, sans avoir perdu un moment le froid sarcasme de son sourire :

— Quels soldats ont fait cela ? dit-il.

— Ceux qu'on nomme les gardes.

— Ah! les gardes. Eh bien, mais il y a dans la convention de la trêve un article...

La Ramée répondant au sarcasme par le sarcasme :

— Dans notre pays, répondit-il, c'est avec le papier de cet article que les soldats mettent le feu aux granges.

— Vous êtes-vous plaint à un chef? dit le comte d'Auvergne.

— Oui, certes, monsieur.

— Eh bien? demanda M. d'Entragues.

— On m'a proposé de me faire pendre.

Le comte d'Auvergne partit d'un éclat de rire si bruyant qu'il enflamma de fureur les yeux de la Ramée.

— M. le comte est bon royaliste, murmura-t-il en serrant les dents et les poings.

Marie Touchet parut bien un peu scandalisée de cette joie du fils de Charles IX ; mais M. d'Entragues, perplexe entre la colère du propriétaire et la complaisance du courtisan, souriait d'un côté et menaçait de l'autre, comme un masque de Chrémès.

— Je parie qu'il s'est adressé à Crillon ! ajouta M. d'Auvergne en se tenant les côtes.

— Précisément, dit la Ramée, et c'était une grande sottise de ma part, je l'ai éprouvé. Aussi ne me plaindrai-je plus, je me ferai justice moi-même.

— Vous serez écartelé, mon pauvre garçon, dit le comte d'Auvergne en se remettant à rire. Ma foi, cela vous regarde.

Et avec son habileté ordinaire, quand la conversation devenait compromettante, il tourna les talons en prenant le bras de M. d'Entragues, tout consolé de sa paille brûlée, par l'espoir de reprendre avec son beau-fils une autre conversation.

La Ramée demeura seul avec la châtelaine. Celle-ci baissait la tête. Elle sentait l'affront, elle sentait les frémissements de la Ramée. Cependant elle n'osait point s'irriter en présence de cette raillerie du comte d'Auvergne.

— Prenez-en votre parti, dit-elle au jeune homme Après tout, le mal est réparable.

La Ramée baissant la voix :

— C'est vrai, madame. On peut éteindre un feu. Il s'éteint souvent de soi. Mais un secret qui court et qui dévore l'honneur d'une famille, comment l'éteindre?

— Que voulez-vous dire? s'écria Marie Touchet avec un mouvement d'effroi.

— L'incendie de la grange est le moindre de nos malheurs, et ce n'est pas le motif de ma visite si rapide; vous vous souvenez, madame, que vos terres en Vexin sont contiguës aux nôtres; que mon père n'est pas un indifférent pour M. d'Entragues, et que j'ai été élevé, pour ainsi dire, avec vos filles.

— Sans doute, je m'en souviens.

— Pour l'une d'elles, pour l'aînée, pour Mlle Henriette enfin, j'ai pris, vous ne l'ignorez pas, une amitié si vive...

Marie Touchet fit un geste d'impatience.

— Vous m'y avez autorisé, dit aussitôt la Ramée, le jour où vous a 'ressant à moi comme à un de vos proches, vous avez bien voulu me confier que la cadette, Mlle Marie, une enfant! risquait d'être compromise par légèreté, ayant donné à l'un de vos pages, une bague... Oh! Dieu m'est témoin que je ne m'alarmais pas comme vous; elle avait douze ans à peine, et j'appelais cette faute une étourderie sans conséquence; mais comme vous fîtes appel à mon dévouement...

— Oui, je sais tout cela, dit précipitamment la châtelaine. Vous avez repris et rapporté cette bague. C'est un immense service que je saurai reconnaître comme il convient.

— Je l'espère, madame, dit la Ramée en tremblant, car j'ai compromis mon salut éternel pour venger votre honneur : j'ai tué un homme, et, depuis ce jour, bien des choses m'ont été révélées que j'ignorais.

— Comment? fit Marie Touchet inquiète.

— Oui, madame, je croyais que l'homme une fois mort, on ne le revoit plus, que le secret une fois enseveli ne ressuscite jamais. Eh bien, je me trompais : le visage pâle et morne du gentilhomme huguenot reparaît incessamment à mes yeux, lumineux dans les ténèbres, livide et mat dans la lumière. Quant au secret, nous ne sommes plus seuls à le savoir vous et moi; car, tantôt, dans le camp des gardes du Béarnais, où je m'étais rendu pour faire punir les voleurs et les incendiaires... Ces gardes!... je voudrais les voir tous détruits, peut-être parmi tant de fantômes ne reconnaîtrais-je plus celui du huguenot; eh bien, madame, dans le camp des gardes, un jeune homme s'est opposé à moi et m'a dit à l'oreille notre secret si chèrement acquis, notre secret de famille...

— Il vous a dit?

— Aumale... la haie d'épines... le gentilhomme assassiné!

— Et... la bague?

— La bague aussi, avec ses armoiries.

— Malheur!... qui donc est ce jeune homme.

— Je ne sais pas son nom, mais je n'oublierai jamais sa figure, et quelque chose me dit que je le retrouverai.

— Il le faudra, dit Marie Touchet d'une voix sombre.

— Maintenant, madame, de qui peut-il avoir appris ce que nous deux seul scroyions savoir? Cherchons dans votre famille. Mlle Marie a peut-être connu la vérité?

— Jamais. Marie est dans un couvent. Destinée à faire profession, elle n'a plus besoin de s'intéresser aux choses de ce monde. D'ailleurs, c'est une enfant qui ne se souvient plus.

— Elle a peut-être confié ses chagrins à sa sœur Henriette.

Mme d'Entragues avec une assurance étrange :

— Non, dit-elle, non, ce n'est pas Marie ; et si c'est Henriette, il faudrait donc qu'elle eût trouvé un confident bien sûr, bien intime.

La Ramée sembla comprendre, car son visage prit une expression de menace effrayante.

Mme d'Entragues se hâta de dire alors :

— Nous causerions mal de ce sujet en un pareil moment. M. le comte d'Auvergne passe ici la soirée, la nuit peut-être. Demeurez au château, et nous trouverons une occasion de renouer cet entretien.

La Ramée, profondément rêveur, écoutait à peine ces paroles. Il ne remarquait pas non plus avec quelle insistance Marie Touchet l'éloignait. Elle, plus clairvoyante ou moins distraite, observa cet air pensif et le prit pour un muet reproche.

Apparemment, crut-elle dangereux de laisser partir la Ramée sur une mauvaise impression, car elle lui toucha légèrement le bras et lui dit :

— A propos, comment va monsieur votre père ?

— Toujours moins bien. Sa blessure est mal soignée. Nous n'avons pas de médecin et la chaleur de cette saison est bien mauvaise pour les plaies.

— Je ne vous prie pas de souper avec nous, dit Marie Touchet après cette réparation de politesse, M. le comte d'Auvergne n'aime pas les nouveaux visages, et d'ailleurs vous vous êtes montré à lui un peu trop ligueur.

— Vous plaît-il que je m'en retourne à Médan? dit froidement la Ramée.

— Oh! je ne dis pas cela.

— Ne vous gênez point, continua le jeune homme avec une amertume courageusement déguisée. Mon cheval est un peu las, mais j'en prendrai un frais ici. Je ne voudrais pas que M. le comte d'Auvergne fût attristé par mon visage funèbre. Seulement, avant de partir, je vous demanderai la grâce de saluer Mlle Henriette, que je n'ai pas vue depuis si longtemps, et qui doit être bien embellie.

Il y avait au fond de toutes ces paroles prononcées par une bouche calme quelque chose de sinistre comme le silence qui précède les tempêtes.

Mme d'Entragues ne trouva pas que ce fût acheter bien cher le départ d'un hôte gênant

— Voir Henriette, dit-elle, mais c'est trop juste. Elle était là il n'y a qu'un instant. Je crois qu'elle s'est retirée chez elle, vous savez le chemin du pavillon, je crois? Allez-y donc et heurtez à la porte, Henriette vous fera ouvrir ou descendra dans le parc. Je vous laisse pour retrouver mon fils.

La Ramée s'inclina presque joyeux. Il avait la permission d'aller voir Henriette. Mme d'Entragues partit satisfaite de son côté, car elle redoutait encore plus la complicité de la Ramée que celle de tout autre. La Ramée pour elle n'était plus seulement un confident, c'était un créancier envers lequel, dans un moment de détresse, elle avait contracté une dette qu'il lui était impossible de payer.

— Qui sait, se dit-elle en rejoignant son fils et son mari, si ce la Ramée ne me parle pas de son fantôme et de la résurrection de notre secret pour m'effrayer et me pousser à lui accorder Henriette. Mais à présent le péril est loin. Marie absente ne peut donner d'explication. Henriette ne se trahira pas elle-même et saura se défaire eule de ce fatigant la Ramée.

Elle marchait toujours, en rêvant ainsi.

— Évidemment, poursuivit-elle dans sa méditation, c'est la Ramée qui me tend ce piége. Ce jeune homme qui l'aurait tant effrayé au camp des gardes est un personnage d'invention ; j'ai accusé Marie, une enfant sans conséquence, pour justifier Henriette, ma fille favorite, mon aînée, qu'il faut établir la première. Mais si Urbain avant sa mort avait tout conté à ce jeune homme, ce n'est pas le nom de Marie qu'il aurait prononcé. Donc, la Ramée croit me duper, et il est ma dupe. Ou bien, serait-ce Henriette qui aurait confié notre fable à quelqu'un, à ce jeune homme mystérieux... mais quand? comment? dans quel intérêt? sous quelle influence ?

Mme d'Entragues se heurtait là, comme tous les gens de ruse et d'intrigue, à un écueil inconnu. Elle ne pouvait savoir le motif si simple qui avait forcé les fausses confidences de la jeune fille. Cette ignorance la rassura pleinement. Elle rentra dans sa sécurité. Le réveil devait être douloureux.

A peine eût-elle rejoint M. d'Entragues et le comte d'Auvergne, que toutes ses visions lugubres se dissipèrent. Elle trouva les deux courtisans occupés à tresser la chaîne fleurie de leur déshonneur. On se mit à discuter à trois les chances de succès, les chances de revers ; on analysa les beautés, les défauts ; on parla du passé, de la fameuse époque de la gloire de la famille; on repassa les vers de Desportes et les vers de Charles IX.

Que ne devait-on pas attendre d'un prince nouveau, un peu avare encore, c'est vrai, mais dont le cœur ouvrirait la bourse !

Le roi, s'il abjurait, avait des chances. S'il restait huguenot, il ne finirait pas moins par se faire une très-grande position en France avec son épée. S'il ne devenait pas roi, il serait toujours un héros, soutenu par l'Angleterre et l'immense parti des réformés. Son avenir ne pouvait décroître. Sa maison serait toujours un palais, si elle n'était même une cour. Quel danger y avait-il à suivre la fortune d'un pareil prince? Le pis aller, c'était un bon mariage et la royauté de Navarre, après l'exclusion de la reine Marguerite.

Tant de rêves bâtis sur l'empreinte que le petit pied d'une jeune fille avait laissée en un peu de sable!

Les trois convives soupèrent gaiement. Ils parlaient de ces énormités à mots couverts comme des bandits parlent l'argot. On eut la pudeur des termes, pour ne point scandaliser les laquais, ou plutôt pour ne pas compromettre de si beaux projets en les vulgarisant.

Quant à l'objet de la combinaison, il n'était pas là ; inutile de la ménager. Henriette venait de se faire excuser près de sa mère de ne pas paraître au souper. Fatiguée, disait-elle, elle préférait se reposer seule dans sa chambre; elle avait même congédié sa camériste. Marie Touchet la crut en conversation avec la Ramée, elle se garda bien d'insister. Le comte d'Auvergne ne se plaignait pas de la liberté qui résultait de cette absence. Il n profita de toutes les manières, car, après avoir mis à sac le buffet et la cave, il lança quelques attaques contre la caisse maternelle.

C'était un grand vaurien bien dangereux que ce faux prince. Combien de fois n'eût-il pas été pendu dans sa vie, si son père se fût appelé Touchet ou même Entragues! Il commençait de bonne heure, par le plus éhonté cynisme, cette carrière de petits vols, de sordides coquineries, qui ne s'élevèrent jamais assez haut pour lui mériter au moins la royauté des brigands.

Après avoir adroitement parlé de la faveur dont il jouissait près de Henri IV, il raconta quelques traits de la pénurie qui empêchait cette faveur d'être lucrative.

Il avait de l'esprit et la facilité de tout dire. Il divertit d'abord ses hôtes, et après les avoir fait rire, comme il avait su les intéresser pour eux-mêmes, il jugea que sa cause était gagnée.

En effet, Mme d'Entragues fit un signe à son mari, et le complaisant beau-père offrit le plus gracieusement du monde, comme il convient qu'on offre à un prince, deux cents pistoles de celles qu'il empilait avec force soupirs dans son bahut d'ébène, présent de Charles IX.

Le comte accepta, se remit à boire, et on renvoya décidément les laquais et les pages pour causer à cœur franc et à lèvres ouvertes.

M. d'Auvergne redit, avec des commentaires nouveaux, l'impression que la vue d'Henriette avait produite sur le roi. Il sacrifia en trois ou quatre épigrammes la blonde fille de M. d'Estrées à la brune enfant des d'Entragues. Il cita des prédictions, vieux hochets de famille qui pronostiquaient la royauté à quelque branche de sa maison. Pour lui, déjà ivre, plus de difficultés, plus de retards. La première personne qui entrerait au château serait en n'en pas douter Henri IV venant demander Henriette à ses parents.

Déjà M. d'Auvergne appelait le roi beau-frère et M. d'Entragues lui eût dit : Touchez là, mon gendre.

Une demi-heure à peu près s'écoula dans cette charmante intimité. L'établissement de la sœur Henriette se construisait à vue d'œil.

Tout à coup, lorsque Mme d'Entragues savourait avec le plus de sécurité les poisons de ce tentateur, un bruit singulier sur la vitre de la grand'porte appela son attention de ce côté.

Elle seule avait le visage tourné vers cette porte, à laquelle Entragues et le comte se trouvaient adossés. La nuit au dehors était d'autant plus noire que la salle était plus éclairée.

Quelque chose de pâle, rehaussé de deux points de feu, vint se coller sur la vitre, et Mme d'Entragues reconnut le visage de la Ramée décomposé par une expression qu'elle ne lui avait pas encore vue.

Auprès de cette effrayante figure, un doigt inquiet répétait incessamment le signe qui appelle. Et quand on songe à l'impérieuse familiarité de ce signe, à son inconvenance eu égard à la dame châtelaine, on comprendra combien fut étonnée et épouvantée à la fois Marie Touchet qui, malgré sa majesté révoltée, voyait toujours derrière la vitre ce doigt maudit qui lui disait : Venez !

En proie à des craintes que l'événement ne devait que trop justifier, elle se leva, sans même avoir attiré l'attention des deux hommes, qui en ce moment unissaient leurs cœurs et leurs verres ; elle obéit au geste de la Ramée et sortit dans le jardin.

— Qu'y a-t-il encore, demanda-t-elle avec hauteur, êtes-vous fou, monsieur ?

— Peut-être madame, car je ne sens plus que ma tête m'appartienne.

— Que voulez-vous de moi ?

— Suivez-moi, je vous prie.

La Ramée frissonnait, ses mains glacées avaient saisi les mains de Mme d'Entragues.

— Où me menez-vous ? dit-elle sérieusement effrayée de cette voix rauque, de ce regard effaré.

— Au pavillon de Mlle Henriette.

Mme d'Entragues tressaillit sans savoir pourquoi.

— Qu'y verrai-je, monsieur ?

— Je ne sais si vous verrez, mais vous entendrez, à coup sûr.

— Expliquez-vous !

— Et d'abord, madame, savez-vous si Mlle Henriette n'attendait pas quelque visite ce soir ?

— Aucune, que j'aie autorisée du moins.

— Alors, venez, il le faut.

La Ramée appuya sur son bras le bras tremblant de Mme d'Entragues, et la guida plus vite que le cérémonial ne l'eût permis, vers l'extrémité du parc, à l'endroit où s'élevait le pavillon sous les marronniers.

— La porte est fermée, dit-il alors tout bas, et j'allais frapper tout à l'heure, lorsqu'il m'a semblé entendre là-haut des voix par une fenêtre maladroitement ouverte.

— Comment des voix, puisque Henriette est seule ?

La Ramée sans répondre leva le bras vers le bâtiment d'où s'échappaient voilés, il est vrai, et inintelligibles, mais parfaitement reconnaissables, les accents d'une voix qui n'était pas celle de la jeune fille.

Marie Touchet entendit. Bientôt la voix de Mlle d'Entragues répondit à l'autre, et les deux voix se mêlèrent dans un duo des plus vifs qui n'annonçait rien d'harmonieux.

— Il y a un homme là-haut, murmura la mère à l'oreille de la Ramée.

— Oui, fit celui-ci de la tête.

— Comment un homme se serait-il introduit chez Henriette ?

La Ramée amena Mme d'Entragues près du mur de clôture, au travers duquel, grâce à une crevasse, il lui montra dans les orties et le taillis de marronniers, de l'autre côté, un cheval qui broutait tranquillement en attendant son maître.

— Je vais appeler ma fille, dit Marie Touchet.

— Elle fera évader l'homme par la fenêtre, dit la Ramée ; avez-vous une clef de la porte du bas ?

— Assurément, et je vais la chercher.

La Ramée l'arrêta.

— Ils auront tiré les verrous peut-être, et le bruit que vous ferez pour ébranler cette porte les avertira.

— Que faire alors !

— Ce pavillon a-t-il deux issues ?

— Non, à moins que vous n'appelliez issue la fenêtre qui donne sur les champs.

— C'en est une. Puisqu'on entre par là chez Mlle Henriette, on en peut sortir par là.

— Eh bien ! je n'en connais pas d'autre.

— Madame, vous allez heurter à la porte en bas. En reconnaissant votre voix, Mlle Henriette ne pourra manquer de vous ouvrir.

— Mais la fenêtre ?

— Je me charge de la garder, dit la Ramée, et je réponds que nul ne s'échappera de ce côté ; frappez, madame.

Aussitôt il disparut à travers les arbres.

XI

OR ET PLOMB

Ce cheval qui broutait derrière le mur avait pour maître Espérance, qui, arrivé au moment même où huit heures sonnaient à Deuil, s'était mis tout joyeux à reconnaître la place.

Les amants sont d'excellents topographes, Henriette avait décrit parfaitement son pavillon et tous les alentours. Espérance reconnut sans effort les indications de sa maîtresse. Comme il avait tourné autour du château, évitant les chemins trop frayés, la ligne des murs lui servit de guide, et le mena tout naturellement au pavillon, qui formait l'un des angles.

Nous l'avons dit, l'ombre descendait sous les feuilles touffues. Espérance promena un long regard autour de lui, ne vit que des paysans cheminant bien loin vers leurs chaumières, et sauta en bas de son cheval.

La pauvre bête attendait ce moment avec impatience. Elle se mourait de faim et de soif; un ruisseau jaillissant pour ainsi dire sous ses pieds poudreux, de longues tiges d'herbe et de jeunes pousses qui s'offraient avec complaisance, indemnisèrent l'animal.

Il plongea ses naseaux fumants dans l'eau fraîche, et tout fut oublié, la chaleur du jour, la course forcée, l'éperon injuste.

Espérance, après s'être assuré que le licol était bon et d'une longueur suffisante pour laisser une heure de libre pâture à son cheval, s'occupa de son escalade. La tâche n'était pas difficile et le moment était bien choisi.

Personne aux environs ; personne, il est vrai, au balcon pour l'attendre, mais à quoi bon? Henriette guettait peut-être derrière les rideaux. Le principal était que la fenêtre fût ouverte. Or, on voyait les deux battants ouverts.

Poser un pied sur la selle du cheval, s'accrocher des mains à une branche de marronnier, lancer son autre pied sur une autre branche, tout cela fut l'affaire de quatre secondes et s'accomplit d'un seul élan.

Il y eut bien un craquement dans le marronnier; il y eut bien quelques égratignures à l'habit et à la peau, mais qu'importe? Est-ce que la peau ne repousse pas, et la branche aussi? Les vieux marronniers ont tant de séve, et les jeunes gens, donc!

Une fois sur le balcon, Espérance regarda dans la chambre avec circonspection. Elle était vide.

Il s'y glissa pour ne pas rester en vue du dehors. Cette chambre, tapissée de vieux damas vert, lui parut vaste et sombra. Un pêle-mêle d'oiseaux effarouchés se culbutant dans une grande volière fit peur d'abord à Espérance et puis le fit sourire. Il entendit son cheval qui hennissait comme pour le rappeler et lui dire adieu.

Le jeune homme, se voyant seul, passa en revue tout ce qui s'offrait à ses regards. Cette chambre n'avait qu'une fenêtre, celle-là même par laquelle Espérance était entré, et qui donnait sur le balcon. Ce n'était pas la chambre à coucher d'Henriette, car le lit se trouvait dans un grand cabinet à gauche, éclairé par une petite fenêtre sur le parc, avec des barreaux de fer entrelacés.

La chambre d'une femme aimée! Ce n'est pas un spectacle qui laisse froid et sans palpitation un cœur de vingt ans. Les rideaux ont retenu son souffle; le tapis, ses pieds nus l'ont foulé. Chaque usage en est poétisé par l'amour, chaque muet détail devient éloquent. Elle présente, il n'y a qu'elle; absente, elle s'y trouve cent fois.

Espérance contemplait cet appartement avec une sorte d'attendrissement vague. Déjà, pour lui, Henriette ne représentait plus l'adorable maîtresse, que notre orgueil d'amant divinise jusque dans sa chute qui est notre ouvrage. Les paroles de Crillon, retentissant encore à son oreille, enlevaient à Henriette son prestige le plus beau. Espérance l'accusait mentalement, non plus de faiblesse, mais de mensonge : la désirait-il?

c'est possible ; l'aimait-il encore ? c'est douteux ; l'aimait-il moins ? c'est sûr.

Cependant il subissait l'irrésistible influence de cette retraite silencieuse, déserte. Au lieu de la liberté des bois et des plaines, qui fait deux amants égaux, puisque là le ciel est commun à tous deux, et qu'ils sont les hôtes de Dieu seul, Espérance se voyait emprisonné pour ainsi dire sous le toit de sa maîtresse, entouré d'objets inconnus qui l'accueillaient en étranger. Aussi les oiseaux, effarouchés par sa présence, le parquet, criant aigrement sous son pied, le rideau, rebelle à sa main, lui parurent-ils de mauvaise humeur. Il se trouva étrange dans le miroir de la jeune fille, et se figura que, s'il voulait s'asseoir, le siége le repousserait.

Là-bas, pensa Espérance devenu triste, la forêt se faisait belle pour nous appeler ; je voyais poindre des violettes dans la mousse, à l'endroit où je conduisais Henriette, et les oiseaux, loin de s'enfuir, venaient au-dessus de nous se jouer sur les branches. J'avais fait amitié, dans certaine clairière, avec un chardonneret qui nous rendait exactement visite et amenait des camarades musiciens pour nous offrir le concert. Est-ce donc parce que là-bas il y avait la foi et qu'ici c'est le doute ? est-ce parce qu'ici j'apporte la défiance et que là-bas on apportait l'amour ?

Il en était à soupirer, quand un verrou se ferma à l'étage inférieur. Un petit pas rapide retentit dans l'escalier. Espérance sentit tout son courage l'abandonner. Le pas d'une maîtresse qui accourt éveille toujours un écho dans notre cœur.

Il avait déjà oublié Crillon, les reproches et l'exorde de son interrogatoire préparé. Caché par prudence derrière les plis du rideau, car il faut tout prévoir, et Henriette pouvait n'être pas seule, Espérance, quand il vit entrer la jeune fille, sans gardiens et sans servante, sortit précipitamment de sa cachette, l'œil amoureux, les bras ouverts.

— Ah! vous voilà, dit-elle d'un ton si étrangement sec et d'un air si distrait que le jeune homme en fut glacé malgré lui.

Mais nous savons qu'il ne pouvait croire le mal, et que chez lui tout nuage s'évaporait au souffle seul de la vie.

— Qu'avez-vous? dit-il à sa maîtresse ; êtes-vous poursuivie, avez-vous peur ?

Elle ne répondit pas. Elle tournait et retournait la tête avec plus d'embarras que d'effroi.

— Si vous voulez, ajouta-t-il, je vais redescendre par le balcon, et je remonterai quand vous serez tout à fait rassurée.

En disant ces mots, il joignait l'action aux paroles et gagnait la fenêtre.

Elle l'arrêta.

— Non, dit-elle, plus tard ; puisque vous êtes là, profitons de ce moment pour causer.

Ce *puisque vous êtes là* fit dresser l'oreille à Espérance. La phrase lui parut illogique sinon discourtoise; cependant sa provision de complaisance et de candeur n'était pas encore épuisée. Il prit le change et répondit :

— Oui, chère belle, causons.

Et il entoura Henriette de ses bras.

Elle fit, pour se dégager, un mouvement si adroit et si rapide, qu'il ne le sentit qu'en la voyant s'asseoir à deux pas de lui, sur une chaise.

Il détacha son épée, la posa sur un meuble près du balcon, et s'agenouilla près d'Henriette, accoudée sur le bras de sa chaise. Alors il attacha sur la jeune fille son regard profond dans lequel se reflétait toute son âme. L'image était parfaite, le miroir sans prix. Henriette, si elle eût regardé cette noble et adorable figure, cette bouche pensive à la fois et souriante, n'eût pas résisté au désir d'y coller ses lèvres; mais elle aussi rêvait et ne regardait pas.

— Il me semble, dit Espérance avec douceur, que vous me payez mal mon voyage, Henriette, et la fatigue, et la soif, et tout l'ennui que j'ai eu de vous perdre ces trois jours passés. Au moins ai-je donné tout à l'heure à mon brave cheval de l'eau fraîche, de l'herbe tendre et mes caresses. A défaut du picotin, il s'est déclaré satisfait. Mais vous, méchante, vous ne me donnez rien.

Henriette poussa un soupir.

— Gageons que je suis meilleur que vous, continua Espérance, et que je n'ai rien oublié de ce qui peut vous plaire, ou du moins vous distraire. Vous ne vous souvenez peut-être plus qu'il y a dix jours, en Normandie, au bord de notre petite fontaine Eau claire, quand vous rouliez des gouttes d'eau sur des feuilles de noisetier, vous me fîtes admirer ces diamants, et me dites qu'ils ressemblaient à ceux de votre mère. Alors je versai ces gouttes brillantes sur vos beaux cheveux noirs, et elles tombèrent au bord de votre charmante oreille rouge, où je les bus, tout diamants qu'elles étaient.

— Eh bien? dit Henriette.

— Eh bien, j'avais feint seulement de les boire. Le feu de mon baiser les a durcies. Je vous les rends assez solides pour demeurer à vos oreilles.

Il lui offrit les diamants que Crillon avait tant regrettés. Ils eurent le bonheur de lui plaire, et elle leur adressa un regard moins terne qu'à Espérance.

— Vous êtes bon, dit-elle.

— Ah! vous en convenez, s'écria ce brave cœur avec une gaieté si franche que pour toute autre femme elle eût été irrésistible. Voyons, déridez-vous, et ne me faites pas voir une Henriette que je ne connais pas, à la place de cette charmante maîtresse tant aimée.

Elle se leva presque à ce mot, et repoussant l'écrin, toujours ouvert sur ses genoux :

— Il faut que je vous parle, dit-elle du même ton glacial qu'elle avait pris à son arrivée.

Espérance, surpris, ramassa les pendants d'oreille et les plaça sur la table.

— J'ignore absolument, dit-il d'un ton de dignité sans colère, ce que vous pouvez avoir à me dire avec un pareil accent. Il faut que le séjour dans la maison paternelle vous ait fait faire des réflexions. C'est possible après tout.

— C'est cela, monsieur Espérance, j'ai fait des réflexions.

— Monsieur?... répéta le jeune homme, de plus en plus blessé. Alors je vous appellerai mademoiselle.

— Ce sera mieux, entre gens destinés à se séparer.

— Ah! dit Espérance suffoqué, comme serait un homme qui s'enfoncerait pas à pas dans un lac de glace.

— La séparation est inévitable; elle est forcée. Vous devez voir à ma tristesse, à l'hésitation de chacune de mes syllabes, combien il m'en coûte pour vous l'annoncer.

— Aurait-on découvert notre intelligence? dit Espérance avec son inépuisable crédulité.

— A peu près.

— Avec de l'adresse, de la prudence, nous détournerons les soupçons.

— Cela ne suffirait pas, monsieur Espérance, et le danger évité se représenterait infailliblement. Ce qu'il importe, c'est que notre secret meure à jamais entre nous ; c'est que vous m'aimiez assez pour m'oublier.

— Comment alliez-vous ces deux mots-là, mademoiselle ? Aimer et oublier ne vont pas ensemble. D'ailleurs, pourquoi me demanderiez-vous de vous aimer encore si vous ne m'aimez plus ?

— Je ne dis pas cela... Tous les jours on obéit à la nécessité.

— Quelle nécessité ?

— Mais... il s'en rencontre de cruelles dans la vie d'une femme.

— Voudriez-vous épouser quelqu'un ?

— Si ce n'est moi qui le veux, c'est peut-être ma famille.

Henriette prononça cette réponse avec tant de sécheresse et d'orgueilleuse provocation, que le jeune homme se sentit mordu au cœur. Il lui sembla qu'il venait d'être attaqué, touché même, et que ce serait une lâcheté de ne pas répondre par un coup énergique à l'attaque sans pitié qu'on venait de lui envoyer. Ce coup vengeur, Crillon le lui avait enseigné pendant la route.

Il se redressa le front assombri, passa une main frémissante dans ses beaux cheveux, et dominant cette femme assise de toute sa taille, de toute sa beauté de corps et d'âme :

— Mais, mademoiselle, lui dit-il, je ne sais pas si vous agirez prudemment en laissant votre famille vous chercher un mari.

Elle le regarda, surprise.

— Un mari, continua-t-il, sera exigeant. Ce n'est plus un amant qui s'extasie et remercie à deux genoux, et, quand il ne le demande pas lui-même, accepte toujours le bandeau qu'une femme lui met sur les yeux.

Henriette, en écoutant ces étranges paroles, restait indécise entre l'étonnement et la colère.

— Un mari, poursuivit Espérance, vous demandera compte de toute votre vie, mademoiselle, et chacune de vos actions lui fournira matière à questions et à recherches.

— Je ne suppose pas, répliqua Henriette pâlissant, que ces questions et ces recherches puissent jamais tourner à mon déshonneur. Vous êtes un honnête homme, monsieur, je le crois du moins, et qui que ce soit vous ferait vainement des questions à mon sujet. Mon secret ne peut donc être révélé que par vous... dois-je craindre qu'il le soit jamais? Si vous vous défiez de vous-même, dites-le, du moins, pour que je sache à quoi m'en tenir.

Le cœur loyal d'Espérance battait au moment de porter le grand coup. Mais il reprit courage sous le regard venimeux de l'adversaire.

— Votre secret, mademoiselle, dit-il d'une voix émue, ne court aucun danger. Je parle du secret qui nous est commun. Celui-là, je vous le garantis, mais celui-là seul. Je ne puis m'engager pour les autres.

— Que prétendez-vous dire? s'écria Henriette avec un serrement de cœur qui retira de son visage le peu de sang que cette discussion y avait laissé. Quel autres secrets puis-je avoir?

— Cela ne me regarde pas, mademoiselle, mais votre mari s'en occupera; au lieu de croire, comme je l'ai fait, à cette bague donnée par Mlle Marie d'Entragues, enfant de douze ans, au page de votre mère, il vous demandera si ce n'est pas vous plutôt qui aviez donné la bague qu'un assassin a volée pour vous au cadavre d'Urbain du Jardin.

Henriette devint livide, poussa un cri sourd et chancela sous l'autorité de ce regard ferme et de cette parole hardie. Espérance se croisa les bras et attendit la réponse.

— Qui vous a appris ce nom? murmura-t-elle avec angoisse.

— Peu importe. Je le sais, voilà l'essentiel.

— Mais enfin, de quoi m'accusez-vous, en rapprochant ce nom du mien?

— Je croyais vous l'avoir dit, mademoiselle, et votre égarement prouve assez que vous m'avez compris.

— Je sens une calomnie, une injure, et je me révolte, voilà tout. D'ailleurs, comment se fait-il que vous veniez m'accuser d'un crime que vous ne me reprochiez pas il y a trois jours?

— Parce que je ne le sais que depuis deux heures.

— Et alors, reprit-elle vivement, pourquoi il y a dix minutes étiez-vous à mes pieds me rappelant des souvenirs d'amour?

— Parce qu'il y a dix minutes j'espérais encore ce que je n'espère plus maintenant.

— Quoi donc?

— Vous trouver innocente.

— Nommez-moi les calomniateurs!

— Que vous sert-il de les connaître? Tout à l'heure vous m'avez congédié, c'est signe que vous ne m'aimez plus. Quand on cesse d'aimer les gens, s'occupe-t-on de ce qu'ils pensent?

— Évidemment, monsieur, je tiendrais peu à l'estime d'un homme qui manquerait d'assez de confiance envers moi pour m'attribuer...

— Ce qu'on attribue à votre sœur, à une pauvre absente que vous laissez accuser, que vous accusez vous-même.

— Mais, monsieur, vous m'insultez.

— La colère n'est pas une réponse.

— L'insulte n'est pas une preuve, et si vous n'êtes venu que pour m'insulter, vous eussiez mieux fait de ne pas venir.

Espérance était bon, mais il n'était pas faible. Cette nouvelle agression l'exaspéra.

— Je ne suis venu, mademoiselle, dit-il, que pour répondre à l'invitation que j'avais reçue de vous. Car vous m'avez appelé, ne vous déplaise, et je porte heureusement sur moi ma lettre d'audience. Peut-être me direz-vous qu'elle n'est pas de vous, car la personne qui vient de me traiter ainsi n'est pas celle qui écrivait :

« Cher Espérance, tu sais où me trouver, tu n'as oublié ni l'heure ni le jour fixés par ton Henriette qui t'aime. »

— N'est-ce pas, mademoiselle, ajouta-t-il en mettant le billet ouvert sous les yeux de la jeune fille frémissante, n'est-ce pas que vous ne comprenez pas d'avoir pu écrire ces lignes et d'avoir peut-être pensé ce que vous écriviez?

Henriette, en effet, venait de voir avec épouvante ce billet dans la main d'Espérance. Lui, calmé par l'évaporation de la première colère, plia tranquillement la feuille et la remit dans la bourse brodée qu'il portait à sa ceinture. Les yeux d'Henriette dévoraient ce papier accusateur et brillèrent de fureur en le voyant disparaître.

— Ainsi, reprit le jeune homme, je ne suis venu vous voir que pour continuer notre rôle d'amants interrompu par votre absence. En route j'ai su votre faute et votre mensonge. On me conseillait de rebrousser chemin. Par faiblesse j'ai voulu obtenir de vous une explication. Me voici : vous refusez de vous expliquer, vous accueillez mes propositions conciliantes par des menaces, j'accepte la rupture. Adieu, mademoiselle, adieu.

Il se dirigea vers la fenêtre ; sa décision était nettement écrite sur ses traits. En le voyant près de partir, Henriette au désespoir, il emportait le billet, s'élança vers lui et le saisit par les deux mains avec tous les signes du repentir et de l'humilité.

— Espérance! s'écria-t-elle, reste; tu sais bien que je t'aime.

— Mais non, dit-il, je ne le sais plus.

— Comprends donc ma douleur, ma folie ; comprends donc l'horreur de ma situation.

— Pourquoi m'avoir chassé ?

— Tu m'accusais.

— Pourquoi m'avoir menti ?

— Rappelle-toi en quelles circonstances. C'est la Ramée qui est cause de tout. Il ose m'aimer; j'ai ce malheur ! Il m'écrit chez ma tante une ridicule lettre entortillée, que le hasard fait tomber en tes mains; tu t'étonnes, tu m'interroges. Il était question dans cette lettre fatale de secret, de Marie, d'honneur de la famille. Je me confie à toi, je t'explique comment ce la Ramée s'arroge des droits sur moi pour se faire payer son dévouement. Dans sa lettre il ne parlait que de la faute de Marie, puisque ma mère, par tendresse pour moi, ne lui avait parlé que de ma sœur. Voulais-tu que, pour justifier ma sœur cadette, que tu n'as jamais vue, que tu ne verras jamais, j'allasse m'accuser inutilement et risquer de perdre ton amour ? Ton amour plus précieux pour moi que l'honneur, tu le sais; toi pour qui j'ai tout oublié. Allons, pardonne, tu n'es pas méchant, aie pitié de ta maîtresse, dont tu es le premier amour. J'ai été légère, quelle jeune fille ne l'est pas? mais une étourderie n'est pas un crime ; ce n'est qu'une étourderie ; qu'on me prouve autre chose... Pardonne, oublie... Je t'aime, Espérance, et n'ai jamais cessé de t'aimer.

Elle l'enlaçait de ses bras si beaux, elle embrassait de ses lèvres ardentes un visage qui trahissait toute l'émotion, toute la faiblesse magnanime du généreux Espérance.

— Vous me chassiez, cependant, dit-il tout troublé.

— Pardonne la colère à une âme noble que révolte une honteuse accusation.

— Vous me chassiez avant d'avoir été accusée.

— Oh ! pardonne encore plus à la pauvre jeune fille que ses parents circonviennent et qui se voit captive, isolée, séparée à jamais peut-être de celui qu'elle aime. Mon père est sans pitié, ma mère rêve pour moi des alliances au-dessus de mon faible mérite. Un soupçon de leur part c'est pour moi la mort.

— Vous ne serez pas perdue cependant pour m'aimer, dit Espérance, et près de moi vous n'avez à craindre ni la pauvreté, ni le déshonneur !

— Vous ne connaissez pas vos parents, dit la jeune fille avec une hypocrite douceur ; voilà pourquoi jamais les miens ne consentiraient à nous unir. Oh ! sans cela, je vous avouerais avec orgueil. Allons, vous voilà devenu raisonnable, vous n'êtes plus ce furieux qui maltraitait une pauvre fille dont le malheur est le seul crime. Je lis dans vos beaux yeux l'oubli ; j'y lis plus encore, n'est-ce pas, vous m'aimez toujours?

— Il le faut bien, soupira ce tendre cœur.

Un éclair de triomphe illumina le visage pâle d'Henriette.

— Est-il possible, dit-elle, que l'orgueil fausse à ce point une belle âme, qu'elle devienne ingrate jusqu'à l'indélicatesse ?

Elle enveloppa ce mot amer dans le miel d'un baiser.

— Comment cela ? dit Espérance.

— Oui, vous me reprochez une preuve d'amour, une lettre.

— Je ne l'ai pas reprochée, je l'ai citée.

— Le rouge m'en monte au visage. Il me reprochait d'avoir été confiante... et moi, dans ma douleur, je me disais : S'il s'arme de cette lettre contre moi, aujourd'hui qu'il m'aime, quel usage en fera-t-il donc lorsqu'un jour il ne m'aimera plus ?

Un nouveau baiser fit passer cette nouvelle goutte de poison.

— Me croyez-vous à ce point votre ennemi ?

— Pas vous ! mais on vous influence ; vous êtes faible pour tout le monde, excepté pour moi, et quand nous serons séparés... Oh ! mon cher Espérance, si votre faiblesse, si un malheureux hasard fait tomber ce billet en des mains étrangères, je suis perdue, perdue par celui que j'ai tant aimé... Quel châtiment ! il sera juste !

Elle s'attendrit en disant ces mots ; Espérance la prit dans ses bras avec transport.

— Ne la redoute plus, cette lettre, dit-il, nous allons la brûler ensemble.

Pauvre Espérance ! qui prit pour un sourire d'ange la joie infernale allumée dans les yeux d'Henriette, et pour une douce rançon d'amour son baiser de Judas !

Il fouilla dans sa bourse pour y prendre le billet. Henriette tendit une main tremblante d'avidité.

Soudain plusieurs coups pressés retentirent à la porte

du pavillon, et une voix impatiente cria : Henriette ! Henriette !

— C'est ma mère ! dit celle-ci épouvantée.

Espérance courut au balcon, Henriette l'arrêta, songeant qu'il emportait avec lui la lettre.

— Dans ma chambre, dit-elle...

Elle y poussa le jeune homme, ferma la porte et descendit ouvrir.

XII

LES HABITUDES DE LA MAISON

Il faisait sombre dans le vestibule, Marie Touchet avait la voix tremblante ; en apercevant le trouble de sa fille elle se tut.

— Me voici, ma mère, dit Henriette en détournant les yeux.

— Pourquoi n'ouvriez-vous pas ?

— J'allais dormir, je dormais déjà, je crois, mais à présent que me voilà réveillée, je puis aller souper avec vous, ma mère.

En disant ces mots, dans son ardeur de sortir et d'éloigner Marie Touchet du pavillon elle poussait doucement celle-ci dehors.

Marie Touchet la poussant à son tour :

— Montons chez vous, dit-elle en passant la première.

— Je suis perdue, pensa Henriette, qui se repentit de n'avoir pas laissé fuir Espérance.

La mère après un rapide coup d'œil jeté autour d'elle, marcha droit à la fenêtre ouverte, et, apercevant en bas la Ramée qui veillait, lui demanda si personne n'était sorti de ce côté.

— Non, répondit la Ramée.

Alors Mme d'Entragues revenant à sa fille :

— Où est, dit-elle, l'homme que vous cachez ici ?

— Qui donc ? répliqua Henriette avec un horrible serrement de cœur.

— Si je le savais je ne vous le demanderais pas.

—Mais il n'y a personne, madame.

— J'ai entendu sa voix.

— Je vous jure...

La mère se mit à visiter chaque angle, chaque meuble de la chambre et les plis de la tenture, avec une vivacité fiévreuse. Il n'était plus question de majesté.

N'ayant rien trouvé, elle se dirigea vers la chambre à coucher, heurta violemment Henriette qui voulait lui fermer le passage, et entra.

Henriette espérait que le jeune homme se serait adroitement dissimulé, à la manière des vulgaires amants, sous le lit ou dans quelque armoire ; mais Espérance était debout près de cette petite fenêtre grillée de fer. Il avait entendu tout et s'attendait à tout.

A l'aspect de cette figure noire perdue dans le crépuscule, Marie Touchet saisit à la hâte le fusil et la pierre pour allumer une bougie et voir.

Espérance, pendant ces préparatifs, contemplait le visage pâle et contracté par la fureur de cette mère offensée, dont il connaissait en pareil cas la justice férocement expéditive.

Henriette se cachait dans un grand fauteuil.

Marie Touchet leva la bougie jusqu'à la hauteur du

visage d'Espérance, et frissonna de le voir si beau, si calme, si digne d'être adoré.

Un pareil amant près de sa fille renversait tous ses plans d'avenir. Encore une tache qu'il faudrait effacer. C'était donc l'inexorable destinée de sa famille : honte et sang !

— Que faites-vous là ? dit-elle d'une voix menaçante. Vous vous taisez... Répondrez-vous, au moins, mademoiselle !

Henriette, au comble de l'effroi, s'écria :

— Mais, ma mère, je ne connais pas monsieur...

— Un malfaiteur, peut-être, dit Marie Touchet, exaspérée de la placide beauté d'Espérance.

L'œil noble et pur du jeune homme appela sans affectation le regard de la mère sur la table où scintillaient les diamants.

— Qu'est cela ? dit-elle avec un redoublement de fureur. Je ne vous connais pas ces joyaux, mademoiselle !

— Moi non plus, bégaya Henriette, folle de honte et de terreur.

Ému de compassion, Espérance trouva le mensonge pour sauver l'honneur de sa maîtresse.

— Voici la vérité, madame, dit-il enfin d'une voix doucement harmonieuse. Je passais à Rouen il y a six jours. J'y ai vu mademoiselle dont je suis tombé éperdument épris sans qu'elle m'eût seulement aperçu. C'était jour de fête. Mademoiselle regardait à l'étalage d'un juif les diamants que voici. L'idée m'est venue de les acheter, puisqu'ils avaient mérité son attention.

— Je vous trouve hardi d'acheter des diamants à ma fille.

— Permettez, madame, ce n'est pas un crime que d'éprouver de l'amour, c'en serait un alors d'en inspirer. Moi, qui ne voulais pas offenser ou compromettre mademoiselle, je l'ai suivie de loin, oh! respectueusement, jusques ici.

— Pourquoi faire ? dit Marie Touchet avec sa hauteur de reine.

— Pour savoir son nom et sa qualité, que je ne me fusse pas permis de demander à ses gens; pour trouver une occasion favorable de lui faire tenir ces diamants qui ne sont pas un présent, mais un gage mystérieux des sentiments que je voulais un jour lui faire connaître. C'est permis, madame, d'essayer à plaire quand on est respectueux, quand on cherche à ne pas compromettre une femme; depuis hier, j'ai étudié les êtres et les habitudes de ce château, et ce soir, croyant mademoiselle sortie du pavillon pour souper avec vous, je me suis risqué — c'est un grand tort de ma part — à pénétrer chez elle pour déposer les diamants sur sa table, cela l'eût fait rêver : cette pensée me souriait d'occuper son esprit, sinon son cœur. Or, mademoiselle que je croyais absente, est rentrée tout à coup, m'a vu, a poussé un cri; j'ai voulu la rassurer, lui expliquer la pureté de mes intentions, et j'étais occupé à combattre ses scrupules, lorsque votre voix, madame, a retenti au bas de l'escalier. Voilà toute la vérité. Je vous supplie de me pardonner, et surtout de ne pas accuser mademoiselle, qui n'est pas coupable et qui souffre en ce moment d'injustes soupçons. Seul je mérite vos reproches et m'incline très-humblement devant votre colère.

A mesure qu'il parlait, la couleur et la vie revenaient sur les joues d'Henriette; elle admirait cette présence d'esprit qui la sauvait. Le rôle devenait si beau pour elle qu'elle s'y cramponna, qu'elle l'adopta, qu'elle prit le masque pour le visage.

— Oui, s'écria-t-elle, oui, voilà la vérité.

Marie Touchet, elle, ne se laissa pas abuser. Sa colère augmenta lorsqu'elle vit l'adresse de la défense.

— Et c'est là, dit-elle, l'excuse qu'on ose invoquer pour s'être introduit chez ma fille par une fenêtre!

— La porte m'était fermée, répondit doucement Espérance. D'ailleurs, je ne voulais pas être vu de Mlle d'Entragues, et par la porte j'eusse été vu.

— Il reste à expliquer, dit la mère en froissant convulsivement ses doigts, pourquoi à mon arrivée, vous vous êtes caché dans cette chambre au lieu de reprendre le chemin par lequel vous étiez venu.

Henriette plia sous ce nouveau coup.

— Mademoiselle m'avait congédié honteusement répliqua Espérance embarrassé; mais moi j'ai voulu rester, un espoir me guidait. Peut-être, me suis-je dit, aurai-je le bonheur de voir la mère de Mlle Henriette, et je saurai la convaincre de mes sentiments respectueux, et par l'excès même de ma témérité, cette dame jugera de l'excès de mon amour et du désir que j'ai d'être approuvé dans ma démarche. Voilà pourquoi, madame, je me suis caché. Mademoiselle devait me croire parti... Mon stratagème a réussi en dépit de mademoiselle, puisque j'ai été assez heureux pour déposer à vos pieds ces sincères explications.

Henriette respira; Marie Touchet la regarda d'un œil plus calme. Mais l'effort de cette tempête tomba sur le malheureux Espérance.

— Votre recherche! s'écria la mère en donnant un libre cours à sa rage trop longtemps contenue. Votre recherche! mais, pour rechercher Mlle d'Entragues, vous ne vous êtes pas encore nommé. Qui donc êtes-vous?

Espérance baissa la tête avec une hypocrite humilité.

— Je ne suis pas pauvre, dit-il.

— Il s'agit bien de cela. Êtes-vous prince ? Êtes-vous roi ?

— Oh ! non, madame.

— Votre nom ! votre nom ! dit Marie Touchet, de plus en plus animée par la feinte soumission du jeune homme... Il ne s'agit pas d'acheter des diamants, nous ne sommes pas des juives ; mais vous, êtes-vous seulement bon gentilhomme ?

Espérance prit le temps de respirer pour bien poser l'effet de sa réponse, et répondit :

— Je ne sais pas, madame.

L'effet fut effrayant. La mère se redressa comme une géante, et d'un geste superbe :

— Il faut que vous soyez un audacieux compagnon, dit-elle, pour venir ainsi affronter la potence. Pas gentilhomme !.. et l'on complote de séduire des filles de noblesse ! Que dis-je, on ose avouer qu'on les recherche ! Ah ! malheureux ! si je ne craignais d'attirer sur mon imprudente fille la colère de son père et de son frère, vous auriez déjà payé cette impudence.

— Mais, madame, je n'ai offensé personne, dit le jeune homme, enchanté de voir approcher le dénoûment sans que sa maîtresse eût été compromise.

— Taisez-vous !

— Je me tais.

— Et partez !... partez, misérable !

— Je l'eusse fait depuis longtemps sans le respect qu'on doit aux dames, dit Espérance avec un sourire mal déguisé.

— Et vos diamants ! ajouta Marie Touchet, ne les oubliez pas ; ils vous serviront près de vos pareilles !

En disant ces mots, elle lança l'écrin dans les jambes d'Espérance, qui riait de cette fureur féminine et ne se baissa pas pour les ramasser. Après une gracieuse révérence adressée aux deux dames, il se dirigea vers le balcon :

— Excusez-moi, dit-il, de reprendre le chemin défendu ; mais mon cheval est en bas, et je tiens à ne pas causer de scandale en votre maison.

— Moi aussi, répliqua Marie Touchet avec fureur. C'est pourquoi je vous invite à ne point aller de ce côté : vous trouveriez en bas de cette fenêtre quelqu'un dont je veux bien vous épargner la rencontre. Certes, vous méritez d'être châtié, mais ce sera plus tard et plus loin. Souvenez-vous bien que s'il vous arrive jamais de regarder seulement cette fenêtre ou de parler de votre aventure, mademoiselle que voici entrera pour le reste de ses jours au couvent. Quant à vous...

— Oui, je sais ce que vous voulez dire, murmura Espérance avec un sourire moins joyeux. Eh bien ! madame, soyez tranquille, à dater d'aujourd'hui je suis aveugle et muet. Par où faut-il que je sorte, s'il vous plaît ?

— Attendez que je prévienne la personne qui vous guettait en bas.

Au moment où Marie Touchet s'approchait de la fenêtre pour avertir la Ramée qu'elle supposait être encore à son poste, au moment où Espérance cherchait dans les yeux d'Henriette un remercîment qu'il avait bien gagné par sa patience et son esprit, la Ramée apparut au seuil de la chambre l'œil brillant d'une ivresse sauvage, il vit Espérance et s'écria :

— J'étais bien sûr d'avoir reconnu sa voix :

Ces mots, l'accent haineux dont ils étaient empreints firent tourner la tête à Mme d'Entragues ; elle accouru près de la Ramée pour lui en demander l'explication.

A l'aspect de son ennemi, Espérance comprit le danger, pressentit la lutte, et au lieu de continuer à marcher vers le balcon, il revint sur ses pas, jusqu'au milieu de la chambre. La Ramée le couvait d'un regard dévorant. Il fit quelques pas aussi à la rencontre de Mme d'Entragues. Henriette, à l'arrivée de ce nouveau témoin, s'était reculée jusqu'à la porte de sa chambre, comme pour mieux cacher sa honte.

— Ah! c'est monsieur, dit la Ramée d'une voix stridente qui fit tressaillir Espérance comme le sifflement d'un reptile.

Instinctivement, il songea à se rapprocher de son épée placée sur une console près du balcon. Mais la crainte de paraître inquiet enchaîna encore une fois sa résolution. « La générosité de l'adversaire, dit un proverbe arabe, est l'arme la plus sûre d'un lâche ennemi. »

La Ramée comprit cette hésitation. Il tourna lentement autour de la table comme pour retrouver Mme d'Entragues, et chemin faisant, il écrasa Henriette d'un regard menaçant et désespéré.

— Il me semble, madame, dit-il alors à la mère, que vous aviez querelle avec monsieur tout à l'heure. Si je puis vous être utile, me voici.

— Non, dit Mme d'Entragues humiliée de la protection d'un pareil personnage, monsieur a expliqué sa présence d'une manière satisfaisante, et il part.

La Ramée bondit jusqu'au balcon, de façon à se placer entre Espérance et son épée.

— Vous ne savez donc pas madame, dit-il à Marie Touchet, quel est cet homme que vous laissez partir?

— Non.

— C'est celui qui m'a menacé tantôt, celui qui sait le secret, celui qui veut nous perdre tous et qui n'est ici que pour cela!

Mme d'Entragues poussa une exclamation de surprise et d'effroi.

— Ce matin il m'a échappé, ajouta la Ramée, il ne faut pas qu'il m'échappe ce soir !

Pendant ce colloque, Espérance serrait sa ceinture et regardait avec un sourire méprisant l'habile manœuvre de son ennemi.

Marie Touchet, pâle et agitée :

— Cela est bien différent, dit-elle, et mérite une explication.

— Et monsieur va s'expliquer, ajouta la Ramée en s'appuyant sur la console même où reposait l'épée.

Henriette, la lâche, joignit les mains et adressa un regard suppliant à Espérance, non pour qu'il fût patient, mais pour qu'il fût discret.

Celui-ci, sans s'émouvoir :

— Je ne comprends plus, dit-il. L'arrivée de monsieur embrouille tout.

— Tout se débrouillera, fit la Ramée en jouant avec la poignée de l'épée.

— Madame, c'est à vous que je m'adresse, poursuivit Espérance ; je ne veux pas ici avoir affaire à monsieur. Vous me faisiez l'honneur, je crois de me demander des explications. Sur quoi ?

— Sur les secrets prétendus dont vous auriez ce matin entretenu M. la Ramée... des secrets mortels !

Espérance regarda Henriette qui cachait son visage dans ses mains.

— Je devais, dit-il, donner ces explications à M. la Ramée au coin de certain bois fourré dont il me faisait fête alors. Mais ce n'est pas ici le lieu, et les témoins ne me conviennent pas.

— Cependant, vous parlerez! dit Marie Touchet en s'avançant l'œil en feu, les poings serrés vers le jeune homme.

— Oh oui ! vous parlerez! dit la Ramée en s'approchant également, la main sur un couteau qu'il portait à sa ceinture.

— Vous croyez, dit Espérance, souriant à la faiblesse de l'une et à la rage de l'autre.

— J'en suis sûr, répliqua la Ramée avec un affreux regard.

Henriette, stupide de frayeur, se mit à murmurer des prières devant son crucifix. Espérance demeura seul, les bras croisés faisant face à ses deux adversaires. La Ramée tira tout à fait son poignard du fourreau.

— Ah oui, dit lentement Espérance, j'oubliais où je suis et avec qui je suis. C'est l'habitude de la maison d'Entragues. Un porteur de secret gêne-t-il, on l'assassine!

— Monsieur! s'écria Marie Touchet livide, vous allez nous y forcer!

— Voyez-vous qu'il le faut! hurla la Ramée en grinçant des dents.

— Bah! répliqua Espérance, je ne suis pas un petit page, moi, je ne suis pas Urbain du Jardin et je n'ai peur ni des mauvais yeux de madame ni du vilain couteau de monsieur. Oh! vous avez beau vous placer ainsi entre moi et mon épée, je la retrouverais si j'en avais besoin, mais avec de pareils ennemis l'épée est inutile. Allons! passage! arrière, madame, et vous, coquin, au large!

Henriette, égarée, s'enfuit dans sa chambre où elle s'enferma. Mme d'Entragues recula jusqu'à la porte; la Ramée, le couteau à la main, baissa la tête comme le taureau qui va fondre sur son adversaire.

Espérance prit son élan.

— Tu n'as pas été pendu ce matin, dit-il, tu vas être étranglé ce soir.

Et jetant ses deux bras en avant comme deux tenailles,

il tordit le poing de la Ramée, le désarma, jeta le couteau sur le plancher et saisit l'homme à la gorge ; ses doigts nerveux s'incrustèrent dans la chair vive. On vit, sous la terrible pression, les joues de la Ramée se rougir du sang qui refluait, ses yeux terrifiés grandir démesurément, et l'écume lui monter aux lèvres. Il tomba ou feignit de tomber.

Soudain, Espérance poussa un cri, ses mains s'ouvrirent, son corps plia. La Ramée libre, la sueur au front, sauta en arrière, laissant Espérance se débattre au milieu de la chambre, avec une large plaie d'où jaillissait le sang. L'assassin, en se baissant, avait ramassé son couteau et le lui avait enfoncé dans la poitrine.

Marie Touchet recula béante de terreur devant ce flot sinistre qui descendait sur le parquet jusqu'à elle.

Quant à Espérance, il voulut étendre la main pour saisir son épée, mais ce mouvement acheva d'éteindre ses forces, un brouillard passa sur ses yeux, ses jambes fléchirent et il tomba en murmurant :

— Crillon ! Crillon !

C'était un épouvantable spectacle : de chaque côté de ce cadavre, près du balcon et de la chambre d'Henriette, les deux assassins, livides et muets, se regardant comme en délire ; dans la chambre voisine des cris étouffés, tandis qu'au dehors le rossignol saluait sur les marronniers le premier rayon de la lune.

Tout à coup, deux voix rieuses et avinées, des coups bruyants frappés à la porte d'entrée, retentirent dans le pavillon. On appelait Henriette et Mme d'Entragues.

— Oh ! s'écria celle-ci, mon mari et M. le comte d'Auvergne.

— Ouvrez ! ouvrez ! je veux voir la petite sœur, disait le fils de Charles IX, trébuchant aux marches du pavillon, montrez-la-moi, la jolie petite reine...

Et M. d'Entragues riait aux éclats.

Ces paroles réveillèrent Mme d'Entragues comme une trompette du jugement dernier. Elle souffla les bougies dont l'une se ralluma malgré son souffle, et s'élança par les montées pour empêcher le comte d'Auvergne d'aller plus loin.

La Ramée, dont les dents claquaient de terreur, cherchait une issue à tâtons, comme s'il eût été aveugle. Il secoua dans son égarement la porte à laquelle Henriette, hurlant d'effroi, se cramponnait avec ses ongles. Alors la Ramée ouvrit le balcon, l'enjamba, et s'élança dans le vide.

On entendit, au moment de sa chute, deux cris, l'un de surprise et l'autre de rage, puis un bruit de poursuite furieuse qui s'effaça peu à peu dans le silence et les ténèbres de la nuit.

Espérance était tombé étourdi plutôt qu'évanoui. La secousse du choc acheva de lui rendre sa connaissance. Il rouvrit péniblement les yeux et se vit étendu au milieu de cette chambre à la lueur lugubre de la bougie qui semblait éclairer un mort.

Il avait appliqué une main sur sa blessure; l'autre, appuyée sur le parquet, en recevait la fraîcheur. Les idées du malheureux jeune homme s'entre-choquaient confusément comme une légion de fantômes, comme un essaim désordonné de rêves.

Il lui sembla que la porte de la chambre d'Henriette s'ouvrait insensiblement et que la jeune fille elle-même apparaissait, le visage pâle, les yeux hagards montrant d'abord sa tête seule, puis une main, puis tout le corps qui se dégageait lentement de la chambre voisine.

C'était bien Mlle d'Entragues; Espérance la reconnut. Elle écoutait, elle regardait. Sa robe frôla les gonds et la serrure. Elle fit un pas et fixa un regard épouvanté sur le pauvre Espérance.

Ce dernier eût bien voulu parler, mais n'en avait pas la force ; il essaya bien de sourire, mais l'ombre enveloppait sa tête, et ce sourire sublime fut perdu.

Henriette s'avança, s'enhardissant par degrés. Espérance la bénissait tout bas.

— Elle vient, pensait-il, pour fermer ma blessure, ou pour recueillir mon dernier souffle. C'est une charitable idée qui lui comptera près de Dieu, et pourra effacer quelques-unes de ses fautes.

Henriette, arrivée près du jeune homme, se baissa et étendit la main vers lui. Mais ce n'était point pour panser sa blessure, ni pour chercher le souffle suprême aux lèvres de son amant.

Elle attirait de ses doigts tremblants la longue bourse où Espérance avait enfermé le billet de rendez-vous ; elle sentit le papier sous les mailles et se mit à dénouer les cordons qui retenaient cette bourse à la ceinture.

Dieu permit qu'Espérance, à la vue de cette profanation, recouvrât une seconde de vigueur et de vie.

Il fit un mouvement pour se défendre et un soupir s'exhala du fond de son cœur révolté.

En le voyant ressuscité, Henriette se releva éperdue. Elle ouvrit la bouche et ne put crier. Elle reculait à mesure que le mourant se redressait effrayant de colère et pâle de désespoir.

— Oh !... lui dit Espérance d'une voix sépulcrale, oh ! la lâche !... oh ! l'infâme qui dépouille les cadavres ! Il te faut donc le billet d'Espérance comme il t'a fallu la bague d'Urbain !... Mon Dieu, punissez-la ! Mon Dieu ! je ne demande pas à vivre, mais donnez-moi la force d'aller mourir loin d'ici !

— Sambioux ! s'écria une voix de tonnerre, en

même temps qu'un homme sautait bruyamment du balcon dans la chambre, qui est-ce qui parle de mourir, cher monsieur Espérance. Oh! j'en étais sûr, le pauvre enfant, ce scélérat me l'aura tué.

— Pontis !... sauve-moi !

— Sambioux de bioux ! cria le garde en s'arrachant les cheveux des deux mains.

— Emporte-moi, Pontis !

Aussitôt, Pontis saisit Espérance d'un bras d'Hercule, le plaça sur sa large épaule, se pendit d'une main au balcon, de l'autre à une branche qui craqua en pliant jusqu'au sol et disparut avec sa proie.

Henriette ferma les yeux, étendit les bras et tomba inanimée en travers de la fenêtre.

XIII

LE ROI

Peut-être le lecteur trouvera-t-il son compte à suivre M. de Brissac, depuis sa sortie de la maison d'Entragues, lorsqu'il avait tant peur d'être accompagné, c'est-à-dire gêné par l'Espagnol.

Le gouverneur de Paris entreprenait une grosse besogne, et toutes les conséquences d'un échec lui étaient parfaitement connues. La moindre était sa mort et la ruine d'une partie de la France.

Le succès, au contraire, représentait pour lui une fortune brillante parmi les plus splendides fortunes de ce monde, et le salut de la patrie.

Il s'agissait de décider entre la Ligue et le Roi, entre

la France et l'Espagne. Mais pour faire ce choix il s'agissait aussi de bien connaître le fort et le faible des deux situations.

Cette perplexité avait fait passer à Brissac bien des nuits de fiévreuse insomnie. Mais un homme vaillant ne vit pas éternellement avec un serpent dans le cœur: il préfère engager une lutte, il meurt ou il tue.

Brissac avait résolu de combattre le serpent. Suffisamment renseigné sur le compte des Espagnols et de la Ligue par une fréquentation quotidienne et sa participation à leurs conseils, bien éclairé sur les perfidies de ceux-là et les niaiseries de ceux-ci, il voulait savoir à quoi s'en tenir sur l'autre parti qui revendiquait la France. Il voulait connaître par lui-même les forces et les idées de ce Béarnais tant combattu. Et il se disait avec son sens droit qu'un ennemi méprisable n'est jamais redouté à ce point.

Il fallait donc se choisir un maître, et dans ce maître un ami assez puissant pour faire la fortune de celui qui lui aurait donné le trône. Serait-ce Mayenne, serait-ce Philippe II, serait-ce Henri IV ?

Voici ce qu'imagina le gouverneur de Paris, homme, nous l'avons dit, éminemment ingénieux :

— La reconnaissance, pensa-t-il, n'est pas un fruit qui pousse naturellement sur l'arbre de la politique. Il faut l'aider à fleurir, à se nouer, à mûrir; il faut, lorsqu'il est mûr, l'empêcher de tomber chez le voisin ou d'être dérobé par le premier adroit larron qui passe.

Plusieurs moyens se présentent à l'effet de forcer la reconnaissance d'un grand. L'obliger par tant et de tels services qu'il ne puisse, malgré toute la bonne volonté possible, en perdre jamais la mémoire, ou le jeter vigoureusement dans un tel danger, dans un tel dommage, qu'il ne puisse reculer devant le solde qu'on lui présente pour rançon.

Brissac choisit ce dernier moyen, parce qu'il avait ouï dire que le Béarnais était ingrat et court de mémoire. Il résolut donc de faire à ce prince une telle peur que jamais il ne l'oubliât : le payement en serait plus prompt et meilleur.

Son plan était de s'emparer d'Henri IV pendant la liberté que donne la trêve. L'entreprise n'offrait aucune difficulté. Depuis huit jours, Henri parcourait seul ou à peu près les environs de Paris ; fort occupé de nouvelles amours, il négligeait toutes les mesures de prudence. Si Brissac ne mettait pas ce projet à exécution, nul doute qu'un jour ou l'autre le duc de Féria ne le réalisât pour le compte du roi d'Espagne. Ne valait-il pas mieux, se disait Brissac, faire profiter un Français du bénéfice ? Avec douze hommes braves et d'autant plus braves qu'ils ne sauraient pas contre qui on les employait, Brissac ferait garder le chemin que prenait le roi tous les soirs ; Henri, toujours travesti, ne serait pas reconnu, et se garderait bien de se faire connaître. On amènerait le prisonnier à Brissac, dans quelque lieu bien écarté, bien sûr. Et là, selon les inspirations du moment, selon le tour que prendrait la conversation, le gouverneur de Paris trancherait enfin, et certainement à son profit, la grande question qui divisait toute la France et tenait l'Europe en échec. Henri serait livré à Mayenne, ce qui était de bonne guerre pour un ligueur, ou du moins, s'il était remis en liberté, ce serait contre de bons gages. Tel était le plan de Brissac, et nous n'avons pas exagéré en l'appelant ingénieux.

Les conditions de la réussite étaient d'abord un profond secret. En effet, si le prisonnier était connu d'un seul des assaillants, adieu le droit de choisir entre sa liberté et son arrestation définitive. Il faudrait rendre compte aux ligueurs, voire même aux Espagnols; on aurait travaillé pour ces gens-là, on ne serait plus un homme d'esprit. Il est vrai que le duc de Mayenne et le roi Philippe II pourraient être reconnaissants, mais ils pourraient aussi ne pas l'être. Or, quand on joue une pareille partie sans avoir tous les atouts, on perd, et la perte est grosse. C'était pour posséder bien intact cet important secret, que Brissac avait ainsi écarté l'hidalgo, en lui ôtant toute chance de nuire au cas où un conflit se serait présenté.

Il sortit donc de chez Mme d'Entragues vers sept heures et demie; le temps, nuageux ce soir-là, promettait une nuit sombre. Le comte, suivi de son valet, prit la route de Paris au petit pas, observant les environs avec l'habile coup d'œil d'un homme habitué à la guerre. Puis, ne voyant aucun espion sur la route, il tourna brusquement à gauche, traversa quelques bouquets de bois qui cachèrent sa nouvelle marche, et se dirigea vers la plaine de manière à tenir toujours Argenteuil et la Seine à gauche.

Son valet, sur la fidélité duquel il croyait pouvoir compter, était un soldat jeune et vigoureux qui lui servait d'espion depuis près d'une année, et lui avait rendu de grands services, grâce aux intelligences qu'il avait su nouer dans le camp royaliste.

— Tu disais donc, Arnaud, demanda Brissac à cet homme, que nous devons passer la rivière au-dessus d'Argenteuil.

— Oui, monsieur, et la suivre jusqu'à Chatou; c'est là ou dans les environs que chaque jour passe *la personne* que vous cherchez.

— Pourquoi ce : dans les environs ? Sa route n'est-elle pas aussi certaine que tu le prétendais?

— Cela dépend du point de départ, monsieur. Lorsque *la personne* venait de Mantes elle arrivait par Marly; mais le but est toujours le même.

— Toujours cette maison de Mlle d'Estrées, au bord de l'eau, près Bougival ?

— Au village de la Chaussée, oui, monsieur.

— Mais, malheureux, *s'il* vient ce soir par Marly, mes guetteurs le manqueront, puisque, d'après les renseignements, je les ai échelonnés depuis Argenteuil jusqu'à Bezons.

— Ce soir *la personne* vient de Montmorency par le même chemin que nous, et vos guetteurs sont assurés de la rencontrer là.

Brissac réfléchit un moment.

— Je ne pense pas qu'il se défende, dit-il, et toi ?

— Non, monsieur. Il est seul.

— Tu en es sûr ?

— Vous le savez bien, monsieur, hier, il était à Pontoise avec M. le comte d'Auvergne et M. Fouquet. Ce dernier est parti à Médan rejoindre les gardes, vous en avez reçu l'avis. M. d'Auvergne est à Entragues, vous venez de l'y voir, l'autre se trouve donc seul pour toute la soirée.

— Et déguisé ?

— Comme toujours. Depuis deux mois que je l'observe par vos ordres, il est allé six fois chez Mlle Gabrielle d'Estrées, jamais sans un déguisement quelconque. Oh ! sans cela le père le reconnaîtrait et serait capable de ne pas le laisser entrer.

Brissac reprit le cours de ses méditations. Depuis Épinay, les chevaux marchaient plus vite, et l'on aperçut bientôt le village d'Argenteuil. Là était un gué que le soldat fit prendre à son maître pour éviter le bac, et les deux cavaliers suivirent la berge déserte, en commençant à observer religieusement chaque ombre, chaque pli du terrain et chaque bruit,

Brissac témoigna sa surprise, ou plutôt son admiration. Rien ne paraissait. Il fallait que l'embuscade fût merveilleusement conduite.

— J'y serais pris moi-même, dit-il... Quelle solitude ! quel silence ! Et cependant nous voilà sur le lieu même que je leur ai indiqué pour s'embusquer.

On ne voyait, en effet, ni hommes ni chevaux; on n'entendait d'autre bruit que le murmure de l'eau, fort basse en cette saison, sur les cailloux et les bancs de sable de la rivière. L'endroit était désert, presque sauvage. D'un côté, le fleuve; de l'autre, une berge escarpée couronnée de broussailles et de petits bois coupés par des ravins et des fondrières.

— Voilà qui est étrange, pensa Brissac, le coup devrait être fait; mes hommes devraient déjà revenir.

Arnaud suivait son maître sans faire de commentaires, son attention était ailleurs; Brissac ne s'occupait que d'écouter ou de regarder en avant.

Tout à coup il s'écria:

— En voici un !

Un homme apparut en effet au détour d'un sentier sous des habits simples et de couleur sombre.

Il avait certaine tournure martiale qui semblait justifier l'exclamation de Brissac. D'ailleurs cet homme venait droit au gouverneur qui, de son côté, hâta le pas pour l'aborder : il était impatient d'avoir des nouvelles.

Lorsqu'ils furent tous deux en présence :

— Bonsoir, monsieur le comte, dit l'étranger d'une voix enjouée ; me reconnaissez-vous?

— Monsieur de Crillon ! s'écria Brissac saisi de stupeur à la vue d'un homme qu'il était si loin d'attendre à pareille heure, en pareil lieu.

— Votre bien bon serviteur, répondit le chevalier.

— Par quel étrange hasard rencontré-je monsieur de Crillon ?

— Il le faut bien, comte, pour obéir au roi.

— C'est le roi... le roi de Navarre, qui vous a envoyé ?

— Le roi de France et de Navarre, dit tranquillement Crillon.

— Mais... demanda Brissac dont l'inquiétude prenait les proportions de l'effroi.—En effet, rencontrer Crillon dans un endroit où l'on pouvait avoir à se battre, c'était malencontreux ! — Pourquoi vous aurait-on envoyé ?

— Pour vous arrêter, monsieur le comte, dit Crillon avec un flegme terrifiant.

Brissac était brave ; mais il pâlit. Il savait que Crillon plaisantait peu sur les grands chemins.

— Qu'en dites-vous ? continua le chevalier. Est-ce que vous auriez l'envie de faire résistance ?

— Mais oui, dit Brissac, car il n'est pas possible qu'un gentilhomme armé se laisse prendre par un seul ennemi sans être déshonoré.

— Oh ! dit Crillon, vous êtes si peu armé que ce n'est pas la peine d'en parler.

— J'ai mon épée, monsieur de Crillon.

— Bah ! vous savez bien que personne ne tire plus l'épée contre moi.

— C'est vrai, mais j'ai l'arme des faibles, l'arme brutale dont le coup ne se pare point, et je serais au désespoir, avec cette arme lâche, de tuer le brave Crillon. Cependant ! je le tuerais s'il me refusait le passage.

En même temps, il prit ses pistolets dans les fontes.

— Quand je vous disais de rester tranquille, dit Crillon. Rengaînez vos pistolets, ils ne sont pas chargés.

— Ils ne sont pas chargés! s'écria Brissac avec une sorte de colère; en êtes-vous assez certain pour attendre le coup à bout portant?

En disant ces mots, il appuyait l'un des canons sur la poitrine du chevalier.

— Si cela vous amuse de faire un peu de bruit et de me brûler quelques poils de moustache, faites, mon cher comte, dit froidement Crillon, sans chercher à détourner l'arme, vos pistolets renferment de la poudre, peut-être, mais ils n'ont plus de balles certainement.

— C'est impossible, s'écria Brissac confondu.

— Alors tirez vite pour vous en convaincre, et quand vous serez bien convaincu, nous nous entendrons mieux. Tirez donc, et tâchez de ne pas me crever un œil avec la bourre.

Brissac, après avoir vainement cherché le regard embarrassé d'Arnaud qui détournait la tête, laissa tomber sa main avec une morne stupéfaction. On lui avait joué le tour qu'il avait joué à l'Espagnol.

— Je comprends, murmura-t-il, Arnaud s'était vendu à vous!

— Vendu, non pas, répliqua Crillon, nous n'avons pas d'argent pour acheter : il s'est donné. Mais que cherchez-vous donc autour de vous avec cet œil émerillonné? Vous ne songez pas à vous tirer de mes mains, n'est-ce pas?

— Si fait bien, j'y songe, et c'est vous, chevalier de Crillon, qui vous êtes livré à moi sans vous en douter. En voulant prendre le maître, j'aurai pris aussi le serviteur; c'est un beau coup de filet.

— Je ne comprends pas trop, dit Crillon.

— Tout à l'heure, douze hommes que j'ai postés sur la route que doit suivre le roi prendront le roi, et vous avec. Ainsi, faites-moi bonne composition en ce moment, je vous rendrai la pareille dans un quart d'heure.

Crillon se mit à rire, et ce rire bruyant troubla quelque peu la confiance de Brissac.

— Vous ne vous fâcherez pas si je ris, s'écria le chevalier, c'est plus fort que moi. Mais l'aventure est trop plaisante; figurez-vous que vos douze hommes n'ont pas eu plus de succès que vos pistolets et votre épée. Ces pauvres douze hommes, ils ont fondu comme neige. Qu'est-ce que douze hommes, bon Dieu! une bouchée de Crillon.

— Vous les avez détruits! s'écria Brissac, que cette prouesse n'eût pas étonné de la part d'un pareil champion.

— Détruits, non, mais confisqués, et ces braves gens s'en vont tranquillement, à l'heure qu'il est, vers Poissy, où ils coucheront, et demain ils auront rejoint notre armée, dont ils font partie désormais. Voyons, mon cher comte, ne vous assombrissez pas ainsi : descendez de cheval et venez avec moi dans un petit endroit charmant à trente pas d'ici; nous avons beaucoup de choses à nous dire. Vous êtes mon prisonnier ; mais j'aurai des égards. Arnaud gardera votre cheval. Soyez tranquille. Pardon... votre épée, s'il vous plaît.

Brissac, tout égaré, rendit son épée et se laissa conduire par Crillon. Il ne voyait plus et n'entendait plus. Abasourdi comme le renard tombé dans la fosse, un enfant l'eût mené au bout du monde par un fil.

— Allons! pensait Brissac, voilà des joueurs plus forts que moi, j'ai perdu.

Crillon, après avoir placé Arnaud en vedette sur le bas côté du chemin, conduisit Brissac dans une petite clairière située à peu de distance. Là, deux chevaux attachés côte à côte dialoguaient à leur façon au moyen de ces grattements de pied et de ces ronflements sonores qui sont le fond de la langue chevaline.

Sur l'herbe fraîche, couverte d'un manteau de laine, un homme était assis près de ces deux chevaux. Il avait la main gauche à portée d'une épée, dont la poignée seule se détachait aux naissantes clartés de la lune. Le manteau recouvrait le reste.

Cet homme, adossé à un jeune frêne, le genou droit relevé, le coude qui soutenait la tête, appuyé sur ce genou, semblait plongé dans une profonde rêverie. L'ombre du feuillage enveloppait son visage et ses épaules ; un point lumineux accusait sa ceinture : c'était une chaîne ou une boucle ; un autre révélait l'extrémité de sa jambe, c'était l'éperon. Cette figure toute sombre, frappée seulement de deux rehauts, avait un caractère imposant de mystérieuse grandeur. Rembrandt ou Salvator ne l'eussent pas dédaignée, fondue comme elle était dans un cadre de feuillages vigoureusement découpés sur un ciel pommelé cuivre et argent.

Brissac, en l'apercevant, demanda au chevalier quelle était cette personne assise.

— Le roi, dit simplement Crillon.

Et aussitôt il s'éloigna laissant Brissac en tête-à-tête avec Henri IV.

Il eût fallu posséder la triple cuirasse de chêne bardé de fer pour ne pas sentir une émotion vive en présence de cet imprévu. Tout ligueur qu'on soit, tout Gascon que l'on puisse être, on n'aborde pas sans un battement de cœur l'ennemi que l'on croyait tenir et qui vous tient, le prince qu'on niait et qui se révèle plus terrible et plus grand dans la solitude qu'il ne l'eût été sur un trône. Et Brissac avait sous les yeux cette épée qui avait vaincu à Aumale, Arques et Ivry !

Il restait muet, confus, désespéré, à deux pas du prince qui, soit distraction, soit besoin de chercher un exorde, n'avait pas encore relevé sa tête ni proféré une parole.

Et ce silence, cette immobilité laissaient encore un peu de calme à Brissac. Évidemment elle ne devait pas être flatteuse, la première parole de celui dont Brissac venait de menacer ainsi la liberté, la fortune, peut-être la vie, et qui tenait à son tour dans ses mains le sort de son imprudent adversaire.

Le comte salua profondément. Le roi, sortant de sa rêverie, leva enfin la tête et dit :

— Asseyez-vous, monsieur.

En même temps, il lui désignait une place à ses côtés, sur le vaste manteau. Brissac hésita un moment par politesse ; puis, sur une nouvelle invitation, il s'assit le plus loin possible.

Ce fut alors qu'il put voir le visage du prince : la lune avait gagné le sommet des arbres voisins ; elle envoyait de là, au travers des rameaux entrelacés, une douce flamme qui teignait la clairière d'un reflet pâlissant.

XIV

DE DEUX CONVERSIONS CÉLÈBRES

Le roi, âgé de quarante ans à peine, avait déjà les cheveux rares et la barbe grise. S'il n'était pas de cette beauté fraîche et séductrice qui fascine et subjugue les femmes, il avait au plus haut degré la beauté imposante et persuasive à la fois qui prend les hommes par l'esprit et par le cœur. Ses yeux, vifs et grands, regardaient avec une fixité qui n'était pas gênante, tempérée qu'elle était par une sincère bonté. Cependant, Brissac se sentit mal à l'aise quand ce regard lumineux et malin l'enveloppa comme une flamme destinée à éclairer le fond de son cœur.

— Monsieur Brissac, dit le roi, je sais que vous avez beaucoup désiré de me voir. Telle était votre intention, assurément, ce soir même, et je sais quels efforts vous avez faits pour y réussir. Moi, j'avais voulu vous voir également. Nous avons, chacun de notre côté, atteint un but commun.

Il était difficile de dire plus poliment et plus doucement ce que Brissac redoutait si fort d'entendre. Il s'inclina devant cette courtoisie délicate du vainqueur.

— Ne me répondez pas encore, continua Henri. Tout à l'heure, vous le ferez en pleine connaissance de cause.

— Vous vouliez aujourd'hui, monsieur, vous emparer de ma personne ; c'était un beau projet. Non pas qu'il fût beau par la difficulté de l'entreprise, mais il offrait au premier aspect des avantages qui ont pu vous séduire, passionné comme vous l'êtes pour votre parti ; c'est naturel et je ne vous blâme pas.

Brissac se sentit rougir et chercha l'ombre pour dissimuler son visage. Le roi reprit :

— Je n'invoquerai pas, monsieur, la foi de votre signature qui est au bas de l'acte de trêve auprès de la mienne. Gouverneur de Paris, vous vous êtes dit que votre véritable foi consiste à garder les intérêts qui vous sont confiés. Or, en me livrant à la Ligue, vous sauviez à tout jamais de moi votre ville que je menace continuellement d'un siége. Assurément, il n'y a pas un seul ligueur capable de vous reprocher votre dessein.

Eh bien ! moi qui ne suis pas un ligueur, je ne vous le reprocherai pas davantage. J'en comprends toute la portée, je le trouve jusqu'à un certain point généreux. A quoi bon, vous êtes-vous dit, faire subir encore une fois aux Parisiens la misère, la famine, la mort ? Tous ces canons qui tuent et qui brûlent, les égorgements du champ de bataille, les agonies de femmes et d'enfants déchirent mon cœur ; je les supprimerai en supprimant la cause ; je finirai d'un coup la guerre ; je rendrai Paris heureux et la France florissante ; je sauverai ma patrie en retranchant le roi. Voilà ce que vous vous êtes dit.

Brissac voulut répondre ; Henri l'arrêta d'un geste affable.

— C'est évidemment par suite de votre amitié pour M. de Mayenne, dit-il, que vous me faites cette rude guerre ; mais est-ce bien lui que vous servez ? Vous le croyez. Je ne le crois pas, et voici mes raisons :

Le roi tira de son pourpoint un papier qu'il froissa dans ses doigts.

— C'est que l'Espagnol vous trompe et vous joue ; c'est que la convocation de ces états généraux qui doivent nommer un roi de France est une mystification insolente. M. de Mayenne croit que ce sera lui qu'on mettra sur le trône. Erreur ! Le roi d'Espagne y fera monter sa fille, l'infante Clara-Eugenia, à laquelle, si le parlement et les états murmurent trop, parce qu'ils ne sont pas encore tout à fait Espagnols, on fera épouser le jeune duc de Guise, neveu de M. de Mayenne. Que le mari de la reine vienne à mourir, et c'est un fait commun dans l'histoire des mariages espagnols, l'infante d'Espagne règne seule. Vous m'objecterez la loi salique ! Erreur. Philippe II n'en veut plus en France ; il abrogera cette loi fondamentale de notre pays qui défendait au sceptre de devenir quenouille. Et alors, sans guerre, sans frais, par la volonté même des états français, le fils de Charles-Quint sera roi d'Espagne et de France. Il aura le monde ! On dirait que vous frissonnez, monsieur de Brissac ; c'est peut-être que l'esprit de la Ligue n'a pas tué tout à fait en vous le caractère français. Peut-être aussi est-ce que vous doutez de mes paroles. Eh bien ! prenez cette dépêche qu'un de mes fidèles a rapportée aujourd'hui d'Espagne, où j'ai aussi l'œil et la main, lisez-la, vous y verrez le plan de tout ce que je viens de vous dire : la nomination de l'infante, son mariage, l'abrogation de la loi salique ; lisez, dis-je, cette dépêche, et montrez-la au duc de Mayenne, puisque vous êtes son ami ; ce sera pour vous deux un avertissement salutaire, et vous saurez désormais pour qui vous travaillez avec tant d'ardeur.

Le roi tendit en même temps à Brissac la dépêche, que celui-ci reçut d'une main tremblante et avide à la fois.

— Une pareille horreur ! murmura-t-il consterné, une déloyauté si infâme ! Oh ! le malheureux pays !... Tout cela ne fût pas arrivé si nous eussions eu à opposer à l'Espagnol un prince catholique: l'hérésie a fait la Ligue.

— Prétexte ! monsieur, reprit Henri IV. Henri III, mon prédécesseur, était, je crois, un bon catholique, ce qui n'a empêché ni les outrages des prédicateurs de sa religion, qui l'appelaient vilain Hérode, ni le couteau catholique de Jacques Clément. Quant à moi, je ne suis pas catholique, et voilà pourquoi on me repousse. Voilà pourquoi Paris m'est fermé, Paris la porte de la France ! C'est parce que je suis hérétique que les ligueurs ont appelé l'Espagnol, lui ont livré leur patrie, et enseigné la langue espagnole à leurs enfants, qui un jour peut-être auront oublié la langue française. Parce que je ne suis pas catholique ! ventre-saint-gris ! prétexte ! Si les ligueurs n'avaient celui-là ils en inventeraient un autre. Eh bien ! monsieur, ils n'auront même plus celui-là ; je vais le leur ôter. Il ne sera pas dit que j'aurai commis une seule faute et laissé un seul trou par où l'usurpation étrangère puisse se glisser en France.

Brissac, stupéfait, regarda le roi.

— Oui, continua Henri, mon peuple, mon vrai peuple, celui qui est Français, désire en effet un roi de sa religion ; je me suis fait instruire dans la religion catholique ; j'ai appelé près de moi, dans les rares loisirs que me laissait la guerre, les meilleurs docteurs, les plus sages théologiens. Ils m'ont appris, non pas que Dieu réside dans un seul culte et sur un seul autel, mais qu'il est plus noblement, plus splendidement adoré sur l'autel catholique romain. J'ai appris les beautés sublimes de cette religion, je me suis profondément pénétré de la sainte grandeur de ses mystères. Dieu, qui voyait mon zèle et mon amour, a béni mes efforts ; il m'a envoyé sa lumière, il m'a donné la force, lui qui sacrifia son divin Fils au salut des hommes, de sacrifier un vain entêtement, une folle erreur au salut de mon peuple, et c'est aujourd'hui un converti sincère, un fervent adorateur du culte catholique, un fils convaincu de l'Église romaine qui prend à témoin votre Dieu, monsieur de Brissac, et le confesse hautement la main sur un cœur loyal. Dans huit jours, à Saint-Denis, sous les voûtes de cette basilique où dorment les vieux rois de France, mon peuple me verra, entouré de ma noblesse, m'avancer calme et le front courbé vers l'autel. J'abjurerai sans honte une erreur que Dieu m'a pardonnée ; je jurerai fidélité à l'Église catholique, sans oublier jamais la protection que je dois à mes anciens coreligionnaires, qui, assez malheureux déjà de n'avoir pas été comme moi éclairés par la grâce divine, n'en réclament que plus vivement le secours de ma compassion et mon appui. Voilà ce que je ferai, monsieur, et nous verrons ce que dira la Ligue! Nous verrons si elle cesse pour cela de charger ses canons et d'aiguiser ses poignards. Cependant, comte, boulets et balles, épées et couteaux, se dirigeraient alors contre la poitrine d'un prince catholique, catholique comme M. de Mayenne, catholique comme le roi d'Espagne!

— Une conversion! murmura Brissac, bouleversé à l'idée de cet immense événement politique.

— Tranquillisez-vous, répondit le roi avec un triste sourire, la guerre sera encore bien longue; Paris est bien fort, grâce à vous il se défendra cruellement!

Le front d'Henri se voila d'une poétique mélancolie.

— Tenez, dit-il, monsieur de Brissac, bien des fois depuis cinq années je me suis demandé s'il n'était pas temps de remettre l'épée au fourreau, s'il n'était pas indigne d'un homme de cœur de disputer ainsi la possession d'un trône d'où l'exclut tout un peuple. Je me suis demandé où sont les avantages qui compenseront ces dégoûts, ces déceptions, ces fatigues et ce continuel travail de corps et d'âme qui use ma vie et me blanchit avant l'âge. Je m'écriais comme le prophète : « Assez de labeur pour mes mains, assez de sacrifices pour les satisfactions d'un cadavre vivant qui aspire à s'appeler roi ! »

Eh bien, cependant, j'ai repris l'épée, j'ai passé les nuits au travail, j'ai fatigué mes conseils. Tout ce qu'un homme peut lever pour sa part du fardeau commun, je l'ai fait sans vouloir me plaindre, et quand vous saurez pourquoi, peut-être me direz-vous que j'ai bien fait.

C'est qu'il ne s'agit plus de disputer ma couronne

contre un prince français, mais de l'arracher à un étranger qui parle assez haut pour que d'Espagne on l'entende jusqu'en France. C'est que je suis un enfant de ce pays, mon gentilhomme, et que je ne veux pas désapprendre la langue que m'a enseignée ma mère.

C'est que je souffre de voir se promener dans les campagnes ces bandes de soldats espagnols qui mangent le blé du paysan; dans les villes ces cavalcades de muguets, toujours Espagnols, qui déshonorent les filles et les femmes; c'est que la France est un pays bien plus grand par le génie, par le courage, par la richesse que l'Espagne et que tous les autres pays de l'Europe, et que moi, fils de roi, roi moi-même, je ne veux pas, entendez-vous, monsieur de Brissac, je ne veux pas que ce magnifique pays devienne une province de Philippe II, comme la Biscaye, la Castille et l'Aragon, toutes contrées misérablement rongées par la paresse et la misère.

Voilà pourquoi je lutte et lutterai jusqu'à la mort. Les gens qui m'appellent ennemi sont les ligueurs ou les Espagnols; je suis leur ennemi, en effet, car ils conspirent la ruine de ma patrie. Je leur serai un ennemi si terrible, que villes, bourgs, hameaux, fer et bois, hommes et bêtes, je brûlerai, je broierai, j'anéantirai tout, plutôt que de laisser un étranger absorber la sève et croiser le sang de la France.

En prononçant ces paroles, avec une généreuse véhémence, Henri s'était redressé, son œil foudroyait, et le feu de sa grande âme illuminait son visage, et dans l'élan d'un geste sublime il avait tiré de l'ombre sa glorieuse épée qui flamboya aux rayons de la lune.

Brissac cacha son visage dans ses mains, sa poitrine haletait comme soulevée par des sanglots.

— Maintenant, monsieur le comte, dit Henri devenu

calme, vous savez tout ce que je pense. Mon cœur est soulagé. Je me réjouis de vous l'avoir ouvert. Depuis bien longtemps vous entendez parler espagnol à Paris, aujourd'hui vous venez d'entendre quelques mots de bon et de pur français. Relevez-vous, allez, vous êtes libre. Crillon va vous rendre votre épée.

Brissac se releva lentement, son visage était sillonné de larmes.

— Sire, dit-il en courbant la tête, quel jour Votre Majesté veut-elle entrer dans sa ville de Paris?

Le roi poussa un cri de joie, il ouvrit les bras à Brissac.

— Oh! je suis Français, croyez-le, sire, et bon Français, dit le comte en se précipitant aux pieds de son roi qui le releva et le serra étroitement sur sa poitrine.

Au même instant deux coups de pistolet retentirent sur la route, à l'endroit où Crillon s'était placé pour assurer la sécurité du roi pendant son entretien avec Brissac.

Henri se baissa pour prendre son épée; Brissac courut en avant pour soutenir Crillon s'il en était besoin.

Il trouva le chevalier, riant comme toujours après une prouesse.

— Qu'y a-t-il? demanda Brissac, que le roi suivait de près.

— Un Espagnol que je viens de mettre en déroute, comte.

— L'Espagnol que M. le comte connaît bien, dit Arnaud, un espion du duc de Féria, qui, malgré nos détours, avait suivi nos traces et cherchait par ici avec grande inquiétude, et voulait à tout prix retrouver M. de Brissac.

— Et que j'ai arrêté pour qu'il n'allât point découvrir et déranger le roi, dit Crillon, et qui m'a manqué de ses deux coups de pistolet, l'imbécile !

Brissac se mit à rire à son tour.

— Arnaud avait fait pour ces pistolets, dit-il à Crillon, ce que vous lui avez fait faire pour les miens.

Ces mots furent, comme on le pense, accueillis par une hilarité générale.

— Fort bien, dit Crillon, mais il emporte quelque chose que vous n'avez pas eu, comte.

— Quoi donc ?

— J'ai cru ses pistolets sérieux, j'ai riposté par un coup de taille qui a dû entamer furieusement son pourpoint et la peau qui est dessous ; le cheval même a dû en avoir sa part. Homme et monture ne sont pas morts, mais bien écorchés. Entendez-les courir !... Quel enragé galop !

— A-t-il reconnu Arnaud ? demanda Henri IV.

— Je ne sais, sire.

— Vous voilà bien compromis, Brissac, dit le roi gaiement. Cet Espagnol vous dénoncera. Comment vous en tirerez-vous ?

— En avançant le jour de votre entrée, sire, dit le comte bas à Henri :

— Nous allons y songer, comte. Mais commencez par bien prendre vos mesures pour que les Espagnols ne vous fassent point assassiner. Car s'ils vous soupçonnent...

— Votre Majesté est trop bonne de songer à moi. C'est moi qui la supplierai de bien veiller sur elle-même. Une fois l'abjuration prononcée, la Ligue sera aux abois, et alors gare les assassins !

— Je ferai mon possible, Brissac, pour arriver bien entier dans cette chère ville de Paris.

— Je vais faire préparer votre chambre au Louvre, sire.

— Et moi, je vais faire dorer votre bâton de maréchal.

Brissac, éperdu de joie, voulut parler. Le roi lui ferma doucement la bouche avec sa main, et lui dit à l'oreille :

— Pardonnez à Arnaud, qui est un honnête homme, je le sais mieux que personne, et gardez-le près de vous; il nous servira d'intermédiaire chaque fois que vous voudrez communiquer avec moi, ce qui, à partir d'aujourd'hui, va se répéter fréquemment. Allons, il faut se séparer ; soyez prudent. N'ayez pas d'inquiétude pour votre ami Mayenne. Je ne le hais pas. Je ne hais pas même Mᵐᵉ de Montpensier, ma plus mortelle ennemie. Je ne hais personne que l'Espagnol. Mayenne aura bon quartier, et tout ce qu'il voudra, s'il le demande. Ménagez-vous, et aimez-moi.

— Oh ! comme vous le méritez, de toute mon âme !

— Prenez ce chemin au bout duquel je m'étais posté; il mène à Colombes, vous pouvez par là, sans être vu, rentrer à Paris une demi-heure avant l'Espagnol si le coup de taille de Crillon lui permet d'aller jusqu'à Paris. Il frappe si fort ce Crillon !

— Adieu, sire !

— Adieu, maréchal !

Brissac alla serrer les deux mains de Crillon, qui lui rendit cordialement son étreinte. Arnaud, indécis, restait derrière le roi; Henri lui fit un petit signe amical en désignant Brissac. Aussitôt le jeune homme alla tenir l'étrier au comte, et partit derrière lui silencieux et calme, comme si, depuis une demi-heure, il ne se fût rien accompli de cet événement qui devait changer la face de l'Europe.

Restés seuls, Henri et Crillon se regardèrent.

— Il me paraît, dit le chevalier, que Votre Majesté n'est pas mal satisfaite de son entrevue avec Brissac.

— Tu as vu, Crillon, comment nous nous sommes séparés ?

— Avec des baise-mains. Mais, sire, Brissac est Gascon.

— Moi aussi, mon cher Crillon.

— Pardon, sire, je veux dire qu'il est à moitié Espagnol.

— Il ne l'est plus. Tout est fini, conclu ; Paris est à moi, sans siége, sans assaut, sans artillerie. Rengaîne, brave Crillon, nous n'aurons plus toutes ces belles batailles, où tu brillais tant !

— Paris à nous ! Oh ! sire ! avez-vous bien remercié Dieu de ce qu'il vous rend votre couronne à si bon marché ?

— Vingt fois depuis cinq minutes, ou, pour mieux dire, depuis le départ de Brissac, je n'ai encore fait que répéter la même prière. Plus de sang français à verser, brave Crillon ; je suis heureux, bien heureux, le plus heureux des hommes !

— Sire, répliqua Crillon palpitant de bonheur, il ne faut jamais dire cela. On ne sait pas ce qui se passe dans le cœur des autres.

— Est-ce pour toi que tu parles ? dit Henri, tant mieux alors, puisses-tu être encore plus heureux que moi ! Du reste, je le croirais presque à voir tes yeux brillants et ta figure épanouie.

— Le fait est que je ne me sens pas de joie. Et sous tous les rapports, je prétends être plus favorisé que vous, sire, car chez vous c'est la tête qui est satisfaite en ce moment ; l'ambition a fait un bon repas, et elle se réjouit ; chez moi, c'est le cœur qui tressaille et qui joue de la basse de viole, comme on dit.

— Tu m'aimes tant.

— Et j'aime encore autre chose, sire.

— Tu serais amoureux ?

— Ah bien, oui !... Je ne serais pas content comme cela, si j'étais amoureux ; et puis, ce serait joli d'être amoureux avec la barbe grise.

— J'ai la barbe grise, et je suis terriblement amoureux, interrompit Henri IV.

— Oh ! mais vous, sire, vous êtes le roi, et vous avez le droit de faire toutes les folies imaginables.

— Tu appelles cela une folie ! Peste, si tu voyais ma maîtresse, tu te mordrais les doigts d'avoir parlé si légèrement.

— Je sais que Votre Majesté a bon goût, mais enfin chacun a le sien en ce monde.

— Écoute, mon brave Crillon, dit le roi en passant son bras autour du col du chevalier, ma Gabrielle est la plus adorable fille qui soit en France... Et maintenant que le roi a fini ses affaires, et bien fini, je m'en vante, grâce à toi qui ce soir m'as tenu lieu de toute une armée, nous allons nous occuper un peu des plaisirs de ce pauvre Henri que je néglige trop depuis quelque temps. Viens-t'en avec moi à la Chaussée où demeure Mlle d'Estrées, tu la verras et tu avoueras qu'elle est incomparable.

— Je l'avoue dès à présent, sire ; parce que ce soir j'ai promis d'aller coucher à Saint-Germain, et que j'irai certainement.

— Soit ; mais c'est ton chemin pour aller à Saint-Germain de passer devant la maison de Gabrielle ; tu me seras d'ailleurs fort utile.

— Ah ! dit Crillon, à quoi donc, bon Dieu ?

— A dissiper les soupçons d'un père intraitable.

— Le père Estrées? En effet, c'est un homme plein de volonté, un honnête homme.

— Il est féroce, te dis-je, et me réduit au désespoir.

— Parce qu'il ne veut pas que vous lui fassiez l'honneur de déshonorer sa maison.

— Crillon! Crillon! le mot est fort.

— Sire, voilà ce que c'est que de me confier des secrets, j'en abuse immédiatement. Mais, pardonnez-moi.

— Je te pardonne d'autant plus volontiers que l'honneur de Gabrielle est pur ainsi que la première neige. Hélas! le cœur de la fille est, comme l'orgueil du père, intraitable. Croirais-tu que, pour être à peu près certain de voir Gabrielle ce soir, il m'a fallu dépêcher M. d'Estrées à Médan, près de Rosny? Il m'y attend, ce brave gentilhomme, et malgré cela, je ne suis pas fort assuré que la fille consente à me recevoir.

— Eh bien! alors, je ne vois pas Votre Majesté si heureuse qu'elle le disait tout à l'heure.

— Tout malheur finit comme tout bonheur passe, répondit Henri avec un sourire. L'espoir est une de mes vertus. Mes ennemis l'appellent de l'entêtement, mes amis l'appellent patience. Allons, montons à cheval; voilà une belle soirée après une journée bien rude. J'ai vaincu la Ligue et pris possession de mon royaume. Espérons que ma maîtresse me sera non moins soumise que la Ligue.

— Espérons, puisqu'il s'agit de satisfaire Votre Majesté, dit Crillon. Mais moi, je vais couper par la plaine pour arriver plus vite à Saint-Germain. Je ne me sens pas tranquille. Je prie le roi de me rendre ma liberté si je ne lui suis pas indispensable.

— Sois libre ; adieu et merci, brave Crillon. A demain, sans faute, à notre rendez-vous !

Crillon aida le roi à monter à cheval et le vit s'éloigner rapidement. Il s'apprêtait à partir lui-même, lorsque sur la route, en arrière, au loin, il entendit retentir un galop rapide.

— Serait-ce l'Espagnol qui reviendrait avec du renfort ? dit-il. Mais non, je n'entends qu'un cheval, et à moins qu'il ne revienne seul, son maître ayant été tomber quelque part, je ne comprends pas ce que l'Espagnol pourrait venir chercher par ici. Mais d'ailleurs, le galop s'arrête.

En effet le cheval s'était arrêté.

— N'entends-je pas comme une voix, un gémissement, continua Crillon. Plus que cela... un cri et des gémissements.

Il vit alors sur la pointe de la berge, à l'endroit où la lune éclairait, un homme qui descendait puiser de l'eau à la rivière et à sa gauche le cheval, près duquel, sur le sable, on eût dit voir un autre homme étendu.

— Un cheval gris ! s'écria le chevalier dont le cœur s'emplit de sinistres soupçons.

L'animal poussa un hennissement lugubre et prolongé.

— Oh ! pensa Crillon, il y a peut-être là un grand malheur. Ce cheval, c'est Coriolan qui m'a senti ! Courons !

L'homme que Crillon avait vu descendre vers la rivière se retourna au bruit des pas du chevalier, et comme si l'aspect d'une créature humaine lui eût rendu quelque courage, il se mit à crier :

— Au secours ! au secours !

— Harnibieu ! s'écria le chevalier que cette voix inonda d'une sueur froide, c'est Pontis.

— Monsieur de Crillon, dit le garde en accourant de

toutes ses forces au-devant du chevalier, qu'il avait reconnu au célèbre Harnibieu!

— Eh bien! quoi? qu'y a-t-il? pourquoi cette épouvante? qui est cet homme étendu?

— Ah! monsieur, ne le devinez-vous pas, quand je vous ai dit que la Ramée était sur nos traces!

Crillon poussa une imprécation ou plutôt un sanglot et s'élança auprès d'Espérance, que Pontis avait déposé sur le talus de la berge, la tête un peu soutenue par l'herbe humide de la rosée.

Le pauvre enfant fermait les yeux; une mortelle pâleur couvrait son visage, ses belles mains incolores et glacées retombaient avec cette grâce touchante que l'oiseau seul, de toutes les créatures terrestres conserve jusque dans le sein de la mort.

Sous son pourpoint ouvert, on voyait, entassés à la hâte, le mouchoir et les lambeaux de la chemise d'Espérance, que Pontis avait serrés sur la plaie avec sa ceinture.

Crillon, à la vue de ce linge teint de sang, de cette immobilité du corps, à la vue du désespoir de Pontis, commença lui-même à perdre l'esprit, et s'agenouilla près du blessé en donnant toutes les marques d'un profond découragement.

Tout à coup il se releva en s'écriant:

— Malheureux! tu me l'as laissé tuer!

— Eh! monsieur, c'était fait quand je suis arrivé. Cependant j'avais été bien vite. Mais il ne s'agit pas de m'accuser, monsieur; il n'est pas mort. J'ai bonne idée, malgré tout, et si nous ne le laissons pas sans secours, si nous lui trouvons un bon médecin, il en sortira sain et sauf. Or, ce n'est pas sur le chemin que nous rencontrerons ce médecin et ces secours.

— Je ne connais point ce pays, dit Crillon avec un

froncement de sourcils dont Pontis se fût fort effrayé en un autre moment.

— La première maison venue, dit Pontis.

— Il n'y a pas de maisons avant Bezons ou Argenteuil, et cette blessure par laquelle tant de sang a coulé, et cette secousse du voyage... car je ne te comprends pas, maudit, d'avoir amené si loin ce pauvre enfant !

— J'eusse mieux aimé le mettre en sûreté plus tôt, mais quand on est poursuivi...

— Tu as peur quand on te poursuit ! s'écria le chevalier, heureux de laisser s'exhaler sa colère par un légitime prétexte, tu as peur, belître !

— Quand j'ai un blessé dans les bras, quand je mène avec les genoux un cheval éreinté, quand au détour d'un bois j'entends siffler les balles à mon oreille, quand le cheval chancelle atteint d'une de ces balles, quand j'entends courir après nous l'assassin enragé qui recharge son arme, quand je me dis qu'une fois le cheval en bas, et moi tué raide, on viendra peut-être achever mon blessé que M. de Crillon m'a recommandé, alors, monsieur, c'est vrai, j'éperonne le cheval, tout mourant qu'il est, j'étreins plus fortement encore mon blessé sur ma poitrine, je me recommande à tous les saints du paradis, je vole sur la route, sans savoir où je vais, jusqu'à ce que le cheval tombe ; et j'ai peur ! oui monsieur, j'ai peur, très-peur !

En disant ces mots Pontis montrait à Crillon un trou saignant à la croupe du pauvre Coriolan, qui se roulait douloureusement sur les cailloux comme pour arracher la balle des chairs qu'elle déchirait de sa morsure de feu.

— S'il en est ainsi, dit Crillon, tu as raison. Mais ce la Ramée, on ne le tuera donc pas !

— Oh ! que si fait, monsieur ! patience. Mais emportons d'abord M. Espérance quelque part.

— Voilà un homme qui vient sur le chemin là-bas.

— Avec quelque chose au bras. J'y cours ! Il nous indiquera une maison dans le voisinage.

Et Pontis de courir au-devant de cet homme aussi courageusement que s'il n'eût fait depuis deux heures l'ouvrage de dix hommes infatigables.

L'homme portait un panier à son bras, et dans ce panier un monstrueux poisson dont la tête et la queue dépassaient les deux couvercles ; ce poisson s'agitait encore dans les dernières convulsions de l'agonie.

A l'aspect de Pontis, effrayant avec ses habits poudreux, et teints de sang, cet homme poussa un cri de terreur et tendit le panier au garde, en disant d'une voix étranglée :

— Prenez mon barbillon et ne me tuez pas. Je suis Denis le meunier de la Chaussée, et je porte ce poisson de la part de Mlle Gabrielle d'Estrées, au prieur des génovéfains, à cent pas d'ici... Ne me tuez pas !

— A cent pas d'ici, s'écria Pontis, il y a un couvent à cent pas d'ici, est-ce bien vrai ?

— A gauche de la rivière, derrière le bois que vous voyez sur cette petite colline, répondit le meunier, dont les dents claquaient.

— Brave homme ! va, dit Pontis, n'aie pas peur, tu nous sauves la vie. Viens ! viens !

Crillon avait tout entendu, il s'écria de son côté :

— Viens, viens, et tu auras dix pistoles, si tu nous aides à enlever ce pauvre homme assassiné.

Le meunier ne se fût pas laissé prendre à cette amorce, mais Pontis le poussait à deux mains par derrière ; il arriva jusqu'auprès du corps étendu, se signa d'effroi, mais il fut un peu rassuré en voyant que les prétendus assassins, au lieu de jeter un cadavre dans la rivière, voulaient conduire un blessé au couvent des Génovéfains.

Alors il accepta les pistoles de Crillon, passa son panier en sautoir sur son épaule et souleva la moitié du triste fardeau. Pontis portait l'autre moitié. Crillon tirait par la bride Coriolan, qui se traînait à peine et hennissait de souffrance à chaque pas.

Ils aperçurent au détour de la route, derrière le monticule boisé, les bâtiments trapus et grisâtres du couvent tant désiré. Crillon se pendit à la cloche. Bientôt une lumière parut au treillis de fer du guichet, et après le protocole d'usage en ce temps de violences et de défiances mutuelles, la porte s'ouvrit à la voix du meunier Denis, et le lamentable cortége disparut dans la sombre profondeur du couvent.

XV

Cependant le roi marchait gaiement, dans son ignorance de tous ces malheurs. Il marchait dispos, rafraîchi par son succès, souriant à l'espoir d'une capitulation de sa belle maîtresse.

On appelait maîtresse, en ce temps heureux, la femme qu'aimait un homme; maîtresse alors même qu'elle était aimée et n'aimait pas. Aujourd'hui les hommes ont bien pris leur revanche, et comme ce sont eux qui règnent et gouvernent, ils n'ont plus laissé le titre de maîtresse qu'à la femme dont ils sont aimés.

Henri songeait donc à sa maîtresse Gabrielle, la pure et libre fille, que six mois d'assiduités royales n'avaient pas conquise, et qui régnait despotiquement sur le plus grand cœur de tout le royaume de France. Il avait, sous prétexte d'affaires graves, envoyé à Médan M. d'Estrées, père de la jeune fille, père rébarbatif, nous le savons, et sans avoir prévenu Gabrielle, de crainte qu'elle ne s'alarmât et ne refusât aussi sa porte. Il voulait la surprendre chez elle, bien assuré qu'elle n'aurait pas la cruauté de renvoyer spontanément un amoureux qui s'appelait le roi, n'était pas absolument haï, et ne demandait d'ailleurs qu'une heure de douce causerie, bon visage et peut-être une part du souper quotidien.

Henri voulait, il l'espérait du moins, une franche explication avec Gabrielle. Le temps était propice. Un ciel tiède, demi-voilé, semé d'étoiles et de vapeurs ouatées, une de ces nuits qui fondent la rigueur des âmes les plus fermes, une de ces brises qui font éclore en réalités fleuries tous les rêves de l'esprit et des sens.

— Il faudrait savoir, pensait le roi, le vrai motif de cette longue résistance. D'ordinaire les rois sont plus également bien traités par l'amour que par la guerre. La fortune capricieuse a plus de vol sur un champ de bataille, elle échappe parfois; mais dans l'étroite enceinte du boudoir de l'amante, la fortune perd l'usage de ses ailes ; elle est bientôt prise et vaincue.

Comment depuis six mois de ruses, de mystères, Gabrielle avait-elle pu résister? Malgré la surveillance du père, Henri, recommandé par ses exploits et son grand nom à cette belle fille d'un esprit ardent et chevaleresque, d'un royalisme éprouvé, Henri, reçu chez M. d'Estrées, avec respect sinon avec confiance, avait mis à profit chaque entrevue pour faire connaître à Gabrielle ses sentiments de plus en plus brûlants pour une si belle idole.

Et comme l'amour ne trouve pas son compte à des entretiens par tiers ; comme M. d'Estrées, à qui la réputation du roi était fort connue, se jetait habilement, soit dans la conversation entre deux galanteries, soit dans la promenade entre deux œillades ou deux serrements de mains, soit enfin dans les vestibules entre la main du messager porteur de lettres et la main de Gabrielle, que ces lettres passionnées attendrissaient malgré elle, Henri, peu avancé, avait eu recours à des visites moins officielles, et quelquefois déjà, flattée de la recherche d'un héros qu'elle admirait jusqu'à l'enthousiasme, Gabrielle avait accordé la faveur d'un chaste entretien sur la terrasse au fond du jardin. Là, en compagnie de Gratienne, jeune fille dévouée à sa maîtresse, Henri et son inhumaine Gabrielle avaient longuement débattu et rebattu l'éternelle syntaxe des amours, au premier chapitre, au plus doux, au plus beau. Et le roi, vieilli par tant de soins et d'ennuis, menacé par tant de périls mortels dans sa gloire et dans sa vie, se reprenait avec une recrudescence de jeunesse aux poétiques joies, aux innocentes douceurs de la passion naissante; il aimait, il adorait, il idolâtrait : fou de joie et d'orgueil quand, au départ, un petit doigt effilé, blanc et rose s'était appuyé sur ses lèvres, et alors il oubliait cet autre Henri, sombre amoureux de la couronne de France, qui poursuivait à travers le feu et le sang ce fantôme radieux, son fugitif amour.

Il faut dire que le ciel avait réuni tous ses dons sur le front charmant de Gabrielle. Jamais rien de si suavement pur, de si voluptueusement chaste ne s'était offert aux regards du roi ; et il mesurait sa patience de conquérant à l'inestimable valeur de la conquête.

Toutefois, comme chaque bataille finit par avoir un résultat, succès ou revers, Henri, ainsi qu'il venait de le dire à Crillon, attendait l'événement de sa longue entreprise amoureuse, et il se sentait en veine de bonheur. Il lui semblait que le ciel et la terre ne s'étaient parés de tant de charmes, embaumés de tant de parfums, que pour lui faire une fête complète, bien due aux cœurs passionnés qui n'accusent jamais Dieu dans leurs revers, et le glorifient au jour du succès dans le plus humble détail de l'universelle nature.

Henri arriva au hameau de la Chaussée vers dix heures et demie. Çà et là un chien aboyait sous une porte. Toute lumière était éteinte dans les huit à dix chaumières pittoresquement jetées sur le revers du coteau avec de petits chemins abominables et charmants qui aboutissaient à la rivière.

La maison de M. d'Estrées s'élevait à mi-côte avec une aile en retour sur la Chaussée. De grands arbres entouraient cette maison. On voyait aux rayons de la lune monter doucement une vaste prairie en pente qui, pareille à un lac nacré parsemé d'îlots, allait rejoindre une terrasse bordée de roches crayeuses sur lesquelles un bois touffu versait sa fraîcheur et son ombre.

Enfin, sur le bord de la Chaussée, une grange immense, au toit aigu, construite avec l'imposante solidité d'une forteresse, fermait, de son rempart, le verger, la basse-cour et les communs du château d'Estrées. La grande masse noire de cet édifice, qui avait vu plus d'un siége et supporté bravement plus d'un incendie, se profilait étrangement sur le ciel, et, dans la perspective, coupait, avec le vaste parallélogramme de son toit, cette pâle et souriante prairie en pente dont nous parlions tout à l'heure.

Des rares fenêtres de la grange, on découvrait toute la rivière, et son autre bras par delà l'île située en face, et tout au loin la plaine fertile des Gabillons, et le Vésinet, et Saint-Germain, un tableau incomparable !

Henri savait, aux jours des rendez-vous illicites, s'approcher de certaine fenêtre du corps de logis en retour sur la Chaussée. C'était la chambre de Gratienne. Il jetait dans la vitre de gros verre sombre un petit caillou qui claquait. La fenêtre s'ouvrait, une main blanche faisait un signe, et le roi, obéissant à ce signe toujours compris, allait, selon la direction du petit doigt, attendre Gabrielle, soit au bord de l'eau qui courait à dix pas de la maison même, soit à cette terrasse, près des roches, à laquelle il arrivait dans les vignes, moyennant une ou deux rudes escalades.

Le soir dont nous parlons, il fit son manége accoutumé avec plus de confiance encore qu'à l'ordinaire. M. d'Estrées était absent, Gabrielle probablement couchée, puisque la lumière était éteinte dans la chambre de Gratienne. Mais par une si belle soirée, c'était plaisir de ne pas dormir. Henri avait fait sa provision de projectiles à tous les arbres de la route. Il se mit donc à jeter des petites pommes vertes dans la vitre avec un grand désir de réussir promptement, parce que la lune donnait en plein sur la Chaussée et inondait d'une dangereuse lumière le cheval et le cavalier.

La vitre sonna, mais la fenêtre ne s'ouvrit point. Henri recommença. Pas de réponse. Il attendit sans succès. Dans la crainte d'attirer l'attention, il se promena de long en large sous le mur de la grange, espérant que Gratienne pourrait ou se réveiller ou revenir de chez sa maîtresse, qui peut-être la retenait pour son coucher.

Il revint donc à la vitre et recommença le bombardement.

Alors, un bruit singulier répondit à ses attaques, non pas du côté de la maison qui demeurait sourde et muette, mais du côté de la rivière, dont la moitié resplendissait de lumière, tandis que l'autre était couverte par l'ombre gigantesque des arbres séculaires entassés pêle-mêle sur le bord de l'île de Bougival.

Il sembla au roi qu'un rire de lutin, plusieurs rires même, accueillaient chacune de ses tentatives infructueuses, et ces ironiques lutins s'ébattaient sans doute dans la rivière tiède, car au bruit des rires se mêlaient des chuchotements, les frémissements de l'onde et ce cliquetis des gouttes qui jaillissent, et le clapotement des mains qui battent l'élément humide, et ces souffles joyeux qui décèlent le nageur triomphant.

Henri était-il aperçu de quelque baigneur, se moquait-on de sa contenance embarrassée?

Personne dans le hameau ne veillait à cette heure; personne, d'ailleurs, n'eût osé rire d'un voyageur qui s'adressait à la maison du seigneur d'Estrées.

En écoutant mieux, le roi crut reconnaître que les voix des lutins étaient des voix de femmes rieuses, des voix connues; il distingua même, malgré la distance, son nom prononcé par des lèvres chéries, son nom qui glissait harmonieusement jusqu'à lui, porté sur les surfaces élastiques de l'eau.

Les éclats de rire se rapprochaient; bientôt, de la raie sombre tracée par la ligne des arbres, sortirent en pleine lumière deux têtes qui s'aventuraient jusqu'au milieu du fleuve. Et alors, plus de doute, Henri reconnut Gabrielle et Gratienne, qui se jouaient comme deux ondines dans le tiède cristal de la plus belle eau du monde, Gabrielle et Gratienne, qui, riant de leur éloignement et fières de l'obstacle infranchissable, provoquaient par leur gaieté mutine le malheureux voyageur attaché au rivage.

Mais Henri provoqué ne connaissait pas de barrières. Cent canons ne l'eussent pas retenu. Il poussa son cheval dans le fleuve et se mit, en riant lui-même, à fendre les flots du côté des naïades imprudentes qui l'y avaient appelé.

Les rires alors se changèrent en petits cris d'effroi, en supplications touchantes. Le cheval nageait avec délices, il s'ouvrait fièrement le chemin. Henri s'avançait, les bras étendus, vers la nageuse épouvantée, dont les grands cheveux blonds, roulés en tresses plus épaisses qu'un turban, s'imprégnaient tour à tour et reparaissaient plus brillants, comme si Gabrielle se fût plongée dans un bain d'argent liquide. On voyait parfois son bras blanc, d'où ruisselaient les perles, et la fine draperie qui couvrait ses épaules comme la tunique d'Amphitrite, et l'extrémité d'un petit pied, qui, dans sa précipitation, effleurait la surface du fleuve.

Henri envoyait de tendres baisers et avançait toujours.

— Par pitié! sire, par pitié! retournez, dit Gabrielle d'une voix suppliante, et elle montra au roi un visage empreint d'un éloquent désespoir.

— Ma belle, vous m'avez appelé, dit Henri.

— Respectez une femme, sire! Pardon... pitié... Si vous faites un pas de plus, je me laisse glisser au fond!

— Oh! pitié pour moi-même, mon cher amour, dit Henri épouvanté, qui retourna aussitôt son cheval... nagez tranquillement, ma vie; plus d'effroi, plus de menaces. Oh! mais pour vous prouver mon respect, c'est moi plutôt qui m'abîmerais sous ces flots; voyez, je détourne la tête. Où voulez-vous que j'aille, faut-il vous dire adieu?

— Voilà déjà que vous avez traversé les deux tiers de l'eau, dit Gabrielle, rassurée et calmée par cette docilité du prince; continuez, s'il vous plaît, et allez-vous sécher au moulin, sur le bord de l'île.

— J'y vais, ma mie, mais vous...

— Oh! ne parlons plus de moi, je vous prie, et surtout n'y faisons plus attention. Vous me comprenez bien, cher sire?

— Oui, oui, je comprends, et j'entre au moulin.

— Où j'irai vous trouver avec Gratienne, car nous y

devons faire la collation pendant l'absence du meunier.

— Merci ! oh ! merci cent fois !

Le roi, amoureux et affamé, prit terre aux abords du moulin, laissa son cheval gravir la pente de l'île, où la bête se secoua librement et commença un repas délicieux dans le petit potager du meunier.

Henri traversa la longue planche qui menait au bateau et s'assit, le cœur inondé de joie, le corps trempé d'eau, à l'extrémité de la roue, là où nul ne le voyait, et où par conséquent sa présence ne pouvait inquiéter Gabrielle.

Tandis qu'il admirait la beauté de la nuit et la splendeur du paysage, les nageuses gagnaient silencieusement une anse sablée, fleurie, impénétrable aux rayons de la lune. Et certes, en ce moment, les jambes pendantes au-dessus de l'eau, l'oreille tendue au moindre bruit qui décelait sa bien-aimée, le roi de France était le plus heureux meunier de son royaume.

XVI

LE MOULIN DE LA CHAUSSÉE

Parmi les choses que l'homme fait poétiques sans le savoir, une des plus charmantes c'est le moulin à eau, l'ancien moulin, la vieille machine gothique sans élégance et sans art, un bateau bien carré qui porte une maison de bois, au flanc de laquelle s'attache un arbre qui tourne et fait écumer l'onde verte avec quatre grandes palettes de bois. C'est un joujou d'enfant primitif. Le bateau est laid, la maison est noire et rapetassée de planches comme une vieille étoffe cousue de pièces. Au premier coup d'œil, tout cela gêne et salit le regard. Puis, avec un peu d'attention, l'œil découvre en ce fouillis sordide des milliers de beautés qui ravissent. Les ais vermoulus sont drapés d'une mousse verdâtre dans laquelle, habitants parasites, les ravenelles sont venues s'incruster, s'agrandissant à chaque terme de loyer, repoussant hargneusement la planche qui les avait reçues, plongeant dans le cœur du chêne leurs racines affamées et jetant au vent humide leur tête insolente de fleurs. Sous la roue qui tourne d'un mouvement égal avec un bourdonnement monotone, jaillit une poussière humide enlevée aux flocons écumeux de la rivière. Que le soleil illumine cette vapeur, vous avez l'arc-en-ciel avec sa magie; que la lune s'y arrête, vous voyez les vapeurs blanches danser autour du moulin, comme un grand fantôme qui rôde incessamment, gardien de cette mystérieuse demeure.

Attirés par le bruit et le courant, les gros poissons montent sournoisement autour du bateau. A l'abri sous les planches inaccessibles, ils lèvent parfois leurs museaux béants et absorbent avec une bulle d'air le grain de blé ou de seigle chassé hors des fentes. Au-dessus d'eux, dans son élément, à lui, le chat couché sur le plat-bord du bateau, dort ou fait semblant; oublieux de ses antipathies, il ouvre et ferme mollement tour à tour son œil vert pour regarder en bas le poisson qui le nargue et viendra tôt ou tard dans la poêle à frire lui offrir ses arêtes; ou bien il regarde en haut la cage suspendue au soleil, d'un sansonnet bavard ou d'une pie inquiète.

Au dedans du moulin, tout est reluisant, glissant; le sapin enfariné toujours, toujours balayé, a conservé sa pureté native. Il a bruni, voilà tout, et ses larges veines courent en ogives moirées du plancher aux solives.

Dans la soupente, fermée d'un rideau de serge plus souvent blanc que vert, le meunier a son lit, dur il est vrai, mais si doucement tremblotant à chaque tour de roue, que le dormeur bercé n'y appelle jamais en vain le sommeil. Pour peu qu'il ait, le soir, tiré à bord la planche qui lui sert de pont et le relie au monde, il est seul et inabordable sur son île. Alors sa lampe brille, phare modeste qui réjouit l'œil du passant sur la route voisine ; alors le meunier est libre ; il est roi.

Voilà ce que pensait Henri sur sa planche, au murmure suave de l'eau, qui descendait sans colère et sans bruit, car la roue du moulin ne tournait pas.

Toutes ces petites richesses que nous venons d'énumérer l'entouraient et lui faisaient fête. Le chat ronflait en se frottant le dos à la main de l'étranger ; la table de chêne poli était dressée au fond de la salle, et dans le bahut à sculptures grotesques se prélassaient les assiettes de faïence peintes d'animaux fabuleux et d'une flore fantastique. On nous pardonnera cette interprétation des pensées du roi, mais elle est juste : il envia le sort du meunier, sinon longtemps, du moins jusqu'à ce que le charme de la solitude eût été rompu par l'apparition de Gratienne.

Celle-ci, la première des deux baigneuses, sauta légèrement de la planche dans le moulin. C'était une jeune et joyeuse fille, un peu courte, un peu ronde, avec une voix aiguë et de bons gros bras tout fraîchement séchés des caresses de l'eau par les caresses de la brise. Elle connaissait le roi et l'aimait ; c'était bien plus que de le respecter.

Henri alla prendre les deux mains de la belle enfant, et la fit sauter, comme au village, avec mille questions sur l'absence de Gabrielle. Gratienne répondit que sa maîtresse était honteuse ; qu'elle n'avait point d'habits convenables pour recevoir un grand prince, et que des filles qui s'attendent à souper seules après le bain, au beau clair de lune, n'ont pas d'atours ; qu'ainsi tout le dommage est pour les indiscrets qui leur rendent visite sans s'être annoncés à l'avance.

Tout en causant de la sorte, Gratienne allumait une seconde lampe et tirait de l'armoire du meunier des chausses neuves et des bas blancs qu'elle offrit à Sa Majesté, sans plus de malice. Elle lui indiquait en même temps la petite chambre du meunier pour qu'il changeât ses habits mouillés, tandis qu'elle préparerait le souper de sa maîtresse.

— Mais que dira le maître de céans, demanda Henri du fond de la chambre où il procédait à sa toilette, si on lui ravage ainsi ses hardes neuves?

— Trop heureux serait Denis s'il savait à quel honneur on les réserve, dit Gratienne. Mais Denis ne le saura pas, il ne faut pas qu'il le sache, le bavard. Il est absent d'ailleurs.

— Pour longtemps?

— Le temps d'aller porter de la part de mademoiselle, au prieur des génovéfains, près de Bezons, un monstre de barbillon qui s'est pris dans la vanne. C'est deux bonnes heures s'il ne flâne pas en route.

— Enfin il reviendra et me verra.

— Votre Majesté sera M. Jean ou M. Pierre, qu'importe à M. Denis? votre royauté n'est pas écrite sur votre visage.

— Malheureusement! se dit Henri, peu satisfait du compliment, et qui se félicita de l'essuyer en l'absence de Gabrielle.

Mais celle-ci avait entendu. Elle entrait au moment même, et, venant à Henri les mains jointes, la bouche souriante :

— Si la royauté n'est pas sur son visage, dit-elle, Gratienne, elle est profondément gravée dans son âme et dans son cœur!

— O ma belle! ô mon amour! s'écria Henri en se courbant, le cœur épanoui, sur les mains fraîches que la jeune fille lui tendait.

Certes, elle fut belle. Le peuple, qui la voyait tous les jours, a gardé la mémoire de cette miraculeuse beauté comme il a gardé, en sa loyale et reconnaissante estime, le souvenir de la bonté du roi Henri. Mais peut-être la Gabrielle de la cour, la Gabrielle marquise, la Gabrielle duchesse ne fut jamais sous les velours et les broderies, sous l'or et les diamants, aussi belle que le roi la vit ce soir-là, peinture idéale encadrée dans cette porte du moulin, ayant derrière elle la splendide lumière de la lune et le paysage argenté; en face, les deux lampes du meunier, qui envoyaient sur elle leurs feux rougeâtres et doucement pénétrants.

Qui donc pourrait peindre cette taille de déesse aux fermes et voluptueuses ondulations, que la draperie mal attachée de sa robe accusait en larges plis? Et les bras d'ivoire encore humides dans leurs fourreaux ouverts? Et ces torrents de cheveux blonds aux reflets d'or qui rompaient leurs liens et roulaient à flots sur l'épaule, en découvrant un cou veiné, transparent? Et ce visage, d'un incomparable ovale, qu'éclairaient des yeux bleus fins, rieurs, tendres, dont la prunelle, marquée d'un point noir, avait quelque chose de vaguement étrange qui lançait le trouble et la flamme dans tous les cœurs? Cette figure d'ailleurs était sereine et douce comme un beau jour; elle éveillait l'idée du printemps, elle vivifiait, elle consolait; le moindre sourire de sa bouche vermeille aux coins profonds eût rajeuni le vieillard morose et rafraîchi le mourant sur sa couche. Jamais ange égaré sur terre n'y porta un plus pur et plus céleste reflet de la beauté d'en haut; jamais créature terrestre ne charma comme Gabrielle le regard du souverain créateur, qui dut se rappeler en la voyant, Ève, son plus charmant, son plus sublime ouvrage.

Belle, avons-nous dit ! elle était bien plus, elle était bonne ; le sourire venait de son âme comme le parfum sort de la fleur : jamais d'envie, jamais d'ambition, jamais de colère, jamais d'hypocrisie. Il fallut des années d'orage et l'air empesté de la cour, il fallut la haine et l'envie des autres, souffles venimeux, pour apprendre à cette loyale figure l'usage du masque, seule défense contre tant de poisons mortels.

Mais, à dix-sept ans, Gabrielle ne savait pas mentir. Elle tenait Henri à ses genoux, le regardait avec des yeux de sœur, avec un respect de sujette, et, lui abandonnant ses deux belles mains, croyait sincèrement lui abandonner tout son cœur; ce cœur inestimable, elle-même ne le connaissait point !

Lorsque le roi eut longtemps promené ces doigts veloutés sur sa bouche, avec une discrète et respectueuse ardeur, signe infaillible des passions vraies, Gabrielle ordonna à Gratienne de fermer la petite porte, et, passant au bout de la salle, elle offrit un siége en bois à son maître.

Il n'y en avait qu'un, et il revenait de droit au roi de France. Mais Henri s'assit gaiement sur un septier d'orge, et le siége échut à Gabrielle, qui prit bientôt son air sérieux.

— Encore une imprudence, sire, dit-elle d'une voix enchanteresse. Mon père est absent, mais il pourrait revenir. Votre Majesté ne risque rien, elle, de la part d'un de ses plus féaux sujets ; mais, moi, je serai grondée, menacée, j'aurai comme toujours à pleurer quand vous serez parti.

— Pleurer ! oh ! ma chère belle, dit Henri, non, vous ne pleurerez point. Mais, d'ailleurs, votre père ne reviendra pas. Je l'ai envoyé à Mantes.

— C'est vous ! sire, s'écria la jeune fille... Oh ! méchant roi !... pauvre père !...

— Sans doute, c'est moi ; puisque l'on ne peut vous voir quand il est là.

Gabrielle, avec une expression plus triste.

— Ni en son absence, ni en sa présence, sire, dit-elle. Le temps est venu de dire la vérité, quoi qu'il m'en coûte et beaucoup, mais il faut enfin que je parle, écoutez-moi.

— Quelle vérité ? s'écria le roi inquiet.

— Nous ne vous verrons plus...

— Oh !...

— Jamais... Mon père me l'a ordonné... Il m'a bien fait comprendre ma situation vis-à-vis de mon roi ; car ici vous êtes bien le roi, dans nos cœurs et dans nos vœux !

— Ce n'est pas comme à Paris, dit Henri, essayant d'égayer Gabrielle, qui se dérida, en effet.

— Allons, s'écria-t-elle, nous dirons cela plus tard. C'est inhumain de la part d'une fidèle servante d'affliger ainsi son maître, et ce serait cruel au maître d'empêcher sa servante de souper. Sire, le bain nous a retardées, il est onze heures et nous mourons de faim.

— Et moi donc, ma belle.

— Oh ! sire, je vais vous servir. Quelle joie ! j'aurai donné un festin au grand Henri ! un beau festin, vous allez voir. Gratienne !

Gratienne apparut.

— Apporte les cerises et les groseilles.

— Peste, fit le roi avec une grimace, quelle chère lie !

— Nous avons du gâteau, mon roi, un gâteau léger, croquant comme Gratienne les sait faire.

— Du gâteau !... mais c'est complet.

— Et... oh ! mais c'est une friandise, il faut la pardonner, sire, nous sommes gourmandes. Il y a une petite fiole de liqueur de noyau : comme vous allez vous régaler !

Le roi sentit frémir son robuste appétit de chasseur et de guerrier. Un frisson lui passa sur la peau à l'aspect des cerises purpurines amoncelées sur une assiette, et surtout des groseilles au parfum aigre, et dont les grappes rouges et blanches brillaient à la lumière comme un fouillis de rubis et de topazes.

La table était mise. Henri offrit un morceau de gâteau à Gabrielle ; il en prit un lui-même en soupirant.

Elle le regarda et comprit :

— Sotte que je suis ! dit-elle ; le roi a faim, et je lui offre un repas de fille !

— La plus belle fille du monde, ma Gabrielle, répondit Henri, ne peut offrir que ce qu'elle a.

Gabrielle repoussa tristement le gâteau et les cerises.

— Il faut chercher, dit-elle. Gratienne !

— Mademoiselle ?

— Mène-moi dans le bateau jusqu'à la maison. Là certainement on trouvera des provisions.

— Non ! non ! s'écria Henri ; j'aime mieux me rassasier de votre vue ; je soupe en vous admirant. Je mangerai vos mains mignonnes...

— Pauvre nourriture pour l'estomac, sire !

— J'y perds la faim !...

— Cherchons ! cherchons ! dit Gabrielle en repoussant doucement Henri, qui après avoir mangé les mains entamait les bras.

Il s'arrêta pour ne point déplaire à sa maîtresse, et faute d'aliments immatériels, se mit à songer aux aliments du corps.

— Il me semble, dit-il, que l'on parlait tout à l'heure des monstres qui se prennent dans les vannes du moulin. N'y a-t-il pas quelque nasse tendue ou quelque hameçon qui pende ? Les meuniers n'en font jamais d'autre.

— Je ne sais, dit Gabrielle.

— Je trouverai bien, moi. Plus d'une fois j'ai soupé à merveille dans le moulin, en maigre... Mais qu'importe.

Après quelques minutes d'une revue passée autour du bateau, le roi vit une ficelle vagabonde qui s'éloignait ou se rapprochait du plat-bord avec des tressaillements et des convulsions de bon augure. C'était en effet une des lignes que maître Denis avait grand soin de tendre chaque soir. Une belle anguille avait mordu et cherchait à rouler ses spirales autour d'un pieu quelconque pour résister à la main qui l'attirait hors de l'eau ; mais le roi joignit l'adresse à la force, et amena sa proie, sur laquelle Gratienne fondit joyeusement, tandis que Gabrielle reculait avec un sentiment d'effroi.

— Eh bien ! voici la chair, dit Henri, mais le feu, mais l'assaisonnement ?

— Un peu de lard, que voici, répliqua Gratienne, un oignon que voilà, une croûte comme on les a chez un meunier, et un demi-verre du petit vin de maître Denis, voici la cruche, et je demande un quart d'heure pour servir Sa Majesté.

En disant ces mots, elle disparut à l'avant du bateau,

où bientôt s'éleva une flamme de copeaux et de charbons allumés sur un quartier de meule usée.

— Un quart d'heure que j'emploierai bien, dit le roi, car je vais me mettre aux pieds de ma Gabrielle, et lui dirai si souvent, si tendrement mon amour, que j'amollirai son cœur farouche.

La jeune fille, avec un mouvement charmant de la tête :

— Oh ! non, dit-elle, c'est impossible.

— Rayez ce mot, ma mie.

— Impossible, sire.

— Alors, vous n'aimez pas Henri ?

— Beaucoup, au contraire. Mais s'il m'aimait comme il le dit, serait-il près de moi en ce moment ?

— Qu'est-ce à dire ? demanda le roi étonné. Mais si je ne vous aimais pas, il me semble au contraire que je ne serais pas ici.

— Aimer, signifie donc affliger ?

— Quoi, ma présence vous afflige ?

— Aimer signifie donc offenser ?

— Je vous offense ?

— Aimer signifie donc perdre et déshonorer ?

— Gabrielle ! Gabrielle !...

— Mon roi, vous m'affligez, vous m'offensez, vous me perdez, en effet, par votre présence.

— Voilà bien de grands mots, chère belle.

— Plus graves encore sont les choses... Causons, et la main sur le cœur.

— Sur le vôtre.

— Sire, soyons sérieux. Que voulez-vous de moi qui ne puis être votre femme, puisque vous êtes marié ?

— Si peu...

— Assez pour ne pas m'épouser, ce que d'ailleurs je ne vous demanderais pas, ce que même je n'accepterais pas, bien que fille noble, car vous êtes un puissant roi.

— Roi, oui ; puissant, non.

— Croyez-vous donc que mon père souffrirait mon déshonneur.

— Ma mie...

— Le souffrirais-je moi-même? Voilà donc la raison pour laquelle votre présence m'offense... Mais je vous attriste avec ce mot si dur, passons. J'ai dit que vous me perdiez.

— Je vous défie de me le prouver...

— Facilement. Mon père m'a juré, si je vous écoutais, ou si vous me poursuiviez, de me jeter dans un couvent ou, ce qui pis est, de me marier.

Le roi fit un mouvement.

— Il faudrait voir, s'écria-t-il.

— Un père n'a pas besoin de la permission du roi pour marier sa fille. Mariée, je suis perdue et mourrai de chagrin.

Henri se mit à deux genoux, suppliant :

— Ne me dites pas de ces paroles sinistres, ma Gabrielle, vous perdue, vous mourante !

— Par votre faute.

— Me croyez-vous donc si faible et si timide, que je ne puisse, malgré un père, malgré le monde entier, sauver du désespoir la femme que j'aime, et seriez-vous assez faible vous-même, assez cruelle, cependant, pour vous abandonner à un autre quand vous m'avez repoussé, moi, votre ami et votre roi? Ayez de la volonté pour moi, Gabrielle, et j'aurai de la force pour nous deux ! Ce n'est pas moi qui vous perds, c'est vous-même ! Aidez-vous, je vous aiderai ! Quant à vous reprendre, qu'on y vienne, lorsque je vous aurai prise ! Vous le voyez donc, Gabrielle, c'est de vous seule que vous dépendez. C'est à vous seule qu'il faudra rapporter les malheurs que vous voyez dans l'avenir. Si vous m'aimiez, vous auriez plus de courage.

— Oh ! sire, je n'ai encore rien dit. M'offenser, me perdre, ce n'est rien ; mais vous m'affligez, voilà le crime.

— Et comment, bon Dieu ! moi qui ne respire que par vous et pour vous.

— Cela est bien grave, et j'ai pour vous le dire une bouche d'enfant bien frivole. Mais comme je prie Dieu tous les soirs pour vous, c'est Dieu qui va me dicter les paroles. Vous me demandiez tout à l'heure de sacrifier mon honneur et ma vie ; je le dois peut-être à mon roi, mais vous sacrifier mon âme et mon salut éternel, est-ce possible ?

— Votre salut ?

— Sans doute ; une bonne catholique peut-elle accepter l'hérésie !

— Bon ! êtes-vous docteur ? s'écria le roi en riant.

— Ne riez pas, sire, c'est bien sérieux.

— Pas tant que cela, ma belle, et, entre nous, il n'est aucun besoin de parler hérésie ou messe.

— Il le faut, cependant ; car je ne composerai jamais avec l'enfer.

— Là, là... Laissons également l'enfer...

— Où vous tomberiez seul, sire, non pas. Je vous porte de l'amitié, je veux votre salut, et le veux d'autant plus opiniâtrément, qu'en vous sauvant je sauve toute la France, compromise par votre hérésie.

— Bien, voilà que nous attaquons la politique. Ah ! Gabrielle, par grâce...

— Par grâce, sire, poursuivons ou rompons tout à fait.

La jeune fille prononça ces mots avec un accent de fermeté d'autant plus étrange que ses yeux s'étaient remplis de larmes. Le roi attendri, surpris en même temps, lui saisit la main.

— Vous vous égarez, dit-il, en des pensées qui jamais n'eussent dû habiter votre charmante tête. Croyez-moi, laissez au roi sa conscience, et ne vous en prenez qu'à la conscience de l'amant. Je vous jure, Gabrielle, que votre salut et le mien ne sont pas en danger...

— Ce n'est pas l'avis de tout le monde, sire.

— Ah! qui donc vous a donné son avis?

— Un bien saint homme...

— M. d'Estrées?

— Non, non. Mon père gémit comme tous les honnêtes gens, mais il n'accuse pas Votre Majesté; tandis que...

— Tandis que le saint homme m'accuse... Qui est-ce donc? votre confesseur?

— Mon conseiller, un homme éminent.

— Vraiment?

— Une lumière de l'Église.

— Bah!

— Un des plus célèbres orateurs de ces derniers temps.

— Hélas! je les connais tous par les injures dont ils m'ont chargé. Comment s'appelle celui-là, qu'est-il?

— C'est le prieur du couvent des Génovéfains de Bezons.

— Oui, celui à qui Denis porte un barbillon. Et il s'appelle?...

— Dom Modeste Gorenflot.

— Je ne le connais pas, dit Henri en cherchant; pourtant ce nom-là ne m'est pas absolument étranger. C'est ce dom Modeste qui vous confesse et qui vous a dit que vous vous perdiez en m'écoutant. N'est-ce pas?

— Lui-même.

— Alors, Gabrielle, interrompit le roi plus sérieux, c'est à vous qu'il faut que je fasse un reproche. Vous avez été déloyale.

— Comment, sire? dit-elle effrayée.

— Vous m'aviez juré de ne point dire mon nom, de ne pas révéler ma présence à qui que ce fût, et vous m'avez trahi, vous m'avez nommé à des moines qui sont mes ennemis mortels.

— Sire! mon cher sire, je vous jure que je n'ai rien dit, que je n'ai rien trahi, que je ne vous ai jamais nommé.

— Ce dom Modeste a donc des espions?

— Non, c'est un trop digne homme. Mais il est plein de finesse, et rien ne lui échappe. D'ailleurs, il ne vous hait point.

— Oh! fit le roi avec un sourire d'incrédulité.

— Il vous hait si peu qu'il me donne sans cesse des conseils bien différents de ceux que vous lui attribuez.

— Lesquels, ma chère?

— Aimez le roi, dit-il, aimez-le, car il est bon, il est né pour le bonheur de la France.

— Vraiment?... Voilà un bon moine.

— Mais, ajoute-t-il, au lieu de ce bonheur, c'est du malheur qu'il vous apportera s'il persévère dans l'hérésie.

— Là! dit le roi, voilà le mauvais moine.

— Oh! sire, quelle parole païenne. On est mauvais parce qu'on veut votre salut? je suis donc mauvaise, moi?

— Vous, Gabrielle, vous êtes un ange.

— Voilà le souper du roi! s'écria Gratienne en apportant triomphante un plat de terre fumant sur lequel grésillait avec bruit dans un gratin odoriférant l'anguille couchée sur des croûtes appétissantes.

— J'ai bien faim! se dit le roi; mais le souper ne me fera pas oublier ce moine singulier qui conseille ainsi Gabrielle.

XVII

COMMENT DANS LE MOULIN, HENRI TIRA DEUX MOUTURES DU MÊME SAC

Henri n'avait pas été gâté par les moines : ces bons pères se montraient coriaces à l'égard des rois. Dans un temps de troubles et d'anarchie, l'écume qui monte à la surface se compose de toutes les corruptions du corps social malade en toutes ses parties. L'Église, il faut le dire, était malade alors comme l'armée, comme la magistrature, comme la bourgeoisie et le peuple. Derrière les prélats éminents qui traitaient avec une noble sollicitude les graves questions politiques si fatalement soudées aux questions religieuses, derrière ces illustres chefs, disons-nous, venait une cohue cynique, turbulente, bassement ambitieuse, qui vivait de rapines, de querelles et de turpitudes, comme à la suite des armées vivent les traînards et les goujats, vils rebuts des nations les plus belliqueuses. Il y avait alors en France force moines sordides, effrontés voleurs, qui travestissaient la sainte religion avec aussi peu de scrupule, avec autant de stupidité qu'il y a aujourd'hui de dévouement et de science, même dans l'arrière-ban de l'Église. Les processions de la Ligue et l'assassinat prêché publiquement, telles étaient les œuvres de ces prétendus religieux ; et, sans compter le moine Jacques Clément, Henri en avait bien vu défiler, de ces bandits abrités sous le froc!

Aussi, tout en faisant honneur au mets friand de Gratienne, Henri voulut-il continuer la conversation sur ce moine bienfaisant, dont les conseils l'intriguaient fort, précisément à cause de leur bienveillance.

— Chère belle, dit-il, je ne sais si votre génovéfain mangera ce soir un plus délicat poisson, mieux accommodé, mais en tous cas, s'il a un cuisinier meilleur, il n'a pas meilleure compagnie. J'en excepte les jours où vous vous confessez à lui.

— Je ne me confesse pas à lui, dit Gabrielle.

— Pardon ; mais vous m'avez dit, il me semble...

— Que dom Modeste était mon conseiller, oui, mais non mon confesseur.

— Voilà une distinction... dit le roi.

— Importante, car le prieur ne peut plus confesser, et bien des fidèles s'en plaignent.

Henri l'interrompant :

— Je ne comprends plus du tout, ajouta-t-il. Pourquoi ce révérend, cette lumière de l'Église, ne peut-il pas diriger les consciences ?

— Parce qu'il est affligé d'une paralysie sur la langue, et que par conséquent il ne saurait parler.

— Vous m'avez dit tout à l'heure qu'il vous *avait dit...*

— Il m'a fait dire.

— Par qui ?

— Par le frère parleur.

Henri fit un nouveau mouvement de surprise.

— Qu'est-ce encore que cela ? dit-il ; un frère parleur ! quelle fonction cela représente-t-il ?

— La fonction d'un frère qui parle. Le prieur, à cause de sa paralysie, ne peut s'exprimer.

— Bien, c'est convenu.

— Mais il pense, mais il sait, mais il juge, et il faut bien que ses idées, ses opinions et ses avis soient traduits... Traduire est la fonction du frère parleur.

— Voilà qui est particulier, s'écria le roi en repoussant son assiette, tant était vif l'intérêt que ce singulier frère parleur excitait en lui. Soyez assez bonne pour m'expliquer un peu le mécanisme de la conversation entre ce frère prieur, le frère parleur et la personne qui vient consulter.

— Rien de plus simple, sire.

— C'est qu'alors je suis stupide et enivré par vos beaux yeux. Je ne comprends vraiment pas.

— Supposez, dit Gabrielle, que je vais au couvent pour obtenir un avis du révérend prieur. Sachez d'abord, et sachez-le bien, que c'est un homme supérieur.

— Oui, une lumière... très-bien.

— Oh! ce fut, à ce qu'on dit, un orateur immense, un de ces rares génies qui gouvernent par la parole, un peu ligueur autrefois, du temps d'Henri III, mais bien amendé aujourd'hui.

— Depuis qu'il est muet.

— Depuis qu'il s'est courbé sous la main sévère de Dieu. Dieu lui a envoyé deux terribles épreuves.

— Quelle est la seconde?

— Une obésité formidable, une vraie maladie, une affliction... quelque chose qui rendrait ridicule tout autre que ce saint homme, sans le respect que lui concilient et sa patience et son illustre réputation.

— Comment, il est si gras que cela! dit Henri IV qui faisait tous ses efforts pour garder son sérieux.

— Je ne pense pas, ajouta Gabrielle d'un ton pénétré, que le digne prieur puisse passer par cette porte du moulin.

— Où passent les ânes avec deux sacs !... Peste ! quelle affliction ! s'écria Henri. Et vous dites qu'il la supporte ?

— Héroïquement. Jamais on ne l'entend se plaindre.

— Songez qu'il est muet. Ce qui, soit dit sans vous déplaire, diminue un peu ses mérites.

— Oh ! s'il se plaignait, on le saurait par le frère parleur.

— C'est juste, nous y voilà revenus. Eh bien, par grâce, continuez. Vous en étiez à expliquer comment le révérend communique sa pensée à l'interprète.

— Avec des signes de la main et des doigts. C'est un langage convenu entre eux. Souvent même un regard suffit. Le prieur a l'œil encore vif. Quant au frère Robert, c'est le nom du cher frère parleur, son œil est prompt comme celui d'un moineau franc. L'éclair est moins rapide que cet échange entre le prieur et l'interprète, des idées les plus délicates, les plus compliquées.

— Vraiment ?

— C'est à surprendre, c'est à renverser d'admiration ceux qui n'y sont pas habitués.

— Vous avez l'habitude, vous, n'est-ce pas ?

— Sans doute, à force d'avoir consulté.

— Mais pour commencer à bien consulter, il vous a fallu un apprentissage. Comment ce désir de consultation vous est-il venu ?

— C'est mon père qui le premier m'y a conduite, pour que j'eusse de bons conseils. Toute jeune fille un peu recherchée en a besoin. Or, la réputation du révérend l'avait précédé à Bezons. Il paraîtrait que primitivement il résidait en Bourgogne, dans un prieuré que le feu roi lui avait donné. C'est là que son accident s'est déclaré.

— La paralysie ou la graisse?

— La paralysie; mais, par grâce, sire, ne riez pas du pauvre prieur. Ses conseils vous seraient utiles à vous-même, je vous en réponds, malgré tous vos conseils royaux, de guerre et de finances, malgré l'assistance de MM. Rosny, Mornay, Chiverny et autres sages !

— Si le prieur me conseille de vous aimer comme il vous l'a conseillé pour moi, j'accepte. Mais, j'ai bien peur qu'il ne prétende me conseiller autre chose.

— Oh! d'abord, répliqua Gabrielle, il vous imposerait l'obéissance à ses prescriptions.

— Qui sont?

— D'abjurer l'erreur, de reconnaître la perfection de l'Église catholique romaine, et de rassurer tous vos sujets par ce retour sincère aux bonnes doctrines.

Un fugitif sourire passa sur les lèvres du roi, qui se dit que la besogne était faite.

— Dom Modeste n'est-il pas bien hardi de confier ainsi ses théories politiques à ce frère bavard; non, frère parleur.

— Oh! leur confiance réciproque est fondée sur des bases solides.

— Soit; mais vous, pour conter ainsi toutes vos petites affaires au confident de dom Modeste, n'êtes-vous pas bien imprudente? Votre père peut apprendre tout ce que nous lui cachons; le frère parleur peut parler à M. d'Estrées.

— Nullement, puisque c'est lui qui me transmet l'ordre de vous aimer et de vous pousser vers la véritable Église. Il n'a garde d'aller avertir mon père; et je suis sûre de sa discrétion, malgré toute l'amitié qui existe entre mon père et les génovéfains. Si mon père apprenait que l'on veut faire de moi l'instrument de votre salut, je n'aurais plus qu'à préparer l'instrument de mon martyre.

Le roi, souriant encore dans sa large barbe qu'il caressait :

— Je donnerais beaucoup, dit-il, pour entendre le révérend père muet et le digne frère parleur vous donner leurs conseils, et j'ajouterais encore quelque chose par-dessus le marché pour voir comment vous écoutez. Profitez-vous au moins ?

— Trop !...

— Vous ne supposez pas un seul instant que vous soyez la dupe de ces moines ?

— On voit bien, dit Gabrielle en haussant légèrement les épaules, que vous ne connaissez ni le prieur, ni le frère Robert. Me duper ? Et que leur importe ? Quel serait leur bénéfice ?

— Ne fût-ce que pour être au courant de ce que je fais. Un joli petit espion comme vous, c'est précieux, et Philippe II ou M. de Mayenne vous payerait cher le rapport que vous donnez pour rien aux génovéfains sur les faits et gestes du roi Henri IV.

— Encore une fois, je vous dis que je ne rapporte rien, dit Gabrielle piquée ; je vous dis que vous ne faites point un pas, point un geste, que le père et le frère n'en soient instruits. Ce doit être le ciel qui avertit dom Modeste et qui l'inspire. Vous vous souvenez du mystère que vous mîtes à vos premières visites chez mon père. Il s'agissait, lui disiez-vous, des secrets de l'État. Certes, M. d'Estrées se fût fait hacher plutôt que de vous trahir. Cependant vos visites le gênaient fort ! Eh bien ! qui m'a averti de vos intentions sur moi, alors que moi-même je ne m'en doutais pas encore ? dom Modeste. Qui m'a prévenue que vous m'alliez fixer un rendez-vous ? dom Modeste. Qui m'a dicté la conduite que je devais tenir en ces rendez-vous? dom Modeste, toujours lui, interprété par le frère Robert.

— Ah! s'écria le roi, on vous dictait votre conduite?

— Certainement.

— Votre sévérité, vos résistances, tout cela était prescrit par avance, comme l'ordre et la marche d'une cérémonie?

— Oui, sire, et c'était bien prudent. J'ai si peu d'expérience que, par faiblesse, j'eusse perdu, peut-être, vous, la France et moi.

— Eh bien! mais ce sont mes ennemis furieux, que ces moines; de quoi se mêlent-ils?

— De votre salut et du salut de l'État.

— Et vous persistez à les écouter, malgré mes tendres supplications?

— Obstinément; je vous sauverai malgré vous.

— Vous ne vous adoucirez point?

— Je n'aimerai jamais qu'un prince catholique.

— Tout cela pour obéir à un moine stupide.

— Dom Modeste stupide! Frère Robert stupide! Il n'a point le vol de l'aigle, comme son prieur; mais pour traduire la pensée...

— Une plume d'oie suffit, n'est-ce pas? Allons, ce frère Robert sera quelque cafard, quelque cheval de carrosse, court et lourd.

— Non, il est grand, sec, mince, et lorsqu'il est perché sur ses longues jambes, qui semblent vouloir couper sa robe comme deux bâtons, le pauvre homme fait l'effet d'un héron mélancolique. Mais s'il est simple, il est bien bon, et tout ce qu'il me dit a beau sortir d'un fonds étranger, je l'écoute et m'en pénètre... Et je l'aime, et je ne veux pas qu'on se moque de lui ou qu'on lui souhaite du mal!

— Allons, répliqua Henri, comme toujours on vous obéira.

— Vous vous convertirez? sire, s'écria Gabrielle en frappant ses deux charmantes mains rosées l'une contre l'autre avec une joie ardente.

— Pardon, pardon! je n'ai pas dit cela, ma Gabrielle; oh! non, je ne l'ai pas dit. Il y aurait témérité à me le demander... Croyez-vous que jamais l'amour d'une femme puisse payer à un homme le sacrifice de ses convictions et le repos de sa conscience?

Le roi avait malicieusement appuyé sur chaque mot de sa phrase, en affectant un sérieux qui désespéra Gabrielle.

— Là! murmura-t-elle, voilà toute ma peine perdue... il ne se convertira jamais! Que je suis malheureuse! moi une fille de noblesse! moi qui aime tant le roi! moi dont le père et le frère sont des serviteurs zélés de Sa Majesté, moi qui ai perdu un autre frère sous vos drapeaux, sire! n'avais-je pas droit d'espérer que mon maître écouterait favorablement sa servante, et m'accepterait comme l'humble instrument du salut de tout un peuple? Jeanne d'Arc, disait dom Modeste par la bouche de frère Robert, a sauvé Charles VII des Anglais à la pointe de son épée. Vous, ma fille, vous sauverez Henri IV de l'Espagnol.

— Vous n'avez pas d'épée, chère belle.

Gabrielle rougit et baissa les yeux; belle au delà de tout ce que peut rêver l'imagination des poëtes.

— J'espérais, murmura-t-elle, que mon roi ferait par amour pour moi, ce que dix armées ne le forceraient point à faire... ce que l'appât d'une couronne, ce que toute la gloire de ce monde ne réussirait point à lui arracher...

— Eh bien! s'écria le roi, transporté d'amour, je ne

promets rien, oh non... je ne puis rien promettre sans de longues méditations ; une conversion, ma mie... c'est si grave ! Mais, croyez bien que le désir de vous plaire et de calmer votre chagrin sera pour moi le plus actif des aiguillons. Cependant, chère belle, pour me donner du courage, qu'avez-vous fait? Je n'ai jamais trouvé en vous que défiance. Vous venez de m'avouer que vos conseils vous enjoignaient de me désespérer... Comment voulez-vous alors que la persuasion m'arrive ?

— Non ! non ! s'écria Gabrielle prise au piége que le rusé Béarnais lui tendait depuis le commencement de l'entretien, non, il ne s'agit pas de désespoir, bien au contraire ; espérez, sire, espérez ; mais convertissez-vous.

Le roi triomphant :

— Des gages, ma mie ; votre farouche vertu m'a rendu soupçonneux, et des gages sont indispensables.

— J'offre ma parole, sire.

Henri s'approcha de la jeune fille en la regardant tendrement.

— C'est quelque chose, dit-il, que la parole d'une demoiselle de votre qualité, de votre probité ; mais détaillons un peu, je vous prie. C'est mon habitude quand je signe des traités d'alliance.

— Je n'en ai jamais signé, dit Gabrielle avec une naïveté enchanteresse.

— Laissez-moi dicter, alors.

— Soit, mon roi.

— Divisons le traité en trois articles. C'est un nombre heureux. Article premier...

— Article premier, s'écria Gabrielle, le roi se convertira !

— Non, ce n'est point l'usage de poser l'ultimatum en premier lieu. Article premier... Mais, ma chère, nous

nous sommes bien trompés tous deux. Il n'y a là-dedans et il ne peut y avoir qu'un seul article pour éviter tout ambage et toute fraude.

— Oh! sire, faites le traité en prince, en gentilhomme, en honnête homme!

— Je le veux ainsi, Gabrielle.

— Faites un traité qui ne m'engage point sans vous engager... Car je vous l'ai dit, une fille de ma race tient sa promesse, quand elle en devrait mourir. Faites de même, vous, un si grand roi! un héros!

— Alors, dictez.

— Merci, j'accepte. Oui, sire, il n'y a qu'un seul article possible. Le voici :

« Entre très-haut et très-puissant seigneur Henri, quatrième du nom, roi de France et de Navarre, et Gabrielle d'Estrées, noble demoiselle, fille d'un bon et loyal serviteur du roi, a été convenu et juré ce qui suit:

» Le jour où le roi aura fait solennellement et publiquement abjuration de la religion prétendue réformée, pour entrer dans le giron de l'Église catholique, apostolique et romaine... »

— Eh bien!... dit le roi enivré.

— Écrivez le reste, sire, balbutia Gabrielle en cachant son visage dans ses mains.

Et aussitôt son tendre cœur, ce cœur généreux s'emplit de sanglots qui débordèrent en larmes au travers de ses doigts de nacre.

Henri se précipita aux genoux de son idole.

— Vous inscrirez au traité, ajouta la jeune fille, que Gabrielle voulait sauver la France.

— J'inscrirai dans mon cœur que vous êtes un ange de bonté, de grâce, d'amour, et, si profondément je l'inscrirai, Gabrielle, qu'il faudra m'arracher le cœur pour effacer votre souvenir.

Il se releva et serra la jeune fille sur sa poitrine, avec un remords d'avoir trompé cette belle âme par le semblant d'une faiblesse d'amour.

Gabrielle, radieuse, remercia le ciel d'avoir touché le cœur du roi, et, dans sa candeur, elle remercia aussi le généreux prince qui lui faisait un tel sacrifice. Ah ! si elle eût pu savoir qu'une heure avant, le même article du même traité avait conquis Paris à Henri IV !

Deux pareilles conquêtes : Gabrielle et Paris ! Que de rois se fussent damnés pour l'une ou pour l'autre !

Mais Henri se promit au fond de l'âme de racheter la supercherie par tant de tendresse et de constance, que Gabrielle n'y perdît rien.

La main dans la main, tous deux avec un regard loyal scellèrent le traité.

— Et vous n'en parlerez pas au révérend prieur, ni au père Robert, dit le roi gaiement ; nous verrons s'ils le devinent. Eux qui savent tout, je les défie de savoir ce qui s'est passé dans le moulin.

— Quand toute l'Europe va retentir de cet acte immense, dit Gabrielle, j'aurai donc le noble orgueil de me répéter, cachée dans un coin : Henri a fait cela pour moi !

Le roi, embarrassé, cherchait une réponse, lorsque Gratienne entra précipitamment.

— Voici maître Denis qui revient, dit-elle.

En effet, des pas lourds et cadencés retentissaient sur la planche du moulin. Le roi se leva pour prendre un avis dans les yeux de Gabrielle.

— Appelez-vous M. Guillaume, dit-elle vivement, vous m'apportez des nouvelles de mon frère, le marquis de Cœuvres.

— Fort bien.

Denis entra.

Le digne garçon fut ébahi de trouver si bonne compagnie au moulin. Gabrielle fit son petit conte de l'arrivée imprévue de M. Guillaume; Gratienne, à son tour, conta la mésaventure de M. Guillaume, qui avait mouillé ses habits en tombant du bateau, et au lieu de l'incrédulité à laquelle toutes deux s'attendaient en présence de ces récits extraordinaires:

— C'est aujourd'hui le jour des événements, dit le meunier. En voilà-t-il de ces événements, bon Dieu!

— Quoi donc? demandèrent les trois complices de la comédie.

— Il n'est rien arrivé aux bons pères? dit Gabrielle.

— Rien du tout, mademoiselle, rien à eux; mais c'est à moi qu'il est arrivé une chose... voilà-t-il pas qu'en mon chemin je trouve un homme assassiné!

Les jeunes filles poussèrent un cri d'effroi.

— Où cela? demanda le roi inquiet.

— A cent pas du sentier de Colombes, au bord de l'eau.

Henri pensa à l'Espagnol, mais Denis le tira bientôt d'erreur.

— Un beau jeune homme, un vrai saint Sébastien!... Est-il possible qu'on ait tué une si belle créature, avec de si beaux cheveux blonds!

— Qu'en avez-vous fait? demanda le roi, ému de la sensibilité de Gabrielle.

— Je l'ai porté au couvent avec les autres.

— Comment, avec quels autres?

— Avec ses deux camarades.

— Deux autres morts? s'écrièrent le roi et Gabrielle.

— Oh! non, vivants, puisqu'ils portaient le blessé avec moi. Il y en a un petit et un gros.

— Le mort n'est donc plus que blessé, maintenant?

— Oui, mais fièrement! Figurez-vous que le petit est un garde du roi Henri.

Le roi tressaillit.

— Qui vous a dit cela? s'écria-t-il.

— Lui-même. Et le gros est le colonel du petit.

Henri fit un mouvement si brusque qu'il faillit renverser la table.

— Le colonel des gardes!

— Sans doute, puisque une fois le garde l'a appelé mon colonel.

— Crillon!... Tu as vu Crillon? demanda le roi avec une anxiété qui fit peur au meunier.

— Je ne dis pas que ce soit M. Crillon, balbutia-t-il.

— Un homme carré, bien pris.

— Oui.

— Le sourcil noir, la moustache grise, l'œil ferme?

— L'œil terrible : mais ce regard devenait bien triste quand il tombait sur le pauvre blessé !

— Ce ne peut être Crillon, dit le roi.

— Et à présent je crois bien que ce serait lui, s'écria Denis, à voir le respect de tout le monde au couvent, et l'empressement du frère Robert, qui bouge si peu d'habitude. Tiens, j'aurais vu Crillon, le grand Crillon ! Ces dix pistoles me viendraient de Crillon !

— Voyons, voyons, expliquons-nous, dit le roi. Raconte par ordre et en détail.

— Oui, raconte, dit Gabrielle.

Denis ouvrait sa large bouche avec la satisfaction d'un orateur attendu, quand une voix sèche et vibrante, venant de la Chaussée, traversa la rivière dans le silence de la nuit, et cria :

— Gabrielle ! Gabrielle !

Chacun tressaillit.

— La voix de mon père, dit la jeune fille épouvantée.

— Sitôt revenu !... Il a des soupçons, pensa le roi.

— C'est M. d'Estrées, en effet, ajouta le meunier, en regardant au petit volet du moulin.

— Je suis perdue !

— Silence ! dit le roi.

— Gabrielle ! appela encore la voix : envoyez le bateau, que j'aille vous chercher.

La jeune fille perdit la tête. Gratienne et elle couraient effarouchées dans le moulin comme deux oiseaux poursuivis.

Le roi, avec sang-froid, leur dit :

— Je vais passer dans l'île, ne craignez rien. D'ailleurs, si vous allez rejoindre M. d'Estrées, il ne viendra pas ici.

— Mais Denis...

— Denis se taira, dit Gratienne.

Denis regardait ébahi, ahuri, sans comprendre.

— J'apporte à mademoiselle de mauvaises nouvelles du marquis de Cœuvres, lui dit tout bas le roi, et il faut les cacher au pauvre père.

— Encore un événement, c'est le jour ! s'écria Denis. Pauvre M. de Cœuvres !... Oh ! oui, ne disons rien au père.

— Maintenant, passe vite Mlle d'Estrées pour que son père ne s'impatiente pas.

— A l'instant, dit le meunier, qui se jeta dans le batelet où déjà Gabrielle et Gratienne avaient sauté.

Tandis qu'il démarrait, le roi appuya son doigt sur ses lèvres, et Gabrielle en réponse mit une main sur son cœur. Le bateau s'éloigna. Henri, caché dans l'ombre, le suivit des yeux et de l'âme.

Comme le roi l'avait prévu, M. d'Estrées, aussitôt qu'il eut près de lui sa fille, ne demanda pas de passer au moulin. Henri les entendit échanger de ces questions et de ces réponses, au bout desquelles il y a toujours victoire pour la femme qu'il n'est plus temps de surprendre. Puis le groupe s'éloigna et entra dans la maison de la Chaussée.

— Il serait trop tard pour aller au couvent des Génovéfains, pensa Henri ; je coucherai au moulin, et demain j'irai savoir pourquoi Crillon escortait avec un garde ce jeune homme blessé; un jeune homme blond... Serait-ce le comte d'Auvergne, qui est roux ? Cet honnête Denis peut bien avoir confondu les nuances. Il faut absolument que je sache à quoi m'en tenir. Je saurai surtout pourquoi mon Crillon a du chagrin.

XVIII

LES GÉNOVÉFAINS DE BEZONS

Le soleil s'était levé radieux dans un ciel sans nuages. Une douce lumière tombait sur les vieux murs du couvent de Bezons et pénétrait les cours intérieures, les jardins et le cœur même de cette heureuse retraite, habilement placée par son fondateur à l'abri du vent du nord, derrière une colline boisée.

Bien qu'il fût déjà cinq heures, et qu'à ce moment, dans l'été, le jour ait commencé depuis longtemps pour les gens qui travaillent, la vie semblait encore endormie dans le couvent, et l'on voyait à peine un ou deux frères servants passer des bâtiments aux vergers pour y cueillir la provision du premier repas.

Cette communauté était bien calme et bien prospère. Limitée à douze religieux par la volonté intelligente de son directeur, mais à douze religieux assez riches, elle n'avait ni les éléments de désordre, ni les causes de ruine qui réduisaient alors à la mendicité une partie des ordres religieux de France. L'abondance et la paix régnaient chez les génovéfains de Bezons. Il est impossible, même à des moines, de ne pas vivre heureux sous un régime pareil.

Nos génovéfains n'étaient pas des lettrés comme les bénédictins ou les chartreux, ils n'étaient point des pèlerins vagabonds comme les cordeliers ou les capucins. Il s'agissait donc de les empêcher d'engraisser comme des bernardins ou de prendre l'exercice violent des jacobins et des carmes. Une discipline sage, humaine présidait à chaque article du règlement, et les douze moines de l'abbaye de Bezons n'avaient pas eu depuis deux ans une querelle entre eux ou une punition du supérieur, lequel gouvernait despotiquement et sans appel, pour le plus grand bien de la communauté.

Il n'avait pas transpiré au dehors que ces religieux s'occupassent de politique, chose bien rare en un temps où dans chaque couvent il y avait une arquebuse et une cuirasse suspendues à côté de chaque robe de moine. Cependant le nombre de leurs visiteurs était grand. Ils s'étaient fait d'illustres amitiés : plus d'une fois de grandes dames avec leur cortége d'écuyers et de pages, des princes, même, étaient venus chercher à Bezons les douceurs d'une hospitalité champêtre.

On vantait le laitage des génovéfains, dont les troupeaux et le ânesses paissaient grassement les berges du fleuve et les clairières du bois. On vantait les belles chambres du couvent, où toute la commodité du luxe mondain se rencontrait unie à la simplicité religieuse. La vue de ces chambres était superbe, l'air exquis, le service affable et la chère aussi abondante que recherchée.

Or, il y avait de la part du public une certaine curiosité provoquée par cette belle administration. Chacun savait que le prieur était muet, qu'il était incapable de se mouvoir, et l'on admirait d'autant plus le talent et la prudence de l'homme qui, privé des deux plus importantes facultés du surveillant et du chef, se multipliait néanmoins à ce point, qu'aucun détail n'échappait à sa perspicacité, sans compter que jamais un ordre n'était en retard.

Nous verrons plus loin s'expliquer ces merveilles, et nous rabattrons ce qu'il faudra de l'enthousiasme général. Qu'il suffise au lecteur, pour le moment, de pénétrer avec nous dans ce couvent modèle, et d'y respirer en entrant l'air pacifique, le silence et la fraîcheur que d'un côté la colline, de l'autre la rivière envoyaient aux arbres et aux hommes.

On arrivait au corps de logis principal par une grande cour plantée d'ormes. A droite et à gauche de la principale entrée s'élevait un pavillon de forme quadrangulaire, habités, l'un par le frère portier, l'autre par le servant des écuries. Les communs, composés de vastes greniers, d'écuries et d'étables, de pigeonniers et de crèches, disparaissaient à gauche sous les marronniers et les chênes séculaires.

Quant au bâtiment réservé à la communauté, il était vaste, peu élevé, sobrement percé de fenêtres ouvertes sur toutes les faces, de sorte que, pour les esprits rêveurs ou amis de la solitude, il y avait des vues charmantes sur la colline verdoyante et déserte qui montait doucement jusque par-dessus le couvent ; et, pour les mondains, une vue de la route, du village de Bezons, de la plaine riante, de la rivière, ce grand chemin toujours amusant à voir.

Au rez-de-chaussée, une immense salle en bois de

chêne, avec une cheminée gigantesque. Le feu ne s'y éteignait jamais. C'était le parloir et le salon, même pour les indifférents. On en eût fait la cuisine, comme dans beaucoup de communautés religieuses ; mais, par une disposition des plus prudentes, les génovéfains avaient caché leur cuisine à l'angle du bâtiment, par derrière, prétendant, non sans raison, que la coutume n'est pas hospitalière d'étaler aux yeux et au nez de ceux qu'on n'invite pas les séductions odoriférantes du dîner. Il fallait aussi que dans les jours de carême ou de maigre, le parfum d'un poulet ou d'une perdrix à la broche ne dénonçât point qu'il y avait des malades dans la maison, ce qui eût fait tort à la réputation de salubrité dont elle jouissait dans tous les environs.

Cette grande salle, parquetée et lambrissée de chêne, renfermait deux ou trois beaux tableaux donnés au révérend prieur par diverses personnes de qualité. De bons siéges la garnissaient, une lampe immense descendait du plafond, et, par de grandes fenêtres à petites vitres enchâssées dans le plomb, filtrait un jour moelleux, intercepté au passage par d'amples tapisseries de Bruges.

Un escalier conduisait de là aux appartements du prieur. Un autre plus vaste menait aux chambres des religieux, séparées absolument de tout le reste. Et enfin le réfectoire s'étendait à droite, bien clos et calfeutré pour l'hiver, bien frais et aéré pour l'été, grâce aux dispositions de l'architecture. On trouvait là au complet cette minutieuse prévoyance du directeur qui semblait avoir partout écrit : netteté, clarté, abondance.

Il était, disons-nous, cinq heures du matin, et les premiers rayons du soleil se reflétaient dans le couvent. Ils éclairèrent au premier étage une belle chambre tendue de cuir espagnol gaufré et doré à la manière de Cordoue, avec des images des saints martyrs et de héros représentés en creux et en relief, les uns avec leurs auréoles d'or, les autres avec leurs glaives également d'or, qui se détachaient sur le fond de couleur mauve.

Un grand lit à baldaquin de velours usé, mais dont les tons écrasés de rouge incarnat et de rose pâle avec des reflets violacés eussent fait la joie d'un peintre, s'adossait au milieu de la boiserie, abrité sous deux immenses rideaux de ce même velours, ornement de richesse royale à cette époque, et dont, malgré son état de délabrement, la présence en une maison aussi modeste ne pouvait s'expliquer que par un présent ou un souvenir.

Et de fait, c'étaient l'un et l'autre. Ce lit avait été donné au révérend prieur par une de ses bonnes amies, Catherine-Marie de Lorraine, duchesse de Montpensier, sœur des duc et cardinal de Guise, tués à Blois par ordre de Henri III.

La duchesse qui, en différentes circonstances, avait eu recours à l'obligeance et à la sagesse du prieur, lui avait, sur sa demande, envoyé, lors de l'installation des génovéfains à Bezons, c'est-à-dire deux ans avant le commencement de cette histoire, le lit dans lequel son frère le cardinal avait passé sa dernière nuit avant l'assassinat; et ce lit mémorable garnissait l'une des chambres d'honneur du prieuré de Bezons.

C'est là que reposait, pâle et l'œil éteint, un jeune homme dont le regard cherchait avec une triste avidité le soleil et la vie. Espérance, après quelques heures de sommeil, venait de se réveiller et de se souvenir.

Son cœur battait faiblement, sa tête était vide et douloureuse. Une âcre souffrance, pareille à la brûlure d'un fer rouge, dévorait sa poitrine et sollicitait chaque fibre de son corps. Il eut soif et fit une tentative pour chercher quelqu'un autour de lui et demander à boire.

Mais il ne vit d'abord personne dans la chambre, ce ne fut qu'après une minute d'efforts qu'il découvrit, sous un immense fauteuil, deux jambes poudreuses allongées qu'on eût prises pour celles d'un cadavre, sans certain ronflement pénible qui accusait la fatigue et le rêve pesant d'un dormeur.

Ces jambes appartenaient au pauvre Pontis, qui ayant voulu veiller lui-même le blessé, s'était, après deux heures de lutte contre le sommeil, laissé vaincre par une lassitude au-dessus des forces humaines, et peu à peu, glissant du fauteuil au bord, du bord dessous, avait fini par s'étendre et disparaître complétement enseveli.

Espérance respecta le plus qu'il put ce repos de son gardien, mais la soif desséchait son gosier, la douleur rongeait ses muscles; il poussa un gémissement.

Pontis, que le canon n'eût point réveillé, n'avait garde d'entendre cette plainte vaporeuse comme la voix d'un sylphe. Espérance voulut crier, mais aussitôt un déchirement de sa poitrine l'avertit qu'il fallait supporter la soif et se taire.

Tandis qu'il reposait sa tête avec découragement, la porte s'ouvrit sans bruit, une grande ombre passa entre le soleil et le lit, glissa plutôt qu'elle n'avança dans la chambre, et s'approcha du lit d'Espérance en lui faisant signe de garder le silence. En même temps, ce bienfaisant fantôme allongea le bras, et Espérance sentit tomber sur ses lèvres sèches, entre ses dents contractées, le jus frais et parfumé d'une orange délicieuse que les doigts du fantôme pressaient au-dessus de sa bouche. Une sensation de bien-être inexprimable se répandit dans tout son être; il but avec volupté, sans avoir eu besoin de faire un mouvement, et revenu à la vie, essaya de voir son bienfaiteur et de le remercier; mais déjà l'ombre avait tourné le dos et regagnait la porte après un regard donné aux jambes de Pontis. Espérance ne vit sous un capuchon qu'un bout de barbe grise, et sous la robe du moine qu'une taille qui lui parut gigantesque, et lui fit croire qu'il rêvait. Le fantôme, arrivé à la porte, se retourna pour regarder le blessé, lui faire une nouvelle recommandation de silence et d'immobilité ; et cependant Espérance ne vit encore que deux doigts perdus dans une grande manche, comme il n'avait vu qu'un bas de barbe englouti sous un capuchon.

Tout à coup Pontis, qui faisait sans doute un mauvais rêve, bondit sous son fauteuil, auquel, en se relevant, il se heurta la tête. C'était un spectacle risible et dont Espérance eût bien ri s'il n'eût été si douloureux de rire. Le brave garde, se dépêtrant du milieu des franges du meuble, sortit comme un hérisson du terrier, avec les signes les plus marqués de colère contre le fauteuil et contre lui-même.

Il courut à son malade, dont il vit l'œil ouvert et presque bon.

— Ah! pécore que je suis, dit-il, j'ai dormi! Comment vous trouvez-vous ? Parlez bas, tout bas !

— Mieux, dit Espérance.

— Est-ce bien vrai ?

— Pontis, murmura Espérance, approchez-vous de moi, bien près, j'ai beaucoup de choses à vous dire.

— Beaucoup, c'est trop, puisqu'on vous a défendu de parler.

— Je serai bref, ajouta le blessé d'une voix aérienne comme un souffle. Répondez-moi seulement en brave soldat, en gentilhomme.

— Mais...

— Jurez d'être vrai.

— Enfin, de quoi s'agit-il ?

— Hier, on a examiné ma blessure.

— Oui.

— Mourrai-je, ou ne mourrai-je pas ?... Ah ! vous hésitez. Soyez vrai !

— Eh bien ! le frère qui vous a pansé a dit : S'il ne survient aucun accident, il échappera.

Espérance attachait des regards pénétrants sur Pontis. Il comprit que ce dernier n'avait pas menti.

— Il y a beaucoup d'espoir, s'écria le garde, et quatre-vingt-dix-neuf chances contre une.

— C'est trop. Dans tous les cas, il y a une chance de mort, et pour moi cela suffit. Quand on m'a porté ici, qui vous accompagnait ?

— M. de Crillon, qui nous a rencontrés, et qui se désespérait, et qui a failli me tuer.

— Où est-il ? que fait-il ?

— Il dort, comme moi tout à l'heure.

— Vous n'avez pas manqué à la recommandation que je vous fis là-bas quand vous m'avez relevé et emporté ?

— De ne rien dire de votre accident ?

— Oui ?

— Je n'en ai rien dit ; mais M. de Crillon savait votre départ pour Entragues, votre rencontre probable avec ce la Ramée ; il m'a beaucoup questionné. Je ne pouvais donc, sans danger pour le secret même, lui faire croire que vous vous étiez blessé par hasard.

— Que lui avez-vous dit, alors ?

— Que vous reveniez d'Ormesson, que la Ramée vous avait attendu au coin d'un mur, et donné un coup de couteau.

— Bien, est-ce tout ?

— Absolument tout, d'autant mieux que je sais très-peu de chose du reste.

— Que savez-vous ?

— J'étais au bas du pavillon, vous entendant vous quereller avec des femmes. Tout à coup un homme a sauté par la fenêtre, presque sur mes épaules, j'ai cru d'abord que c'était vous et j'allais vous embrasser et vous emmener, lorsqu'en regardant le sauteur que j'avais saisi, je reconnais ce coquin de la Ramée. Je l'accroche de mes dix doigts, il déchire son habit et s'échappe, je le poursuis, il disparaît dans les arbres et je le perds après une course furieuse où je me suis fait vingt égratignures aux jambes, et vingt bosses au front. Tout à coup en cherchant au clair de la lune, je vois du sang sur mon pourpoint, à l'endroit où j'avais étreint la Ramée ; une idée me vint qu'il était blessé par vous, ou vous peut-être par lui. J'abandonne la poursuite, je retourne au pavillon ; plus de bruit, c'était effrayant, on eût dit le silence de la mort. Bientôt une voix s'élève lugubre et qui me fit frissonner, c'était la vôtre ; elle n'avait rien d'un vivant. Je bondis d'en bas à une branche, de la branche au balcon ; je vous vois étendu, sanglant, je vous saisis, je vous emporte à cheval ; je vous tenais sur les bras comme un enfant, dans le dessein de gagner la première habitation venue pour vous y faire panser. Au coin du petit bois, j'entends courir, c'était la Ramée. A ma vue il pousse un cri ; je réponds par un autre. Un canon d'arquebuse s'abaisse, la balle me siffle à droite par derrière ; je pique, l'autre court toujours, et enfin j'arrive au bord de l'eau comme un fou. C'est là que j'ai trouvé M. de Crillon, qui m'a aidé à vous amener ici.

Espérance écoutait, et repassait douloureusement chaque détail sinistre de toutes ses souffrances.

— Mais, dit-il, vous avez vu quelqu'un avec moi dans le pavillon.

— Oui, une femme pâle, effrayante, collée au mur comme une statue de la Terreur.

— Silence... Que je vive ou que je meure, ne dites jamais que vous avez vu là cette femme... Écoutez, Pontis, vous avez de l'amitié pour moi ?

— Oh !... pour mon sauveur !

— Eh bien ! jurez-moi que jamais un mot sur cette femme ne sortira de vos lèvres. Cette femme n'est pas coupable ; je ne veux pas qu'on l'accuse.

— Vous m'avez déjà prié de me taire. Je me suis tu avec M. de Crillon, malgré toutes ses instances; mais je vous dirai à vous que cette femme était une scélérate de vous voir blessé, mourant, et de ne pas appeler, et de ne pas vous secourir. Je dirai qu'il faut qu'on la punisse...

— Assez !... vous ignorez tout cela ; oubliez-le, Pontis. J'ai même à vous demander encore une grâce.

— A vos ordres, cher monsieur Espérance.

— Malgré vos quatre-vingt-dix-neuf chances, il est probable que je mourrai.

— Oh !...

— Laissez-moi finir. Fouillez dans ma bourse, ou plutôt prenez ma bourse elle-même. Elle renferme un billet que vous allez me garder précieusement; je le confie à l'honneur d'un gentilhomme, à la reconnaissance d'un ami.

— Plus bas ! plus bas ! dit Pontis ému en serrant affectueusement les mains froides du blessé.

— Prenez donc ce billet, et si je meurs, brûlez-le immédiatement après que j'aurai rendu le dernier soupir; si je vis, rendez-le-moi; vous comprenez ?

— Monsieur, je vous jure d'obéir à vos volontés ; mais vous vivrez, dit Pontis d'une voix brisée par la douleur.

— Raison de plus, prenez vite ma bourse, pour que

ni M. de Crillon ni personne ne la voie ici et n'y découvre ce que je veux cacher.

— Brûlons le billet tout de suite, alors.

— Non pas! Je puis vivre, et en ce cas, j'en aurai besoin.

— Je comprends.

— Ni pour or, ni pour sang, ni demain, ni dans vingt années, ni vivant, ni mourant, vous ne donnerez cette lettre à d'autre qu'à moi!

— Je le jure! dit Pontis en saisissant la bourse, et je mourrai pour ce dépôt sacré comme je jure de mourir pour vous, si l'occasion m'en est offerte.

— Vous êtes un brave homme, merci. Cachez vite la bourse, quelqu'un vient.

XIX

VISITES

A peine Pontis avait-il caché la bourse sous son pourpoint que, dans la chambre d'Espérance, entra M. de Crillon, suivi du frère chirurgien de la communauté, qui, dès leur arrivée, avait déjà examiné la blessure.

Crillon était inquiet, ému. Mais, en homme habitué à souffrir, à voir souffrir, il faisait bonne contenance, affectait un air de profonde satisfaction, et trouvait tout superbe, le temps, le visage du blessé, la chambre et les tentures. Le digne chevalier débuta par une phrase qui trahissait toute l'agitation de son esprit, car elle eût été stupide de la part d'un indifférent.

— Voilà, dit-il, un jeune homme bien heureux d'avoir reçu cette égratignure. Elle lui procure le plus beau gîte, dans la meilleure hôtellerie de France. Peste! un lit chez les génovéfains de Bezons, quel aubaine ! et un lit de cardinal, dit-on !

Et comme Pontis riait du bout des dents :

— Si j'en eusse trouvé un semblable chaque fois que mon corps a été endommagé, continua Crillon, je me réjouirais de mes cinquante blessures.

Il cherchait et rencontra un faible sourire sur les traits pâlis d'Espérance.

Cependant le frère avait préparé sa trousse et se disposait à examiner la plaie. Crillon, pour occuper l'esprit du malade, voulut faire causer Pontis ou le chirurgien. Ce dernier répondit tant qu'il en fut aux opérations préliminaires ; mais au moment de lever l'appareil il se tut, et Crillon retomba dans le vide après tant de frais perdus.

Tandis que le frère examinait avec attention la blessure, où déjà la nature réparatrice avait commencé son merveilleux travail, quelques religieux, attirés par la curiosité, poussèrent doucement la porte, et regardèrent de loin cet émouvant spectacle.

Le chirurgien, sans dire un mot, acheva sa tâche, remit tout en ordre autour de lui, et il fût sorti de la chambre, si Crillon, impatient, ne l'eût arrêté en lui disant avec un visage riant :

— Eh bien ! c'est un homme sauvé, n'est-ce pas ?

— S'il plaît à Dieu, répondit le frère en s'esquivant avec un salut profond sur cette réplique évasive.

— Vous entendez, s'écria le chevalier qui s'approcha d'Espérance ; il le dit : vous êtes sauvé, mon jeune compagnon.

— S'il plaît à Dieu, murmura Espérance, à la sagacité duquel n'avait pas échappé l'ambiguïté de cette réponse.

— J'en étais sûr, continua Crillon. Je me connais en

blessures, et j'en ai vu, je devrais dire j'en ai eu, de plus cruelles. Aujourd'hui, mon vieux cuir n'y résisterait pas, mais quand on a votre âge, on est vraiment immortel.

Cette superbe exagération ne rassura point Espérance ; cependant le sentiment qui la dictait était tellement affectueux, qu'il méritait sa récompense. Espérance étendit la main pour saisir celle de Crillon.

— Voyons, dit le chevalier en s'asseyant près du lit, à présent que je suis tranquille sur votre état, tout à fait tranquille, et il appuya sur ces mots, je vous annonce que le roi m'attend à Saint-Germain dans la matinée, sans doute pour quelque affaire. Je vous laisserai Pontis avec un congé de... de ce qu'il vous faudra pour être tout à fait rétabli. Pontis apprendra le métier de garde-malade. Je le crois un brave garçon : ce n'est pas que je lui pardonne d'être arrivé trop tard ; je ne le lui pardonnerai jamais.

— Mon colonel, j'ai tant couru! s'écria Pontis.

— Jamais, belître que vous êtes : Coriolan est un cheval que vous eussiez dû conduire à Ormesson de façon à devancer M. Espérance d'un bon quart d'heure, bien que vous fussiez parti une demi-heure après lui. Coriolan !... on voit bien que ces Dauphinois n'ont pas de chevaux ! Qui vous a appris à monter à cheval ? Quelque maraud. Quand on a dans les jambes une bête comme Coriolan, on arrive où et quand on veut ! Mais, enfin, laissons cela, le mal est fait. Je disais donc que vous demeurerez ici, près de M. Espérance à qui je vous donne, entendez-vous bien ? Je ne vous dis pas à *qui je vous prête*. Non ! je vous donne à lui. M. Espérance est un très-grand seigneur que vous me ferez le plaisir de traiter avec respect et considération.

— Monsieur, balbutia Pontis avec des larmes dans les yeux, vous me punissez quand je suis innocent, vous me blessez!...

— Comment cela, cadet ?

— Vous voyez bien que j'aime tendrement M. Espérance, par conséquent il est inutile de me recommander du respect, c'est un sentiment moins fort que mon amitié.

— C'est assez bien répondu, dit Crillon en se tournant vers Espérance. Le drôle a du bon, je le crois. Seulement, pas d'écart! Que cette amitié-là soit disciplinée. Vous avez de l'amitié aussi pour moi, maître Pontis, je suppose?

— Certes, oui, mon colonel.

— Eh bien! cela ne vous empêcherait pas de m'obéir aveuglément?

— Au contraire.

— Voilà que nous nous entendons. Vous ferez pour le service de M. Espérance tout ce que vous feriez pour mon service ou celui du roi, c'est tout un.

Pontis s'inclina respectueusement.

— La consigne ? dit-il avec un sérieux comique qui dérida le front d'Espérance et fit sourire Crillon lui-même.

— Assiduité dans cette chambre. Conduite irréprochable en ce couvent. Obéissance aux ordres du prieur, qui est, dit-on, un grand esprit et un bon cœur.

Pontis s'inclina encore.

— Est-ce tout, monsieur?

— Ah!... une seule bouteille de vin par jour.

Le garde rougit.

— Enfin, continua Crillon en se rapprochant de Pontis, pas un mot du roi, ni des affaires de la guerre ou de la religion. Nous sommes en pays neutre, et ce n'est point séant que le blessé pansé par l'ennemi tourmente son hôte.

— Sommes-nous chez l'ennemi? demanda faiblement Espérance.

— On ne sait jamais où l'on est quand on est chez des moines, dit Crillon. Seulement il ne faut pas oublier de regarder la façade de la maison. On y voit une croix, n'est-il pas vrai ?

— Oui, monsieur, dit Pontis.

— Eh bien, cela signifie que nous sommes dans la maison de Dieu. Au dedans, paix et bonne volonté, voilà la consigne. Dehors, comme dehors.

Crillon prit dans ses mains la fine main d'Espérance, la serra tendrement, et d'une voix ferme :

— Maintenant, je songerai à vous venger, dit-il, car le crime en vaut la peine.

— Me venger...

— Harnibieu ! comme vous faites l'étonné ! Est-ce donc que mon idée tombe des nues! Vous êtes donc une fille? Quoi ! un bandit vous attend au coin du mur, et vous envoie un coup de couteau, *la coltellata*, comme on dit à Venise... il vous tue, car enfin vous seriez mort si on ne vous eût pas emporté, et vous ne voudriez pas que j'appelasse cela un crime ?

— Monsieur, je crois que l'affaire me regarde, et qu'une fois en santé...

— Vous me rendrez-fou ! Mais je ne veux pas parler si haut. L'affaire vous regarde ! Qu'est-ce que cela signifie ?

— Que je rendrai un coup d'épée pour un coup de couteau.

— Harnibieu ! si je savais cela, je serais capable de vous laisser crever tout seul dans votre coin comme un cheval teigneux ! Qu'est-ce que ces mœurs-là, mon mattre ? L'épée contre un poignard ? mais on ne porte plus de poignard aujourd'hui. Vous vous battriez avec un assassin, vous ! Je vous le défends ! mais sur votre tête !

— Monsieur, il faut examiner les circonstances. Ce la Ramée a peut-être été provoqué.

— Provoqué, par un passant inoffensif ; provoqué par un jeune homme qui s'en va bayer aux balcons, ou qui en revient ? Provoqué ! mais alors on ne se cache pas à l'ombre d'un mur, on ne coupe pas le jarret de son provocateur.

— Je répète que peut-être tels ne sont pas les détails de cette rencontre.

Crillon se tourna vivement vers Pontis :

— Celui-ci m'a donc menti, alors ?

— Je ne dis pas cela, ajouta Espérance.

— Si, si, les détails sont exacts, s'écria Pontis avec acharnement, c'est un assassinat ! avec toute sorte de circonstances épouvantables, et qui font dresser les cheveux sur une tête de chrétien.

Espérance, vaincu, garda le silence.

— Tu conclus comme moi, cadet. Bien. Je m'en vais donc à Saint-Germain. Je raconterai la chose au roi. Le roi aime les histoires. Celle-là l'intéressera. Il a failli en voir une page. Et lorsqu'il saura tout ce qui orne cette histoire... Je me charge de la conter en détail.

— Monsieur, monsieur, dit Espérance d'une voix suppliante, accordez-moi au moins une faveur.

— Je sais ce que vous allez dire. Vous allez demander grâce pour ces coquines de...

— Monsieur, pas de noms si haut !

— Des scélérates qui sont la cause première de tout le mal, qui peut-être ne sont pas étrangères au crime !

— Monsieur !...

— Au crime! très-bien! faisait Pontis en se frottant les mains.

— Au guet-apens! car je soutiens qu'il y en a eu un, continua Crillon s'exaspérant de plus en plus.

— Oui, au guet-apens! dit Pontis radieux.

— Et vous demandez qu'on ménage de pareilles créatures, après ce que je vous ai déjà conté sur elles!

— Par pitié! dit Espérance, vous ne voulez pas pousser ma vengeance plus loin que je ne la veux pousser moi-même.

— Bah! pourquoi non? Tous les jours un cœur faible pardonne, mais la justice ne pardonne pas.

— La justice! parfait, dit Pontis.

— Tous les jours, un chrétien excellent comme vous absout son meurtrier, mais le bourreau n'absout pas!

— Le bourreau! bon! s'écria Pontis en sautant de joie.

Espérance joignit les mains, ses yeux se cernèrent. L'effort violent qu'il faisait pour supplier, l'accabla de fatigue, et il pencha la tête comme s'il allait s'évanouir.

Crillon, effrayé, l'entoura de ses bras, le ranima, le caressa comme un enfant.

— Eh bien, dit-il, ne parlons plus des femmes; vous les défendez, vous leur pardonnez, soit. On ne fera pas mention d'elles.

— A personne, murmura Espérance.

— Pas même au roi. Êtes-vous content?

— Merci, dit faiblement le blessé avec un regard de tendre reconnaissance.

— J'espère que vous faites de moi ce que vous voulez, continua Crillon. Donc, les femmes sont hors de cause, on les retrouvera tôt ou tard. Quant à l'homme, c'est différent, je ne vous le céderai point; de retour à Saint-Germain, je l'envoie chercher.

Espérance voulut faire un signe.

— Ah! ne discutons plus, dit Crillon, plus **un mot**, je vous comprends. Puisque vous désirez que cette affaire s'éteigne, vous craindriez le bruit d'un procès criminel dirigé contre l'assassin, vous craindriez des révélations, des confrontations, enfin tout le grimoire. N'est-ce pas votre pensée?

Espérance, épuisé, répondit oui, par un mouvement des paupières.

— Nous n'aurons ni juges ni greffiers, ajouta Crillon; nous ne ferons ni plainte ni enquête; j'arrangerai cela en famille, sans façon, avec M. la Ramée. Allons, Pontis, faites seller mon cheval. A propos de cheval, qu'est devenue la bonne jument d'Espérance?

— Ma pauvre Diane! murmura le blessé.

— Probablement, monsieur, dit Pontis, elle sera restée attachée à l'arbre où je la vis hier soir.

— Bah! là où l'on assassine on peut bien voler un peu. Mais la jument se payera en même temps que le coup de couteau. Adieu, Espérance; bon courage, ne pensez à rien qu'à moi. Mon cheval, Pontis!

Le garde s'élança dehors; mais il se heurta sur le seuil à un moine qui entrait, une lettre à la main.

— Pour M. de Crillon, dit le moine.

— Qu'y a-t-il? et comment sait-on que je suis ici? demanda le chevalier surpris.

— Un étranger a remis ce billet au frère portier, pour le chevalier de Crillon, répliqua le moine.

Crillon prit le papier et le serra vivement dans sa main dès qu'il eut reconnu l'écriture.

— Le roi ici! se dit-il avec inquiétude; qu'est-il arrivé?

Et il lut avidement. Son front s'éclaircit aussitôt.

— Fort bien, dit-il à Pontis d'un air calme, je ne partirai pas sur-le-champ.

Puis, au moine :

— Voulez-vous demander au révérend prieur la faveur de laisser entrer au couvent, près de ma personne, un cavalier de mes amis, qui par hasard a su mon séjour dans cette maison, et voudrait me dire quelques mots d'importance ?

— Monsieur, répliqua le frère, il m'est impossible de pénétrer auprès du révérend prieur, mais je m'adresserai, si vous le trouvez bon, au frère parleur.

— Le frère parleur ! dit Crillon surpris, car ce titre singulier ne manquait jamais son effet.

— C'est lui, dit le moine, qui communique seul avec notre prieur, et qui peut lui transmettre votre demande.

— Va pour le frère parleur, mon cher frère, dit Crillon avec un salut plein d'onction.

Et se retournant vers Pontis :

— Qu'est-ce que c'est qu'un frère parleur ? dit-il, le savez-vous ?

— Non, monsieur, répliqua le garde.

Tous deux regardèrent Espérance.

— Ni moi, murmura celui-ci.

Le moine revint presque aussitôt.

— Voilà qui est expéditif ! s'écria le chevalier.

— La cellule du frère parleur est à deux pas de cette chambre, monsieur, répliqua le moine, et le digne frère a répondu qu'il allait immédiatement demander l'autorisation au prieur. Et, tenez, il descend ; le voilà qui regarde par la fenêtre qui donne sur la grande cour. Sans doute il voit l'étranger qui vous attend à la porte, et il ne le fera pas attendre longtemps.

— Il faut que je voie un peu comment est fait un frère parleur, pensa Crillon, qui se pencha au dehors pour suivre des yeux le personnage qu'on venait de lui signaler. Qu'il est long ! qu'il est maigre ! Harnibieu, qu'il est long !

— Le digne frère est quelquefois très-grand, en effet, répondit le moine.

— Comment, quelquefois? dit Crillon, est-ce qu'il est quelquefois petit.

— Quand il se courbe, oui, monsieur.

Crillon regarda le moine avec des yeux défiants et pensa qu'on voulait se moquer de lui.

— C'est un peu ce qui arrive à tout le monde, dit-il ; moi aussi, quand je me courbe, je suis moins grand que quand je me tiens droit. Vous ne m'apprenez rien de nouveau, mon frère.

Le moine répondit avec une parfaite douceur :

— Personne ne ressemble au frère parleur, monsieur ; il a souvent des douleurs de goutte qui le plient en deux morceaux, et alors il est petit comme un enfant. En ses jours de santé il se redresse, et alors il touche à beaucoup de nos plafonds.

— Il se porte bien aujourd'hui, dit Crillon, j'en suis charmé.

On entendit alors un coup de clochette dans le corridor voisin.

— Voilà notre frère qui entre chez notre père, dit le moine, on m'appelle en bas pour que je rapporte la réponse. Permettez que je m'y rende, ajouta-t-il avec un soupir en manière d'oraison funèbre.

— C'est toujours drôle un moine, dit Crillon à Pontis, que tout cela venait d'ébahir. Mais ceux-ci sont plus que drôles. Frère parleur !... Qu'il est long ! Je n'ai jamais connu qu'un homme aussi allongé... mais celui-là, aujourd'hui, serait un fantôme. Pauvre Chicot !

— Il faut, dit Espérance d'une voix faible, que ce soit

ce brave génovéfain qui, tout à l'heure, quand tout le monde dormait, et que je pleurais de soif, est entré et m'a fait boire. Ce charitable frère m'est apparu comme un géant, et j'attribuais à la fièvre cette dilatation de ma prunelle, qui me faisait paraître son bras plus long que deux bras ordinaires.

Le moine rentra.

— La permission est accordée, dit-il à Crillon, et le cavalier que vous attendez peut entrer. Vous plaît-il qu'on l'amène ici, mon cher frère ?

— Non pas, non; dans ma chambre, si vous le voulez bien. D'ailleurs, j'y vais moi-même, ajouta Crillon, qui craignait de trahir par trop d'empressement et de respect la qualité du visiteur qui lui arrivait, et dont le billet contenait à ce sujet les plus strictes recommandations d'incognito.

Le frère sortit pour chercher et conduire l'étranger dans la chambre où Crillon avait passé la nuit, et le chevalier tirant Pontis à part entre la porte et le corridor de façon à n'être pas entendu d'Espérance :

— Il y a, lui dit-il, dans les poches de M. Espérance, un billet.

Pontis tressaillit.

— Tu le prendras et me l'apporteras, dit Crillon, mais sans qu'il s'en doute.

Pontis, étourdi, cherchait une réponse.

— En fouillant dans son pourpoint, garde qu'il ne s'aperçoive de rien. On dirait qu'il nous observe: rentre vite, et fais ce que je t'ai commandé aussitôt que tu en trouveras l'occasion.

Après avoir dit ces mots au cadet, il envoya un sourire d'adieu à son blessé, rejoignit le moine dans le corridor, non sans avoir adressé à la cellule du frère parleur un regard tellement curieux qu'il eût assurément percé la porte si elle n'eût été faite d'un bon chêne croisé de solides pentures.

Cette porte, du reste, n'était pas hermétiquement fermée, à ce qu'il paraît, car à mesure que Crillon descendait, elle s'ouvrit, poussée par l'air, sans doute, et ne se referma complétement qu'au moment où l'étranger, conduit à la chambre de Crillon, y fut introduit et s'y enferma plus vite qu'on n'eût pu s'y attendre.

Nous pourrions ajouter que par l'entre-bâillement de cette porte, Crillon, s'il se fût retourné, aurait pu voir briller deux yeux capables d'éclairer l'escalier tout entier, bien qu'un capuchon gigantesque les ensevelît sous son ombre.

XX

QUI VEUT LA FIN VEUT LES MOYENS

Crillon, dès qu'il fut seul avec le roi, lui demanda avec empressement la cause de cette visite inattendue.

Henri jeta sur un meuble le chapeau dont il s'était couvert le visage à son entrée au couvent; il respira largement l'air pur de la vallée et répondit avec une tristesse qui frappa tout d'abord le chevalier :

— Il y a plusieurs causes, mon cher Crillon. La première, c'est mon inquiétude à votre sujet. Qu'est-ce que cette histoire de blessé, de garde et de grand chemin? Tout cela est donc vrai, bien que raconté par un meunier?

— Malheureusement vrai, sire.

— Et comme je vous vois hésiter, comme on vous a

dit fort en peine, est-ce que le blessé serait M. le comte d'Auvergne?

— Pas du tout, sire, malheureusement encore.

— Oh! oh! voilà qui est dur pour le fils de Charles IX.

— Je ne l'aime pas, sire, et je le voudrais dans le lit où en ce moment repose, fort mal équipé, mon pauvre blessé.

— Vous soupirez ; ce jeune homme est-il des vôtres?

— Oui, sire. On me l'a recommandé ; je l'aime fort, répliqua Crillon en mâchant ses paroles comme un homme oppressé par le chagrin.

— Blessé... dans un combat? par un adversaire, par le garde qui l'accompagnait, peut-être ?

— Non, sire ; par un assassin.

— Si peu roi que je sois, mon brave Crillon, je le ferai écarteler.

— Je retiens votre parole, sire.

— Et le blessé vivra, n'est-ce pas?

— Je l'espère.

— Voilà qui est bien, dit le roi pensant déjà à autre chose.

— Sire! quelle que soit votre bonne volonté, se hâta de dire Crillon, vous n'êtes point venu ici seulement pour m'entretenir de mes affaires, et je soupçonne quelque chose d'urgent dans les vôtres.

— En effet, quelque chose de fort urgent. Quels sont les moines qui tiennent cette abbaye ?

— Des génovéfains, sire.

— Je le sais bien. Mais il y a moine et moine. Ceux-ci dirigent absolument la conscience de ma maîtresse, et la poussent à des rigueurs qui me contrarient.

— Je ne connaissais point nos hôtes, mais ce que vous me dites, sire, m'enchante. Nous sommes donc chez de braves gens?

— Allons ! allons ! maître sage, moins de vertu et plus d'humanité. Ces moines m'ont paru avoir d'étranges façons : l'un est gras, l'autre est maigre ; l'un ne parle jamais, l'autre parle toujours ; je flaire en tout cela quelque sournoiserie.

— Celui qui est maigre, s'écria le chevalier, me fait aussi un singulier effet. Le parleur, n'est-ce pas ?

— Je veux absolument, puisqu'il parle à tout le monde, qu'il me parle à moi, dit Henri. D'ailleurs, on a piqué ma curiosité. Gabrielle prétend que le prieur sait d'avance tout ce que je fais, et comme, en ce moment, je me trouve moi-même ne pas savoir ce que j'ai affaire pour une chose des plus importantes, nous verrons, ventre saint-gris ! si le frocard est aussi bon devin qu'il en a la réputation. Qu'il me tire de l'embarras où je suis, et je le proclame lumière. C'est comme cela que, modestement, il se laisse appeler l'illustre dom Modeste.

En voyant le front assombri du roi, Crillon hocha la tête.

— Les jours ne se ressemblent pas, dit-il. Hier nous étions à la joie, on triomphait ; aujourd'hui, brouillard et deuil ! Cependant, sire, nous avions tout gagné hier au soir.

— Nous pourrions bien avoir tout perdu ce matin, répondit le roi. Mais d'abord, avant de causer affaires, où est-on ici ?

— Dans une belle chambre, comme vous voyez.

— Je n'aime pas les chambres de couvent, celles qu'on destine aux visiteurs surtout ; elles ont toujours quelque cachette bourrée d'espions, ou quelque soupirail qui conduit la voix en des endroits où elle ne devrait point aller. Parlons bas.

Crillon se rapprocha.

— Sache, mon ami, dit Henri IV, que peut-être, à

l'heure qu'il est, tout ce que j'ai conclu hier avec Brissac est défait.

Crillon tressaillit.

— Quoi, dit-il, notre paix conclue, nos Espagnols battus sans combat, le royaume de France, ce beau gâteau que nous devions dévorer d'une bouchée... Allons, allons, sire, n'y a-t-il pas dans cette funèbre vision quelque nuage noir, de ceux qui vous montent au cerveau à chaque rigueur de vos maîtresses.

— Plût au ciel. Je gémis fréquemment, tu le sais, Crillon, mais jamais pour les choses de peu de valeur. Or, écoute bien, je gémis en ce moment, et beaucoup.

Crillon devint attentif.

— J'attendais, ce matin, ma correspondance au pont de Chatou. J'avais choisi ce rendez-vous comme voisin de la maison d'Estrées, où, par parenthèse, j'espérais passer une belle nuit.

Le roi soupira.

— Où donc l'avez-vous passée, sire ?

— Dans un moulin.

— Il y a des nuits aussi belles au moulin qu'ailleurs.

— Cela dépend de la façon dont tourne la roue, soupira encore l'amant infortuné ; mais ne mêlons point les affaires d'Henri à celles du roi de France. Ce matin donc, la Varenne, venant exprès de Médan où je l'avais laissé pour dérouter M. d'Estrées, la Varenne m'a apporté mes dépêches. Il y en avait une d'Espagne.

— Encore ? dit Crillon.

— Encore, dit le roi. Toujours l'Espagne. Affreux pays dont je rêve nuit et jour ! Il est dans la destinée de ces maudits de me chagriner sans relâche, soit quand je les bats, soit quand ils me battent. Je les croyais bien battus hier, n'est-ce pas ? et je t'avais communiqué cette heureuse dépêche, surprise à la jésuitique congrégation de l'Escurial.

— Bien heureuse, en effet, et nous avions béni ensemble l'espion assez adroit pour tromper des inquisiteurs et voler des Espagnols. Harnibieu ! est-ce nous qui serions volés, sire? Ce ne peut être là cette nouvelle qui vous est arrivée ce matin par le courrier d'Espagne?

— Voilà précisément l'enclouure. C'est la propre dépêche de mon agent secret près de Philippe II, et il ne me dit pas un mot de ce qu'hier j'ai annoncé comme certain à Brissac. Tout au contraire, il annonce que les états nommeront M. de Mayenne.

Crillon ouvrit de grands yeux.

— En sorte? dit-il.

— En sorte que cette dépêche qui m'a été rendue hier sous le couvert de mon agent, comme venant de lui ; cette dépêche qui annonçait le mariage projeté entre l'infante et le jeune Guise ; cet événement qui a révolté Brissac et l'a décidé à tourner pour nous est une fausse nouvelle qui sera démentie bientôt, et paraîtra une mystification à Brissac, un misérable et plat artifice destiné à le convertir. En sorte que, joué moi-même par je ne sais quelle infernale combinaison, je vais perdre peut-être tout le gain de ce revirement du gouverneur de Paris, et assurément l'immense bénéfice du dégoût que le plan de Philippe II eût soulevé en France.

— Voilà un méchant tour, murmura Crillon, confondu. Mais, sire, vous seriez-vous laissé abuser?

— On croit ce qu'on désire, et le parti ligueur se compromettait si heureusement pour moi par cette intrigue antinationale, que j'y ai cru.

— Il y avait un cachet, cependant, pour fermer cette dépêche...

— Celui même de mon agent.

— Alors c'est la dépêche de ce matin qui est fausse.

— Je l'ai d'abord espéré, mais la Varenne l'a reçue de l'agent lui-même, qui arrive d'Espagne, où l'on a failli le découvrir comme espion à mes gages, et voulu le pendre. Il arrive, dis-je, et tellement harassé qu'il n'a pu venir jusqu'à moi.

— Voilà de mauvaises affaires, sire.

— Oh! la vie, quelle bascule! Hier, nous touchions les nuages du front, aujourd'hui...

— Aujourd'hui nous nous crottons dans une mare. Mais, sire, il ne faut pas se désespérer pour si peu. M. de Brissac revirera encore, disiez-vous?

— Certes, oui, quand il saura que je l'ai berné.

— Eh bien, nous reprendrons la cuirasse, nous tirerons l'épée, et cette fois, M. de Brissac sera content, car nous lui ferons franc jeu.

— Encore se battre, encore tuer des Français!

— Qui veut la fin accepte les moyens.

— Je veux la fin, dit Henri d'une voix brève, et je l'aurai. En attendant, il importe que je parle à ces moines. Je vous répète, mon ami, qu'ils savent trop bien mes affaires et s'en occupent avec trop de zèle pour que je ne gagne point quelque chose à causer avec eux. Les conspirations de toute nature s'organisent aujourd'hui dans les couvents. J'en sais une ici, chez les génovéfains, et, bien qu'elle ne semble intéresser que Henri dans la personne de sa maîtresse, Gabrielle, elle intéresse aussi le roi, puisque les génovéfains le poussent vers l'abjuration, en lui montrant Gabrielle comme récompense : moyen de moine dont s'accommode ma petite politique amoureuse. Mais comment savent-ils que j'aime Gabrielle ? pourquoi veulent-ils que j'abjure ? Tout cela vaut que je les interroge. Veuillez donc, mon cher Crillon, demander, comme pour vous, une audience au prieur, une audience secrète.

— J'y vais, sire.

— Vous pensez qu'ils ne me connaissent point?

— Rien ne le prouve jusqu'ici. Mais en vous voyant, peut-être vous reconnaîtront-ils.

— Peu importe. Je jouerai cartes sur table. Nous sommes ici dans un couvent gouverné par un prieur renommé pour ses lumières. Henri de Navarre, le huguenot, peut, sans rien compromettre, venir consulter ce prieur, comme il en a consulté tant d'autres de toutes robes et de toutes sectes. Voilà mon motif, s'ils me reconnaissent. J'irai plus loin dans mes investigations, s'ils ne me reconnaissent pas.

Crillon, ayant réfléchi un moment.

— Croiriez-vous, sire, dit-il, à quelque parenté fâcheuse entre ces génovéfains et celui qui vous a fait parvenir la fausse dépêche d'hier?

— Je ne crois à rien et je crois à tout. C'est une logique dont je me trouve fort bien depuis que j'exerce l'état de prétendant à la couronne.

— Cependant vous soupçonnez une personne, sire ?

— J'en soupçonne plusieurs ; mais d'abord il y a là dedans la main d'une certaine femme...

— Entragues, n'est-ce pas ? dit vivement Crillon, heureux de mordre sur son antipathie.

— Oh ! répliqua Henri avec dédain, les Entragues n'ont pas assez d'esprit pour cela. Qu'est-ce que ces Entragues? de plats intrigants. Non, chevalier; quand je dis une femme, je la comprends forte. Appelons-la Montpensier, si vous voulez, Crillon. C'est une terrible jouteuse celle-là !

— Le feu roi en sut quelque chose, dit Crillon avec un accent pénétré.

— C'est une femme boiteuse qui fait de bien grands pas lorsqu'il le faut.

— C'est votre ennemie mortelle, sire.

— Sans doute, puisque je veux être roi, qu'elle veut être reine, et qu'elle sait que je ne l'épouserai pas. Je rapproche donc ce nom de Montpensier du nom des génovéfains, parce qu'un instinct particulier m'y pousse, parce que ce nom, d'ailleurs, s'accole toujours à quelque nom monacal, parce qu'on dit Montpensier et Jacques Clément!

— Hélas, oui, sire, vous avez raison, comme toujours.

— Va donc demander pour moi cette audience au révérend prieur.

Crillon se dirigea aussitôt vers la porte.

— Attendez, dit le roi rêveur. Si l'on vous accorde cette audience, ne quittez point le couvent.

— Mais, je ne le quitterai que d'après vos ordres, sire, dit Crillon surpris de cette distraction presque mélancolique du roi.

— C'est que, voyez-vous, je songe à deux choses à la fois, mon brave chevalier : je voudrais vous avoir ici, près de ma personne, et, d'un autre côté, je voudrais vous prier de faire avancer dans les environs la petite troupe qui accompagnait la Varenne ce matin, et à qui j'ai donné l'ordre de louvoyer en m'attendant sur le bord de la rivière, après Chatou.

— Si ce n'est que cela, sire, rien de plus facile ; mais craignez-vous quelque chose avec moi ?

— Je crains pour vous et pour moi, Crillon, dit Henri avec calme, ou plutôt je ne crains ni pour l'un ni pour l'autre ; mais depuis que j'ai respiré l'air de cette maison, il me vient des idées de défiance que je ne saurais définir. Je ressemble à ces chats qui, partout où ils entrent pour la première fois, essayent l'atmosphère avec leur nez, le sol avec leurs pattes, et se rendent compte de chaque chose par le sens qui correspond à cette chose. Nous sommes chez des moines dont nos yeux ont vu l'habit; mais tâchons de voir sous la robe.

Tout à coup Crillon poussa une exclamation qui fit bondir le roi du siége où il était assis.

— Harnibieu! dit-il, je suis un maroufle.

— Eh quoi!

— Un belître, un bœuf. J'allais dire un cheval ; mais c'est une bête trop sensée pour être comparée à un animal de mon espèce.

— Crillon, vous vous maltraitez beaucoup, mon ami. Pour quelle cause, s'il vous plaît?

— Parce que, sire, j'avais oublié de vous dire que mon pauvre blessé, mon protégé, est couché, à l'heure qu'il est, dans un lit...

— Vous me l'avez dit, Crillon.

— Savez-vous dans quel lit, mon roi?

— Vos yeux sont effrayants, mon chevalier !

— Dans le lit d'un Guise!... dans le lit du cardinal tué à Blois ! dans le lit donné par une amie à son ami, par Mme de Montpensier à dom Modeste Gorenflot, prieur. La duchesse a seulement changé de moine. En 1589, le jacobin : le génovéfain aujourd'hui.

— Qu'est-ce que je vous disais, Crillon? dit le roi avec une froide tranquillité en se croisant les bras sur sa poitrine, je sentais ici une odeur de Guise!

— Nous sommes dans la caverne !

— Eh bien! tâchons d'en sortir, mais non pas sans

avoir vu de près les habitants. Allez, sans rien manifester, chercher l'escorte dont je vous parlais.

— Vous quitter, harnibieu ! dans une maison où il y a le lit d'un Guise ! Non ! J'ai là Pontis, qui fera la commission aussi bien qu'un autre, et qui ne vous défendrait pas aussi bien que moi.

— Qu'est-ce que Pontis ?

— Un de mes gardes.

— Ah ! le compagnon du blessé ?

— Précisément. Mais, j'y songe, à quoi bon causer avec ces enragés moines, qui n'attendent peut-être que cela ; quittons-les sans causer. Vous pourriez, au lieu des renseignements qu'on ne vous donnera peut-être pas, recevoir quelque bon coup qu'on vous donnera.

— Bah ! Je parerai avec mon épée. Ce que vous venez de me dire de l'esprit de la maison, n'a fait que doubler ma curiosité.

— Gare la manche du moine ! les génovéfains en ont d'énormes. Et puis, si vous m'en croyez, indépendamment de la manche, que vous secouerez, frappez-leur sur le ventre, cela peut passer pour une caresse familière, et en même temps on sait s'ils cachent un poignard sous la robe.

— Oui, mon Crillon, oui.

Le roi souriant ouvrit la porte qui donnait sur le corridor dans lequel se promenait en long et en large un religieux courbé comme par le poids austère de la méditation.

— Veuillez, mon cher frère, cria Henri, demander au révérend père prieur un moment d'entretien de la part du chevalier de Crillon.

Le moine s'inclina sans répondre et descendit par un escalier voisin.

— Mais, sire, dit Crillon, quand ils verront que ce n'est pas moi.

— Il sera trop tard pour s'en dédire. — Envoyez votre garde où vous savez. J'attends ici la réponse du prieur.

Crillon recommandait pour la millième fois la prudence à son maître, quand, dix minutes après, un enfant, au service des génovéfains, heurta doucement à la porte de la chambre et annonça que le révérend père prieur serait honoré de recevoir chez lui M. le chevalier de Crillon.

Henri, se leva, serra son ceinturon, s'assura que son épée jouait facilement dans le fourreau, abattit son large chapeau sur ses yeux jusqu'à moitié du visage, et suivit le jeune guide, après avoir pressé dans ses deux mains la vaillante main de son colonel des gardes.

Celui-ci courut porter la commission à Pontis.

Henri n'eut pas un long chemin à faire. Au bout du corridor, il trouva un petit degré particulier, lequel aboutissait à l'appartement du prieur, précédé d'un vestibule.

L'enfant poussa la porte d'une grande chambre dont les contrevents étaient soigneusement fermés ; il annonça de sa petite voix M. le chevalier de Crillon, et sortit après avoir tiré sur lui deux portes.

Le roi demeura quelques instants dans l'ombre, admirant cette précaution du prieur, qui voulait sans doute cacher à l'étranger le jeu de sa physionomie. C'est un artifice familier aux femmes et aux diplomates.

Cette précaution ne pouvait déplaire à un homme qui désirait précisément la même chose. Il fit deux pas en regardant autour de lui, et peu à peu sa vue s'accoutumant aux ténèbres, il distingua tous les détails de ce théâtre bizarre sur lequel allait se jouer une scène que le lecteur ne jugera peut-être pas indigne de sa curiosité.

XXI

LE FRÈRE PARLEUR

Le lit à colonnes d'ébène tordues et sculptées s'élevait dans l'angle de la chambre. Le roi y chercha tout d'abord son interlocuteur, ne pouvant croire qu'un prieur en santé voulût recevoir une visite dans de pareilles ténèbres. Mais le prieur était assis sur une chaise, ou plutôt sur une estrade, car la chaise était un véritable monument proportionné à la masse qu'il devait supporter.

Ce prodigieux prieur captiva l'attention du roi au point que, durant plusieurs secondes, il ne regarda autre chose dans la chambre. Gabrielle n'avait pas exagéré : jamais personnage mythologique, jamais fétiche de l'Inde ou lettré chinois, jamais bête engraissée pour les sacrifices n'avait acquis ce développement formidable.

Une section du volet, qui s'ouvrit alors dans sa partie supérieure, laissa entrer environ un pied carré de jour qui éclaira d'en haut la victime résignée de cet embonpoint pantagruélique.

Le crâne du prieur, enfermé dans une noire calotte, ne paraissait plus exister ; on ne voyait que deux yeux flottants au milieu des amas adipeux qui recouvraient jusqu'aux tempes. Ses joues, d'une épaisseur et d'un poids énormes, tombaient sur sa poitrine qui montait elle-même jusqu'au menton. Ce quadruple menton, trop semblable à un triple goître, nous n'en parlerons pas par civilité; non plus que du ventre, montagne conique à base colossale dont cette ridicule tête faisait le sommet.

Dom Modeste essayait, mais en vain, de croiser sur son ventre deux mains pareilles à deux éclanches; mais les doigts s'entre-désiraient seulement, et leur principale occupation était de se retenir après les fentes de la robe ou de s'accrocher au cordon qui la ceignait.

Le prieur avait les pieds sur un tabouret semblable à une petite table pour la largeur et la solidité. Fortement étayé par des coussins sur sa chaise, il ne pouvait plus faire un mouvement, et ses yeux ternes clignotaient au reflet de ce jour, bien faible assurément, que l'autre moine avait laissé tomber du haut de la fenêtre.

Quand le roi se fut rassasié de ce désagréable spectacle, il chercha autour de lui le compagnon si fameux de Gorenflot.

Frère Robert, ce devait être lui, avait pris place aux pieds de son prieur sur une escabelle fort basse et disposée de telle façon que, tournant le dos à l'étranger, il était en communication directe avec le visage du révérend, condition indispensable sans doute de l'intelligence et de l'observation nécessaires pour recueillir chaque pensée dans chaque mouvement des traits ou chaque geste des grosses mains.

Frère Robert, enseveli dans sa robe et dans son capuchon, montrait donc au roi un dos convexe tout diapré des plis capricieux de la robe monacale; ce dos bombé devait être immense à en juger par la surface de sa convexité. Presque à la hauteur des épaules, le roi apercevait les genoux anguleux de frère Robert, et pourtant cette posture extraordinaire, cette nature si opposée à celle du prieur, cet entrelacement industrieux de deux grands bras et de deux immenses jambes pelotonnés sous un immense dos rond, ce squelette d'araignée habillé d'une étoffe de bure grise, ne furent pas ce qui piqua le plus vivement la curiosité d'Henri.

L'escabeau, ou plutôt la petite table sur laquelle le prieur posait ses gigantesques pieds, servait de point d'appui à quantité d'objets bizarres sur lesquels se porta la vue du roi. On y voyait de la cire rouge et molle telle que l'emploient les modeleurs, des ébauchoirs de statuaire, une écritoire et une plume, une petite ardoise, un compas, deux ou trois volumes, du parchemin roulé, une petite fiole contenant une liqueur noirâtre, et une longue baguette de coudrier, qui contribuait à donner à tous les détails de cette scène certain air magique qui sentait singulièrement son capharnaüm de sorcier.

Tout à coup l'oreille du roi fut frappée par une voix rauque et criarde en même temps, une voix fêlée qui semblait écorcher chaque parole à sa sortie d'un gosier raboteux. Cette voix psalmodia, sur le ton banal d'un cri de crieur public, la formule suivante :

« Est prié le visiteur de consulter l'avis général contenu au présent tableau, et d'excuser l'infirmité du révérend père prieur des génovéfains, qui reçoit avec une humble salutation l'honneur de sa visite. »

En même temps, et avant que le roi se fût remis de l'effet que cette abominable voix venait de produire sur ses nerfs, l'un des deux grands bras de l'araignée se détacha du corps par un mouvement en arrière semblable au jeu d'une mécanique, et tendit au roi stupéfait un petit tableau encadré de bois de chêne, sur lequel celui-ci lut les lignes suivantes tracées en caractères d'imprimerie :

« Les personnes qui visitent le R. P. prieur sont prévenues que Dieu l'ayant affligé d'une paralysie de la langue, il en est réduit à transmettre sa pensée aux interlocuteurs par la voix d'un frère habitué à le comprendre. Ces personnes sont priées de s'adresser directement dans la conversation au prieur, et jamais au frère interprète, afin d'éviter toute confusion. En effet, ce dernier est forcé, pour traduire exactement, d'employer toujours le pronom *je*, comme le prieur ferait lui-même s'il pouvait parler. Il est donc important que les visiteurs soient pénétrés de cette idée qu'ils ne parlent effectivement qu'avec le prieur, lequel leur répond en réalité; la voix est empruntée, sans doute, mais sa pensée lui est propre. »

Quand le roi eut achevé de lire ces étranges lignes, frère Robert, comme s'il eût supputé lettre à lettre le temps nécessaire à la lecture, allongea de nouveau sa main, reprit le tableau sans cesser de tourner le dos, et le replaça sur la petite table, aux pieds de son prieur.

Alors il tendit à celui-ci la baguette de coudrier, que dom Modeste prit machinalement de sa grosse main, et redressa la tête pour entrer en communication plus directe avec le prieur.

La baguette s'agita bizarrement entre les doigts de Gorenflot, frère Robert traduisit sur-le-champ de sa voix nasillarde et sans nuances :

— C'est un honneur inespéré pour moi de recevoir ici l'illustre chevalier de Crillon que Dieu veuille garder de tout mal !

Ayant ainsi parlé, le frère parleur baissa la tête, et en attendant la réponse qui allait se produire, prit un peu de cire qu'il commença de pétrir entre ses doigts avec une extraordinaire vivacité.

— Il paraît que je suis bien Crillon pour ces moines, pensa Henri IV. Ils feignent, du moins, de me croire Crillon. Ou ils me trompent ou je les trompe. En dépit de leurs simagrées, nous verrons s'ils sont plus gascons que moi, et lequel de nous forcera l'autre à se compromettre.

— C'est un grand plaisir pour votre hôte, répondit-il avec onction, d'entretenir un religieux si célèbre par son esprit et sa sagesse.

Gorenflot cligna béatement des yeux; frère Robert ayant relevé la tête, répondit :

— Que désirez-vous de moi ?

— Beaucoup de choses, dit le roi en s'approchant comme pour voir d'un peu plus près tout l'étalage du frère parleur.

Celui-ci toucha le pied du prieur, qui semblait sommeiller. La baguette s'agita vivement aux mains de Gorenflot. Robert s'écria avec une égale vivacité :

— M. le chevalier de Crillon voudrait-il bien s'asseoir ?

Le roi s'approchait toujours.

— Là ! dit précipitamment le frère Robert, là, derrière, sur le fauteuil.

Et en même temps son bras interminable indiquait au roi un fauteuil placé en face de celui de dom Modeste, mais immédiatement derrière l'escabeau du parleur. Le roi recula pour s'y placer bien à regret.

— Crillon a été indiscret, se dit-il.

La baguette de Gorenflot parla. Robert traduisit :

— Quelle est la première de ces questions que vous avez à m'adresser ?

— Elle est relative à mon maître le roi Henri IV. Ce

prince a su les bons conseils que vous donniez souvent à une personne pour laquelle il a de l'estime, et il me charge de vous en remercier. Mais il voudrait savoir en même temps comment vous avez appris que c'était le roi qui fréquentait la maison de Mlle d'Estrées.

Les yeux de Gorenflot s'écarquillèrent. Robert, en fourrageant ses ustensiles sur la table, heurta encore une fois la sandale de Gorenflot, et aussitôt la baguette s'agita :

— Tout le monde connaît le roi, répondit le parleur, et il suffit d'une personne qui l'ait reconnu allant à la maison d'Estrées, si voisine de notre couvent, pour nous avoir donné avis de sa présence.

— En voilà bien long, pensa le roi. Est-ce que deux ou trois coups de baguette jetés dans l'air, à droite et à gauche, peuvent signifier tant de choses ?

Il ajouta tout haut :

— Je croyais que peut-être, en raison même du voisinage, vous auriez pu voir vous-même passer le roi et par conséquent, l'ayant reconnu, le signaler à Mlle d'Estrées.

— Je n'ai jamais vu Henri IV, traduisit Robert, donc si je le voyais je ne pourrais le reconnaître.

Cette réponse, au lieu de satisfaire Henri, redoubla, on le comprend, ses défiances. Tout ce dialogue, échafaudé sur des signes et des clins d'œil, lui paraissait d'ailleurs invraisemblable. Rompant la conversation :

— Permettez, s'écria-t-il, mon révérend père, que je vous fasse part d'une réflexion qui m'arrive.

— Faites, dit Robert, pétrissant sa cire sous son capuchon.

— C'est tellement admirable de vous voir vous exprimer avec tant de facilité par l'intermédiaire du frère parleur, que je demande à me remettre de l'émotion que j'en éprouve. Mais...

Le capuchon s'agita et le dos se recroquevilla comme celui d'un chat qui se roule.

— Mais, poursuivit le roi, il me semble que le révérend père pourrait converser aussi fructueusement et plus secrètement avec ses visiteurs. S'il voulait, puisqu'il n'est point paralysé des mains, écrire sur l'ardoise que je vois à vos pieds, tout intermédiaire lui deviendrait inutile, et sa pensée conserverait la fleur même de son épanouissement, cette fleur fugitive qu'on appelle le mystère.

Un certain malaise se peignit sur les traits boursouflés du prieur; sa baguette oscilla mollement entre ses doigts.

— Ma paralysie, dit Robert, n'est malheureusement pas bornée à la langue, elle gagne souvent les mains.

— Pas toutes deux, répondit le roi.

— La droite particulièrement, et je n'écris que de celle-là, glapit frère Robert.

— C'est fâcheux, mon révérend, parce que beaucoup de choses importantes pourraient vous être confiées par vos visiteurs, qui les gardent, se défiant du tiers qui les écoute.

Henri croyait forcer le capuchon à une révolte, mais Robert continua de modeler sa figurine avec la même tranquillité. Après avoir levé la tête pour prendre la réponse du prieur, qui remuait incessamment sa baguette en des circonvolutions variées :

— Monsieur le chevalier, répondit-il sans trouble et avec sa psalmodie ordinaire, la méthode que j'ai choisie pour correspondre avec le monde, est la meilleure par sa promptitude et sa sûreté. J'ai instruit le frère que vous voyez à comprendre mes signes et mes gestes; la science mimique est une de celles que j'ai le plus curieusement étudiées. Depuis Cadmus, qui inventa l'écriture, jusqu'à nos jours, il s'est produit environ six mille cinq cents systèmes d'interprétations pour remplacer la parole.

Les Égyptiens y étaient maîtres passés. Vous aurez entendu parler de leurs hiéroglyphes. Je trace avec ma baguette des signes et des figures qui ont quelque rapport avec ces hiéroglyphes fameux, dont un seul équivaut souvent à une phrase tout entière.

Il y a dans les alphabets indiens certains caractères d'une valeur aussi importante. Bien plus, mes études se sont portées sur les correspondances animales. Vous n'êtes point sans avoir observé, monsieur le chevalier, que toutes les bêtes de même espèce se comprennent à merveille, non point par le cri, qu'elles n'emploient qu'à distance, mais par des tressaillements, des mouvements de jambe ou de pied, des signes de tête ou d'oreille, des froncements du sourcil, des lèvres, et par l'exhibition des dents. Ce dernier moyen surtout est leur agent favori de correspondance et fournit à l'homme lui-même des métaphores pour son langage. On dit : montrer les dents. Vous aurez parfois entendu prononcer ce mot.

— J'ai même vu se faire la chose, dit le roi, qui admirait l'ingénieuse prolixité de cette réponse, et ne savait s'il devait rire ou se fâcher. On m'a beaucoup montré les dents, révérend prieur.

— Il résulte, poursuivit le frère parleur, que de toutes ces matières élémentaires, soigneusement choisies et analysées, je me suis composé un langage fort riche et fort varié, comme vous le pouvez voir. En effet, il me semble que frère Robert qui n'est pas un homme d'esprit, tant s'en faut; je dirai plus, c'est une pauvre intelligence...

Frère Robert courba humblement sa tête sous cette flagellation que lui infligeait le coudrier du prieur.

— Il me semble, continua le traducteur, que ce bon frère rend assez nettement ma pensée pour vous en donner une idée exacte, assez vivement pour ne pas fatiguer votre attention. J'ajouterai, quant au dernier point que vous avez effleuré, c'est-à-dire le secret de nos entretiens, que, depuis longues années, frère Robert a communiqué toutes mes pensées à bien des personnes placées dans des positions délicates, aussi délicates pour le moins que la vôtre, monsieur le chevalier, sans que jamais une plainte, un soupçon se soient élevés contre sa discrétion. Je répondrais de moi aussi bien que de lui ; mais je réponds de lui comme de moi-même. Du reste, pour peu que le scrupule vous tienne, ne vous croyez obligé à me rien dire ; et si vous préférez m'écrire, je saurais seul votre pensée. Seulement, vous serez assez bon pour faire quelques efforts d'intelligence afin d'arriver à comprendre la réponse de ma baguette ; frère Robert détournera la tête pendant ce temps-là et ne saura rien de notre conversation.

Après ce discours, dom Modeste reposa sa main fatiguée par le jeu du coudrier. Le frère parleur reprit sa cire et son ébauchoir. Le roi se frotta la barbe en murmurant :

— Décidément, dans ces deux hommes, il y en a au moins un qui est très-fort ; mais je crois bien qu'il n'y en a qu'un. Lequel ?

Il prit son parti sur-le-champ.

— Je suis convaincu, dit-il, et je n'hésiterai plus à tout vous exposer. Si vous ne connaissez pas le roi Henri, du moins Crillon vous est assez connu pour que vous excusiez les boutades de sa franchise. J'avoue que les apparences du mystère dont on s'entoure ici m'avaient inspiré de la défiance.

— Quel mystère? psalmodia frère Robert.

— Ces ténèbres, à peine combattues par un pâle rayon de jour.

— Ma vue est faible, traduisit le parleur.

— L'obstination du frère Robert à cacher son visage.

Le capuchon tressaillit.

— Le frère Robert est disgracieux à voir, dit la voix rauque, et il cache son visage bien moins par amour-propre que par le désir de ne point blesser les yeux d'un étranger.

— Oh! si ce n'est que cela, s'écria le roi, pas de scrupules, est-ce que nous ne sommes pas tous plus ou moins laids en ce monde?

Et il allongea une main pressée vers le capuchon.

— Montrez-vous donc au chevalier de Crillon, dit frère Robert en s'adressant à lui-même ces mots, que venait de lui envoyer la baguette. Et, du même temps, il se tourna lentement vers le roi.

Henri se leva de surprise à l'aspect de ce visage étrange.

Frère Robert avait les joues caves comme s'il eût eu le don de les faire rentrer à volonté dans sa bouche. Ses yeux dilatés occupaient pour ainsi dire toute la tête, sans fournir ni expression ni lumière; la bouche pincée en bec de lièvre disparaissait dans une barbe plus blanche que grise. Un cordon de cheveux frissonnants venait border les sourcils en supprimant le front, et un nez aquilin recourbé jusque dans la bouche achevait de donner à la tête du frère un caractère bestial analogue à la physionomie de certains oiseaux de mauvais augure.

Le roi contempla cette figure qui s'offrait calme et

immobile à son analyse. Puis, aussitôt qu'il eut détourné les yeux pour se livrer à ses réflexions, frère Robert, consultant le prieur :

— Vous voyez que le frère n'est pas beau à voir, dit-il mélancoliquement, et que mieux vaut qu'il se cache. Maintenant, s'il vous plaît, nous continuerons la conversation, car vous ne m'avez encore rien dit des choses nombreuses que vous annonciez devoir me dire.

Le roi, rappelé à lui par la transparente ironie de ces paroles, répliqua vivement :

— Je l'avoue, et je commence : Il s'agit de l'abjuration du roi.

— J'écoute, traduisit Robert, qui avait repris sa place et la figurine déjà fort avancée.

— Le roi, mon maître, m'a chargé de vous demander pourquoi vous lui faisiez conseiller par Mlle d'Estrées de prendre la religion catholique ?

— Parce que c'est la vraie, traduisit Robert.

— Ce n'est pas pour cela, dit vivement le roi, résolu à brusquer l'aventure et à démasquer soit Gorenflot en l'effrayant, soit Robert en l'irritant ; c'est parce que vous voulez servir le roi, ou parce que vous voulez lui nuire.

La prunelle de Gorenflot clignota, et bien que la baguette eût à peine oscillé.

— C'est parce que je veux le servir, fut-il répondu.

— Je ne crois pas, mon père.

Le capuchon fit un mouvement.

— D'où vient ce soupçon ?

— Du lit de M. le cardinal de Guise, que j'ai vu en cette maison.

La physionomie de Gorenflot prit une expression de stupide frayeur qui anima le roi dans ses attaques.

— C'est un présent, dit Robert.

— De la mortelle ennemie du roi, dont vous vous dites l'ami !

— On ne peut refuser rien d'une si grande dame.

— Pas même le couteau de Jacques Clément, si elle l'offrait, dit le roi.

Gorenflot trembla, pâlit, ouvrit la bouche. Frère Robert se redressa.

— Elle ne me l'eût pas offert ! traduisit-il avant que ni geste ni clin d'œil, ni baguette eussent fonctionné. M. le chevalier de Crillon a tort de suspecter mon attachement et mon respect pour le roi.

— On ne peut pas aimer à la fois la duchesse de Montpensier et le roi Henri IV ! s'écria le roi ; et plus on s'efforce de chercher à le prouver, plus on devient suspect, et une fois qu'on est suspect à Crillon de trahison envers son maître, Crillon parle haut, et sa parole peut passer pour une menace. Gare aux menaces de Crillon, car il représente le roi et sait tout ce qui se passe dans les couvents !

A ces mots, prononcés avec une voix vibrante et irritée, Gorenflot, en proie à l'épouvante, se leva sur sa chaise, agita son bras et roula des yeux effarés qui semblaient supplier frère Robert, puis il retomba immobile en poussant une exclamation douloureuse.

— Tiens ! le muet parle... s'écria le roi.

— Il ne parle pas, il crie, répliqua vivement frère Robert en se tournant vers Henri, avec une émotion qui, pendant une seconde, changea toute l'expression de son visage, toute l'attitude de son corps, et le rajeunit de dix ans.

— Oh ! pensa le roi frappé d'une révélation soudaine, est-ce possible, mon Dieu !... je jurerais que je viens de voir Chicot, si, il y a deux ans, je ne l'avais tenu mort entre mes bras !

Tandis que frère Robert s'empressait auprès de son prieur à moitié évanoui, et lui faisait respirer la liqueur du flacon, le roi s'absorbait de plus en plus profondément dans les réflexions que tant d'étrangetés avaient fait naître dans son esprit.

Ce n'était plus de la curiosité qui l'animait, ce n'était plus même cet instinct de conservation qui s'appelle génie chez les grands hommes pour qui le salut du corps n'est rien en comparaison du salut de leur fortune, Henri ressentait une ardeur immodérée de connaître ou plutôt de retrouver un homme dans le fantôme qu'un caprice du hasard peut-être venait d'évoquer pendant un moment devant lui. Il lui semblait qu'en poursuivant cette œuvre, il dépasserait le but ordinaire des efforts de la simple humanité. Faire d'un homme une ombre, c'est aisé, dit Hamlet, mais il est moins facile de solidifier, de vivifier une ombre fantastique.

Pourquoi le prieur avait-il manifesté une pareille terreur? Pourquoi frère Robert avait-il lui-même changé ainsi de visage! Qu'allait-il résulter de cet entretien commencé dans une simple spéculation d'intérêt privé ?

Gorenflot bâillait et suffoquait comme un phoque aux derniers abois. Frère Robert se montrant à découvert, comme pour effacer tout soupçon chez le roi, avait repris sa figure d'oiseau et en variait à chaque instant, dans chaque grimace nouvelle, le type et l'expression de façon à ressembler à trente personnes ou plutôt à trente bêtes différentes en une demi-heure, affectation qui plus que jamais captiva l'attention du roi.

Le frère parleur, s'en apercevant, remit tant bien que mal Gorenflot en équilibre, avec quelques soins qui ressemblaient à des gourmades. Il lui rendit la baguette, se rassit sur l'escabelle, et poussant un hum! hum! d'appel pour inviter le roi à reprendre la conversation :

— Je suis mieux, dit-il de la part du prieur hébété, et en état de répondre aux questions de l'illustre chevalier de Crillon. Mon cœur sensible s'est ému des soupçons et des menaces d'un si noble personnage. Mais j'ai appelé à Dieu des injustes reproches qui m'étaient adressés. Dieu m'a fortifié. Causons, monsieur le chevalier, causons !

Rien n'eût pu distraire Henri de sa contemplation. Au lieu de répondre au prieur, il s'approcha de Robert, le regarda d'un air à la fois affectueux et triste, et appuyant une main sur son épaule décharnée :

— Regardez-moi encore comme tout à l'heure, dit-il, je vous en prie.

La baguette de Gorenflot s'agita convulsivement en décrivant festons et paraboles.

— Le révérend père, s'écria frère Robert avec une voix de chat irrité, demande si monsieur le chevalier est venu ici perdre son temps à se moquer d'un pauvre moine disgracié de la nature ? Ce n'est ni charitable ni décent.

Et il accompagna ces mots d'un coup d'œil oblique, en laissant voir un quart de figure tellement grotesque et disloquée, que le roi demeura debout, découragé, rêveur, et n'insista plus.

— Il faut m'excuser, dit-il en se rasseyant derrière frère Robert. Il faut me pardonner d'avoir un moment troublé la sérénité du révérend prieur par des menaces. La qualité d'ami de Mme de Montpensier ne saurait être qu'un sujet de suspicion et de colère pour l'ami du roi de France, et Crillon est un ami fidèle de ce prince.

— Moi aussi, répliqua le traducteur, au nom de Gorenflot qui peu à peu se calmait.

— Rien ne le prouve, dit Henri avec douceur, et tout prouve le contraire. Vous dirigez la conscience d'une jeune fille que le roi aime tendrement, et au lieu de laisser cette jeune fille céder aux sentiments favorables que peut-être le roi lui avait inspirés, vous l'en détournez en vous servant d'elle comme d'un levier politique pour déplacer toutes les résolutions du roi. Ce n'est point là un acte d'amitié. Ne vous en vantez pas. Non, le roi n'a pas d'amis en ce couvent, et c'est dommage. Entouré de piéges comme il l'est, guetté par des ennemis implacables, peu aimé de ses amis mêmes, il lui faut bien du courage, bien de la confiance en Dieu pour continuer la lutte qu'il a entreprise. Oh non ! il n'a pas d'amis.

Frère Robert, après avoir consulté la figure boursouflée de dom Modeste.

— Vous calomniez bien des honnêtes gens, monsieur le chevalier, dit-il, et vous vous oubliez vous-même. Tout à l'heure vous vous annonciez comme un fidèle ami de Henri IV.

— Oh ! moi, cela ne compte pas, dit le roi rappelé à son rôle.

— Crillon ne compte pas !... et Rosny, et Mornay ! et d'Aubigné et Sancy !

— Rosny a de grandes qualités, mais il aime un peu le roi pour le gouverner. Mornay est un homme dur et sans indulgence. Sancy a rendu d'énormes services à Sa Majesté, mais si énormes qu'elle en sent le poids... peut-être parce qu'il le lui fait sentir. Quant à d'Aubigné, celui-là aime Henri IV comme un enfant aime son chien ou son passereau, pour lui arracher les plumes ou lui tirer les oreilles.

— Qui aime bien châtie bien, dit frère Robert d'une voix caverneuse.

— Tenez, poursuivit le roi avec un regard pénétrant, de tous les amis que ce pauvre roi a eus, je ne m'en rappelle qu'un. Oh! celui-là, une perle d'ami! L'ami qui châtiait aussi, mais avec un rire si joyeux, avec une patte de velours si spirituellement armée de griffes innocentes!... C'était là un ami du roi! Mon révérend père, je ne l'oublierai jamais.

En parlant ainsi, Henri se penchait vers le capuchon de frère Robert, qui plongeait à mesure que le regard et le souffle de son interlocuteur se rapprochaient de lui.

— Quel était donc ce phénix? murmura la voix qu'on eût dit émue, tant elle avait pris de soudaine douceur.

— C'était un bon gentilhomme de Gascogne, un compatriote du roi, un brave, un sage, l'âme de Brutus dans le corps de Thersite, la probité d'Aristide et la froide valeur de Léonidas.

— Monsieur le chevalier est lettré, dit le frère Robert, dont le capuchon tremblait comme la parole. *Habemus Crillonem non inficetum*, eût dit Caton.

— Frère Robert, vous êtes bien savant vous-même, cria le roi entraîné vers cet homme par un élan de l'âme qu'il ne pouvait maîtriser.

Le frère parleur saisit aussitôt le tableau placé aux pieds du prieur, et de ses longs doigts crochus montra au roi la phrase suivante :

« Il est important que les visiteurs soient pénétrés de l'idée qu'ils ne parlent effectivement qu'avec le prieur. La voix est empruntée, mais sa pensée lui est propre. »

Henri ayant lu, répondit en regardant la masse inerte qui gisait dans le fauteuil du prieur :

— C'est vrai. Mais vous conviendrez qu'on pourrait s'y tromper. J'en reviens à mon ami ; je veux dire à l'ami du roi. Mais il était aussi le mien, et vous ne serez pas étonné de m'entendre quelquefois dans la conversation employer le pronom *je,* comme notre excellent frère parleur.

La baguette parla.

— Continuez, nasilla Robert; le panégyrique de ce gentilhomme que vous dites si dévoué au roi m'intéresse au suprême degré. Amitié! *Rara avis in terris!*

— Oiseau bien rare, en effet, dit le roi. Mais elle était la vertu dominante de ce brave dont nous parlons. Il avait eu d'abord pour le feu roi, pour Henri III, une de ces amitiés dévouées comme jamais peut-être souverain n'a su en inspirer : sollicitude constante, soins éclairés, vigilance pour la conservation de la couronne souvent menacée, vigilance plus sublime encore pour la défense des jours précieux de son roi.

Un rire strident, pareil à un gémissement funèbre, gronda un moment sous le capuchon comme dans la profondeur d'une caverne. Quant au visage du prieur, il s'était couvert d'une pâleur morne, et pour cette fois assurément sa physionomie exprimait une idée.

— De quoi ont servi cette sollicitude, ces soins et cette vigilance, murmura le frère parleur en s'abîmant dans une prostration douloureuse.

— Dieu avait compté les jours du pauvre roi, dit Henri avec une solennelle gravité; le dévouement d'un homme ne peut rien contre les desseins de Dieu; mais j'oubliais, s'écria-t-il tout à coup dans une de ces inspirations du génie, que je fatigue vos oreilles du récit de douleurs qui ne sont pas les vôtres; j'oubliais que je parle à des amis de Mme la duchesse de Montpensier, et que la mort du feu roi n'a pas causé grand deuil dans les couvents de France.

La sévère figure du frère parleur se dressa tout à coup comme si elle allait protester par un cri contre cette accusation. Henri attendait avec impatience l'effet de sa ruse. Mais frère Robert se rassit lentement sans avoir proféré une parole, et la baguette de Gorenflot ayant tracé quelques signaux, le traducteur ajouta :

— Ne parlons plus politique, s'il vous plaît, monsieur le chevalier.

— Ce n'est point de la politique, c'est de l'histoire, répliqua le roi. L'histoire du gentilhomme gascon qui vous intéressait tout à l'heure se lie étroitement à celle des rois Henri III et Henri IV. En servant le premier de ces princes, notre ami obéissait à une sorte d'intérêt personnel. Il servait sa propre haine.

— Ah ! sa haine... interrompit le capuchon. Cet homme parfait avait donc des passions terrestres ?

— Beaucoup, et c'est pourquoi il fut si grand et si bon. Les faiblesses de l'âme sont comme ces coussinets de chair molle que la sage nature a placés autour des tendons et des muscles. Ils amortissent la trop grande violence des mouvements, qui sans cela deviendraient brutaux, et ils préservent les ressorts eux-mêmes d'un frottement qui les aurait trop vite usés. Les faiblesses d'ailleurs procurent à l'âme des satisfactions et la font consentir à habiter sur terre, insipide séjour, si parfois on n'y rencontrait un peu de variété.

Le capuchon approuva.

— Je répète cette phrase pour l'avoir trouvée belle, dit le roi. Elle n'est pas de moi. Notre ami la prononçait souvent. Eh bien ! puisque voilà ses faiblesses excusées, avouons qu'elles étaient justifiables. Il haïssait mortellement un homme qui l'avait offensé, offensé sans cause et d'une façon cruelle. Peut-être si l'objet de cette haine eût été un simple particulier en dehors des événements de cette époque, le rôle du gentilhomme gascon en eût-il été amoindri ; l'offense eût été payée de quelque coup d'épée obscur au coin de quelque carrefour. Mais l'ennemi de notre ami était un grand personnage, un très-grand et très-puissant prince ; c'était, voyez la bizarrerie du sort, un formidable ennemi du roi Henri III, en sorte que, tout en faisant ses affaires personnelles, le Gascon travaillait à celles de son maître. Je vous dirais bien le nom de ce prince qui fit tant de mal à Henri III, mais vous avez ici dans votre maison certain lit qui me ferme la bouche.

— Parlez toujours, monsieur le chevalier, traduisit le frère parleur.

— Ce prince était de l'illustre maison de Guise, frère des Guises tués à Blois et de Mme de Montpensier, votre amie. Il s'appelait et s'appelle encore M. le duc de Mayenne. Jadis conspirant contre Henri III, il guerroie aujourd'hui contre Henri IV. C'est là l'ennemi que combattait à outrance notre ami le Gascon. Ce fidèle, ce brave, ce spirituel... Cherchez bien, mon révérend, il n'est pas que vous ne sachiez un peu de qui je veux parler, et si vos souvenirs venaient à faillir, interrogez le frère Robert, il vous donnera peut-être des renseignements sur l'homme incomparable qui, je l'ai dit, fut le seul véritable ami d'Henri de Navarre, aujourd'hui roi de France.

A ces mots, prononcés avec toute l'adresse et toute la véhémente chaleur de ce grand esprit, que fécondait un si grand cœur, l'étonnement stupide de Gorenflot fut poussé au comble. Ses yeux désorientés interrogèrent ardemment le frère Robert et le supplièrent d'intervenir en un si cruel embarras.

Celui-ci, après avoir réfléchi longtemps, malgré tous les titillements de la baguette :

— Je ne sais pas encore très-bien, dit-il, de qui monsieur le chevalier veut parler. Cette accumulation de louanges m'a d'abord fait perdre la voie. Si le personnage dont on s'occupe eût été un humble serviteur du feu roi, bien caché dans sa vie et ses actions, bien obscur, et... bien vite oublié, peut-être l'eussé-je reconnu plus facilement.

— Obscur !... s'écria le roi, obscur, celui qui, du temps où vivait la pauvre dame de Monsoreau, a aimé et servi Bussy d'Amboise contre le duc d'Anjou !... Mémorable et touchante histoire, que n'oublieront jamais ceux qui l'ont sue une fois ! Humble ! celui qui tua de sa main Nicolas David et le capitaine Borromée, deux terribles champions des Guises !... Oublié ! celui dont la seule mémoire soulève, à l'heure qu'il est, des soupirs dans le sein de son roi, et qui, s'il était là, pourrait voir dans mes yeux combien on l'a aimé, combien on l'aime toujours, et comment on le pleure !

Le roi prononça ces paroles avec un cœur brisé, les larmes roulaient dans ses yeux.

Le frère parleur se retourna furtivement, et surprit sur le visage d'Henri cette loyale et glorieuse émotion ; puis, baissant de nouveau la tête, il répondit d'une voix entrecoupée :

— Les faits que vous venez de citer, monsieur le chevalier, m'ont éclairé complétement. La personne dont il s'agit est bien celle que j'avais soupçonnée d'abord. Ne s'appelle-t-elle pas...

— Chicot ! s'écria le roi d'une voix éclatante, comme s'il appelait.

Le capuchon ne frissonna point ; mais Gorenflot, à ce nom, trembla sur son fauteuil comme un dieu de Jagrenat déraciné de sa base.

— Oui, dit le frère parleur froidement, c'est le nom que portait celui dont vous parlez, et nous nous comprenons parfaitement. Les louanges dont vous l'honorez me sont douces venant du grand chevalier Crillon ; elles me sont douces, parce que je fus honoré aussi de l'amitié de M. Chicot.

Rien ne pourrait rendre l'expression que prit ce nom en passant par les lèvres du frère parleur.

— Vous avez été son ami ? demanda le roi. — Je me rappelle... vous êtes ce moine, son compagnon... Mais pardon, je croyais qu'autrefois on vous nommait Panurge.

— Panurge, ce n'était pas moi, c'était notre âne, traduisit Robert, et il est mort, mort comme M. Chicot. Car M. Chicot est mort, cela est bien connu. Plusieurs gens de guerre me l'ont annoncé, et, au fait, qui peut mieux le savoir que vous, monsieur le chevalier, puisque vous n'avez presque jamais quitté le roi, et que c'est près du roi que mourut M. de Chicot ?

— Oui, dit le roi.

— Vous y étiez peut-être ? demanda frère Robert.

— J'y étais.

Un silence profond accueillit ces paroles. Frère Robert interrompit un moment son travail de modeleur et rêva; puis, obéissant à la baguette :

— Je profiterais volontiers, traduisit-il, de l'occasion qui se présente pour obtenir quelques détails sur la mort de ce pauvre M. Chicot. Fournis par un témoin oculaire, ils auront une valeur bien précieuse pour son ancien ami. Est-ce que vous auriez l'obligeance de m'en conter l'histoire, monsieur le chevalier ?

— Volontiers, mon révérend. Chicot avait suivi la fortune du roi Henri IV au moment où tout le monde hésitait, et ses offres de service avaient été d'autant plus agréables au nouveau roi qu'il en savait toute l'importance, ayant par lui-même éprouvé combien Chicot devenait un dangereux adversaire lorsqu'il persécutait quelqu'un pour défendre son maître. Seulement Chicot ne fut pas pour Henri IV ce compagnon de tous les instants, ce commensal, cet ami antique qui couchait dans la chambre, mangeait à la table et participait à tous les secrets de la vie du maître. Chicot avait l'habitude de cette grande et splendide existence du roi Henri III. Le lit d'Henri IV était dur, sa vaisselle d'argent était souvent mise en gage et remplacée par des écuelles de terre chichement garnies.

Henri, par cette attaque indirecte, injuste, allusion amère à sa mauvaise fortune, espérait amener l'adversaire à se découvrir, mais frère Robert répondit flegmatiquement :

— Il est vrai que Chicot était cupide, avare, gourmand et efféminé. Ce sont là des faiblesses excusables dans les hommes de trempe vulgaire et de condition obscure. Il avait été gâté d'ailleurs par la fréquentation de Sa Majesté Henri III, ce prince généreux, fastueux, magnifique, la main la plus facile à s'ouvrir, le cœur le plus reconnaissant, le monarque par excellence ! Le feu roi qui toujours se dépouilla pour enrichir ses serviteurs, qui toujours prit sur sa table le pain sec pour offrir à ses amis les faisans sur leur plat d'or, le feu roi qui était vaillant et fort s'oubliait lui-même comme tous les grands cœurs... Il avait gâté son ami Chicot ! Ce gentilhomme était devenu malhonnête sans doute, et matériel. Pardonnez, seigneur, au monarque et à son humble serviteur.

Gorenflot baissa la tête; frère Robert glissa de son escabeau : il s'était agenouillé.

Le respect avait gagné Henri lui-même. Ce coup qu'il avait voulu porter dans une louable intention, lui était revenu sensible et direct en plein cœur.

— Je crois bien plutôt, répondit-il vivement, que le gentilhomme gascon ne voulut point nouer de familiarité avec Henri IV pour ne pas affaiblir ses souvenirs, pour ne point faire succéder à sa tendresse pour le feu roi une tendresse nouvelle : certaines amitiés sont un culte que les belles âmes entretiennent religieusement.

— Peut-être, répliqua le traducteur. Mais vous avez promis quelques mots sur les derniers moments de M. Chicot.

— Il combattait à la journée de Bures en vaillant soldat. Toujours ardent à se venger de M. de Mayenne, il fit prisonnier son ami, son parent, le comte de Chaligny, et tout triomphant me l'amena.

— A vous, monsieur de Crillon ? interrompit Robert, ou au roi ?

— J'étais si près du roi qu'il l'amenait à nous deux : « Tiens, dit-il joyeusement, Henri, voilà un cadeau que je te fais. » Et il poussa Chaligny à mes pieds.

— Il tutoyait le roi ?

— Il ne tutoyait que le roi. Ces mots firent rire ; le comte de Chaligny, furieux, se retourna, et de son épée, que le généreux Chicot lui avait laissée, il lui fendit la tête.

— Je ne suis qu'un moine peu instruit des lois de la guerre, murmura le frère Robert ; mais il me semble que cette action fut lâche.

— Elle fut infâme.

— Et... le blessé ?

— Chicot tomba. Je le fis panser, soigner par de bons chirurgiens.

— Chez vous ?... dans votre tente, n'est-ce pas ? monsieur le chevalier, demanda Robert.

— Dans ma tente... dit le roi embarrassé, je n'en avais pas toujours.

— Dans le logis du roi, enfin... le roi logeait toujours quelque part. Lorsque le roi Henri III était en campagne, Chicot, il me l'a dit, fut souvent blessé près de lui, et toujours il fut soigné chez le roi. Il couchait à ses pieds... c'est le privilége des chiens fidèles.

Le roi rougit. Ses yeux si loyaux et si brillants se troublèrent. Un remords soulevé par ces paroles si simples monta lentement de son cœur à ses lèvres et il balbutia :

— C'est vrai... j'oubliai de faire panser Chicot chez moi ; je l'avais envoyé dans une maison sûre. J'appris qu'il s'affaiblissait tous les jours, et enfin on vint me prévenir qu'il était au plus mal. J'accourus... il était mort.

— De votre part, c'était naturel, monsieur le chevalier, mais de la part du roi Henri IV?... Oh ! si Chicot eût couché aux pieds du roi, murmura Robert d'une voix lugubre et déchirante, il eût eu du moins l'ineffable bonheur de rendre le dernier soupir en bénissant son maître, et tous ses services eussent été assez payés !

Le roi courba le front en proie à une émotion que jamais peut-être il n'avait ressentie.

— Enfin, continua Robert d'un ton solennel et les yeux fixés sur dom Modeste, M. de Chicot est mort. Paix à son âme. C'était un homme de bonne volonté, comme dit l'Écriture ! et félicitons-le maintenant qu'il n'est plus au service des grands de la terre !

En parlant ainsi, le frère soulevait dans sa main la figurine presque achevée. Le roi la vit et fut frappé.

La figurine le représentait lui-même dans un costume de cérémonie avec sa large barbe et son long nez célèbre. C'était sa taille, son allure martiale et dégagée. Il était agenouillé, tenant en ses mains un missel sur lequel on lisait le mot : Messe.

Le roi, saisi de stupeur à la vue de ce merveilleux travail, exécuté dans les intermittences du dialogue et des observations du frère parleur, joignit les mains et se penchant sur la statuette pour la voir de plus près :

— Mais c'est mon portrait, s'écria-t-il. Vous voyez bien que vous me connaissez!

Frère Robert, sans se retourner, écrivit rapidement avec la pointe de l'ébauchoir :

CRILLON. — EQUES. — MCLXXXXIV.

Le roi se tut, encore une fois jeté loin du but par cette inaltérable présence d'esprit. Mais il se préparait à prendre sa revanche, lorsque la porte de la chambre s'ouvrit, l'enfant qui avait amené Henri chez dom Modeste accourut hors de lui et dit quelques mots tout bas au prieur.

Gorenflot devint violet; on eût dit qu'il allait être foudroyé d'apoplexie.

Frère Robert, sans se troubler, feignit de consulter son prieur et dit au roi :

— Il serait peut-être désagréable au chevalier de Crillon de rencontrer la personne qui nous rend visite. Montez le petit degré, monsieur, il aboutit à la chambre de frère Robert. J'y ferai conduire par une autre porte l'ami qui vous attend là-haut. Allez, et tâchez de vous persuader que le roi a des amis ici.

Le roi tressaillit et regarda les deux moines comme pour leur demander s'ils comptaient le prendre dans un piége.

La main sur son épée, il monta l'escalier à reculons, l'œil toujours fixé sur le prieur et son acolyte. Il atteignit bientôt la chambre désignée, s'y enferma, et presque aussitôt vit entrer Crillon par une autre porte donnant sur le corridor.

— Sire! comme vous êtes pâle! s'écria le chevalier. Est-ce que vous savez déjà son arrivée en cette maison?

— L'arrivée de qui ?
— Mais, de la duchesse... de Mme de Montpensier.
— Elle ici !... Tu l'as vue ?
— Avec quatre Espagnols, deux gentilshommes, son écuyer et un petit jeune homme inconnu. Soyons sur nos gardes, sire, en attendant le retour de Pontis et notre renfort.
— Voudrait-il se venger ainsi de mon ingratitude ! murmura Henri, tout entier au souvenir du mystérieux frère parleur.
— Se venger de vous ?... Qui donc, sire ?
— Silence ! s'écria Henri. Écoute cette voix.

On entendait distinctement de la chambre le moindre mot prononcé au-dessous chez le prieur.

XXII

LA DUCHESSE TISIPHONE

C'était bien la duchesse, si célèbre à cette époque, qui venait faire visite au prieur des génovéfains.

Crillon ne s'était pas trompé. Elle avait une suite assez nombreuse pour commander le respect, et, par une barbacane industrieusement percée dans l'épaisseur de l'alcôve du prieur, frère Robert aperçut les Espagnols et le petit jeune homme dont le chevalier avait signalé la visite à Henri IV.

Les deux portes de l'appartement de Gorenflot s'ouvrirent comme pour l'entrée d'une reine, et frère Robert ayant, sans être aperçu, levé au plafond, par le moyen d'une bascule, certaine trappe qui en diminuait assez l'épaisseur pour que la voix parvînt à l'étage supérieur, la duchesse pénétra chez dom Modeste.

Catherine-Marie de Lorraine, duchesse de Montpensier, avait quarante et un ans environ, et conservait peu de restes de la beauté de visage dont elle avait été si fière. Ses yeux noirs, profonds et méchants, des sourcils épais dont les arcs se touchaient au-dessus d'un nez fin et long, une bouche mince pleine d'astuce et de circonspection, le front fuyant comme celui des vipères, telle était la femme. Elle dissimulait l'inégalité de sa jambe boiteuse par un sautillement gracieux peut-être dans une jeune fille, mais assurément étrange dans une femme dont les cheveux grisonnent. Petite, maigre, elle furetait et rongeait partout comme une fourmi blessée.

Quant à son portrait moral, c'était encore une plus laide image. Ennemie mortelle d'Henri III, qui, disait-on, l'avait offensée par de secrets mépris, elle avait saisi l'occasion éclatante du meurtre des Guise, ses frères, tués à Blois, et, à partir de ce moment, avait poursuivi le roi à outrance, soudoyant des prédicateurs, soufflant le feu de la Ligue, et armant la main du fanatique Jacques Clément, que tout l'accuse d'avoir séduit par les plus honteux sacrifices. Après le meurtre d'Henri III, on l'avait entendue s'écrier : « Quel malheur qu'avant de mourir, il n'ait pas su que le coup vient de moi! »

Enfin, c'était elle qui, appelant les Espagnols en France, avait, depuis la mort d'Henri III, entretenu la guerre civile, pour faire entrer la couronne de France dans sa maison. Cette furie valait une armée par l'activité de sa haine dévorante et l'adresse infernale de ses combinaisons, qui ne reculaient devant aucun crime. Elle excitait Mayenne, souvent paresseux et tiède, elle l'eût sacrifié lui-même, et parce qu'à cette flamme il fallait toujours un aliment nouveau, Henri IV avait remplacé Henri III. Devenu point de mire, c'était sur lui que tout se dirigeait.

Elle entra chez dom Modeste avec une précipitation qui témoignait de son inquiétude et de son impatience. On put voir à l'extrémité du corridor, près de la grande salle, ses gardes espagnols et ses ligueurs qui se promenaient en l'attendant.

— Fermez les portes! dit-elle d'une voix impérieuse, à laquelle frère Robert se hâta d'obéir.

Les portes bien closes, il revint humblement et avec tous les signes d'un profond respect s'asseoir aux pieds de son prieur, la cire et l'ébauchoir en main.

La duchesse arpentait la chambre, baissant la tête et frappant de sa houssine les meubles, et lorsqu'elle n'en rencontrait point, sa robe de drap qui traînait sur le plancher derrière elle.

Gorenflot faisait de gros yeux à son parleur, qui le calma par un petit clignement des paupières imperceptible pour tout autre que ces deux hommes si bien habitués à s'entendre.

Le frère parleur, voyant s'agiter la baguette, dit à la duchesse qu'elle était la bienvenue et que sa présence comblait d'honneur et de joie toute la communauté.

Elle, frémissant comme une tigresse en cage :

— Il n'en est pas de même de mon côté, dit-elle, et je ne suis pas venue pour vous faire des compliments, monsieur le prieur.

— Pourquoi ? madame, demanda l'interprète.

— Oh! cela est tellement grave, dit la duchesse en grinçant des dents; que je me suis demandé si je devais venir ici, ou vous faire venir chez moi.

— Madame la duchesse sait que je ne puis me mouvoir, répliqua frère Robert.

— Vous êtes pesant, c'est vrai, monsieur le prieur.

mais j'ai remué des masses plus lourdes, et je ne sais pourquoi je pense que dix de mes gens vous emporteraient comme une plume soit chez moi, à Paris, soit à la Bastille.

— A la Bastille! s'écrièrent les yeux effarés de Gorenflot; mais la voix de frère Robert dit froidement:

— Pourquoi à la Bastille, madame la duchesse?

— Parce que c'est là qu'on s'explique sur des accusations de trahison.

Gorenflot sentit se dresser son bonnet sur ses rares cheveux; une sueur froide perlant à grosses gouttes roula sur les pommettes de ses joues énormes.

— Je ne comprends point, dit frère Robert, avec un accent doux et placide.

— Et d'abord, s'écria la duchesse exaspérée, il est impossible de causer ainsi par l'entremise de ce butor!

Elle désignait frère Robert tapi sous son capuchon.

— Ce maraud, ce cuistre, poursuivit-elle en écumant de rage, me traduit vos paroles avec un flegme stupide! Il ne sent donc rien, l'animal brute! Au moins, vous pâlissez, vous, dom Modeste, et vous suez de peur!... Mais lui, c'est une solive, c'est un grès, c'est une carcasse bonne à pendre au plafond d'une sorcière, comme un lézard! Mort de ma vie! je le ferais écorcher vif, si j'étais sûre qu'on trouvât de la peau sur ses os!

Frère Robert, sans se déconcerter, répondit:

— Les reproches que madame adresse à mon interprète sont injustes. Il traduit exactement ma pensée. Il parle comme je sens.

— Vous n'avez pas peur, vous?

— Pas le moins du monde.

— Vous ne suez pas à grosses gouttes?

— C'est ma graisse qui fond à la chaleur.

— Vous ne tremblez pas de vous expliquer avec moi?

— Je ne sais point trembler quand je me sens pur de toute faute. Et, d'ailleurs, ma force me vient d'en haut, et je redoute peu les puissants de la terre.

Rien n'était plus bizarre que cette traduction invraisemblable des émotions qui agitaient le prieur. Frère Robert parlait du calme et du courage de Gorenflot, Gorenflot semblait près de crouler sous sa chaise, et tous ses traits se décomposaient à vue d'œil.

La duchesse vint à Robert, le saisit par son capuchon et le secouant furieusement :

— Parle-moi toi-même, dit-elle.

— C'est défendu, répondit-il en la regardant avec calme.

— Je te l'ordonne.

Frère Robert rabattit son capuce et se tut. On vit la duchesse pâlir et rougir comme si elle eût eu un frein à ronger. Le silence des deux moines l'exaspérait, et elle ne voyait pas le moyen de faire cesser ce silence. Gorenflot, remis de sa frayeur par l'exemple de l'intrépide Robert, semblait lui-même braver la duchesse, et quelque chose comme un ironique sourire épanouissait sa large et pâteuse figure.

— Vous me menacez, je crois, du martyre ! s'écria l'interprète d'une voix claire comme l'accent de la trompette. Eh bien ! madame, au martyre ! au martyre ! Nous irons joyeusement au martyre comme frère David que vous avez fait tuer ! comme frère Borromée que vous avez fait tuer ! comme frère Clément que vous avez...

— Assez !... interrompit la duchesse, assez, vous dis-je ! Qui vous parle de martyre ?...

— Vous avez nommé la Bastille.

— J'étais en colère.

— Péché mortel.

La duchesse haussa les épaules.

— Je sais bien que cela vous est égal, dit l'interprète; mais dans les casseroles et sur les grils de l'enfer, vous parlerez tout autrement !

— Allez-vous prêcher ?

— C'est mon métier, c'est ma vocation. Le prophète parla fièrement à la superbe Jézabel, Jézabel fut mangée par...

— Par les chiens; c'est ce que je venais vous dire. Et puisque je suis Jézabel, qui était reine, songez-y bien ! nommez-moi les chiens qui me dévorent toute vivante. Mort de ma vie !

— Juron, blasphème ; péché mortel.

— Dom Modeste !...

— Je sers le Seigneur ! vous l'offensez, tant pis pour vous.

— Encore une fois ! s'écria la duchesse ivre de rage, vous prêchez, mauvais moine, et vous ne répondez pas !

— Et vous, vous insultez, vous hurlez, vous écumez même, et vous n'interrogez pas.

A ces mots, qui firent frissonner de la tête aux pieds Gorenflot, leur éditeur responsable, la duchesse se retourna d'un bond. Elle était effrayante à voir. Ses cheveux tordus, prêts à se dénouer, semblaient siffler comme les serpents de Tisiphone.

— Vous vous oubliez, mon maître ! murmura-t-elle avec un accent farouche. Croyez-vous donc qu'il ne vous reste plus assez de cou pour qu'on vous pende ?

— Nous voilà revenus au martyre, dit froidement Robert ; nous tournons dans un cercle vicieux : *vitiosum circulum tenemus!* pendez vite ! mais changez de formule, l'entretien est monotone.

Ce calme dédaigneux abattit soudain la rage de la duchesse.

Elle s'approcha les bras croisés de Gorenflot et lentement, comme si elle eût pesé chaque parole :

— Quel jour suis-je venue vous consulter sur le nouvel embarras que suscitent à la Ligue les états généraux ?

— Il y a aujourd'hui trois semaines, madame, dit l'interprète.

— Que m'avez-vous conseillé de faire ?

— Vous le savez aussi bien que moi, princesse.

— Vous m'avez conseillé d'abandonner la cause de mon frère, M. de Mayenne, vous fondant sur ce qu'il avait trop peu de chances pour régner.

— C'est vrai, il en a fort peu, dit Robert.

— Docile à vos avis comme je l'ai toujours été, parce qu'il faut l'avouer, vous êtes d'une perspicacité remarquable. — Vous m'en avez donné des preuves, vous qui aviez deviné Jacques Clément !...

Gorenflot devint livide.

— Docile, dis-je, j'ai abandonné la cause de mon frère et proposé à l'Espagne le mariage de l'infante avec mon neveu de Guise.

— Rien que de très-naturel là dedans, interrompit l'interprète, puisque le roi d'Espagne veut marier sa fille avec un prince français, et que M. de Mayenne est déjà marié.

— Et puis, la couronne de France, grâce à votre ingénieux conseil, ne sort pas ainsi de la maison de Guise. Certes, le conseil est admirable, et je vous en remercie encore.

— C'est peut-être pour cela, dit Robert, que vous me proposiez tout à l'heure de me faire pendre ?

— Attendez ! je n'ai pas fini. Qui a rédigé la proposition de ce mariage au roi d'Espagne, vous, n'est-ce pas ?

— Oui, je vous l'ai dictée après m'en être bien défendu; souvenez-vous-en! Je me défie de l'Espagnol; je vous l'ai assez répété.

— Quel jour suis-je venue vous rendre la réponse du roi d'Espagne, c'est-à-dire son acceptation?

— Avant-hier, en me raillant sur ma défiance.

— Combien de personnes savaient le secret?

— Ah! je ne puis vous le dire, madame.

— Mais je le puis, moi. Il y avait trois personnes dans la confidence : le roi d'Espagne, moi et vous. Je ne parle pas du moine que voici... puisque vous prétendez qu'il ne compte pas.

— Il ne compte pas, en effet, répliqua frère Robert. Eh bien! madame, où voulez-vous en venir?

— A ceci : au lieu de trois personnes instruites de notre combinaison, il y en a cinq aujourd'hui, et savez-vous quels sont les deux nouveaux adeptes?

— Ma foi non, madame. Mais je le saurai si vous me faites la grâce de me le dire.

— L'un s'appelle M. de Mayenne, mon frère; celui surtout qui devait ignorer notre secret.

— M. de Mayenne est instruit! s'écria frère Robert. Eh bien! alors, tout est perdu.

— C'est ce que je disais, tout est perdu.

— Votre conspiration avorte.

— Oui, dom Modeste, je suis brouillée mortellement avec mon frère, la division est dans notre camp, une guerre sourde s'allume dans notre famille; mais, ce n'est encore rien... Devinez par qui M. de Mayenne a été instruit de notre complot?

— Ah! madame...

— Par le roi de Navarre, par le Béarnais qui lui a, hier soir, envoyé copie exacte du traité passé entre l'Espagne et moi au sujet du mariage de l'infante.

— Voilà qui est incroyable! s'écria frère Robert avec

une grimace intraduisible. Quoi ! le Béarnais sait tout ! qui le lui a dit ?

— C'est ce que je venais vous demander, répliqua la duchesse d'une voix sombre; voilà pourquoi mon impatiente colère a commencé par menacer, voilà pourquoi enfin vous me voyez prête à tout faire, sinon pour réparer le mal énorme que me cause cette trahison, du moins pour découvrir et punir si cruellement le traître, que l'horreur du châtiment s'en transmette aux siècles les plus reculés. Est-ce votre avis, dom Modeste ?

— Complétement, répondit l'interprète d'un air dégagé.

— Avez-vous quelque idée sur le supplice qu'on pourrait lui infliger ?

— Nous prendrons, si vous voulez, toutes les tortures des Persans et des Carthaginois ; j'en ai un livre assez gros tout rempli, avec commentaires et figures. Quelques-uns de ces supplices sont d'un ingénieux qui surpasse toute imagination.

— Vous me plaisez en parlant ainsi, dit la duchesse avec un rugissement de colère... Mais d'abord...

— Je sais ce que Votre Seigneurie veut dire ; d'abord il faut connaître le coupable, *secundo* l'appréhender, *tertio* le convaincre.

— Ce ne sera pas difficile, monsieur le prieur.

— Procédons, alors, dit frère Robert en relevant les manches de Gorenflot avec un geste d'empressement bouffon. Quel est-il ?

— C'est vous ou le frère Robert, s'écria la duchesse.

L'interprète se retourna vers Mme de Montpensier et lui dit froidement :

— Je ne crois pas.

— Comment ?

— Je crois plutôt que c'est vous ou le roi d'Espagne.

— Quel intérêt aurais-je ? s'écria la duchesse étourdie de cette audacieuse confiance.

— Et moi, dit frère Robert, quel intérêt ?

— On ne sait pas. L'âme d'un moine est une caverne.

— L'âme des rois et des duchesses est un abîme, dit fièrement l'interprète. D'ailleurs, prouvez... Et comme vous ne pouvez pas, comme vous ne sauriez prouver, comme la femme est un esprit faible, pétulant, toujours cherchant les extrêmes quand il est si sage et si facile de demeurer au centre des choses, je vous prouverai, moi, que vous avez des traîtres chez vous.

— La dépêche d'Espagne ne m'a pas quittée.

— Alors l'Espagne vous joue, et a envoyé un double de sa dépêche soit au roi de Navarre, soit à M. de Mayenne. L'Espagne veut régner en France, sans votre neveu et sans vous ? Elle vous croit trop forte et veut vous affaiblir en fortifiant momentanément votre ennemi Henri IV.

La duchesse réfléchit, frappée de cette idée nouvelle.

— C'est possible, murmura-t-elle.

— C'est certain, et je vous engage fortement à faire écarteler S. M. très-catholique, si mieux vous n'aimez faire décapiter cette perfide Catherine de Lorraine, duchesse de Montpensier, pour la punir de s'être trahie elle-même, en prenant l'intermédiaire des Espagnols.

— Vous avez raison, dom Modeste.

— Il fallait faire vos affaires vous-même.

— Cela m'a toujours réussi, et c'est ce que je ferai.

— Il est vrai que vous vous êtes mise aujourd'hui en un grand embarras.

— J'en sortirai.

— Je ne vous demanderai pas comment, de peur que demain vous ne m'accusiez encore d'avoir prévenu le

Béarnais..., le Béarnais, qui a juré de faire rouer et brûler vif tous ceux qui ont trempé dans la mort du feu roi ! le Béarnais, dont le triomphe serait ma perte comme la vôtre !

— Pardonnez-moi, la douleur égare...

— Jusqu'à insulter et menacer des amis tels que moi, jusqu'à les suspecter ! Allez, allez, madame, je vous l'avais dit souvent : Rompons ! rompons ! Il n'y a plus d'amitié entre gens qui se défient l'un de l'autre.

— Vous vous défiez donc de moi ?

— A cause de vos fautes, oui, madame ; vous en commettez qui perdront vos amis.

— Je n'en commettrai plus, dom Modeste.

— Vous venez de fortifier Henri IV par une alliance avec l'Espagne, qui vous dépopularise aux yeux de toute la France, par une brouille avec M. de Mayenne, et vous ne vous en relèverez pas.

— Tout cela sera réparé demain.

— Que le roi abjure, et vous êtes perdue, vous et toute la Ligue.

— J'y ai pensé, le roi n'abjurera pas.

— On annonce la cérémonie, à Saint-Denis, pour dimanche.

— Demain le roi sera enfermé dans quelque bonne forteresse.

— Par vous ? s'écria frère Robert.

— Oh ! non, je n'y essayerai même pas, moi, mais ses amis feront la besogne.

— Ses amis l'enfermeront ?

— Ses amis les huguenots. Oui, furieux des bruits qui courent sur l'abjuration de leur chef, ils ont fait un petit complot, et l'enlèvent aujourd'hui même dans la retraite qu'il s'est choisie, chez sa nouvelle maîtresse, Mlle d'Estrées.

— Ils ont eu cet esprit?

— On le leur a soufflé. Ils enlèvent donc précieusement Henri IV, le gardent à vue, pour l'éloigner de la messe, leur antipathie, et pendant sa captivité, j'aurai regagné les avantages que la trahison de l'Espagnol m'a fait perdre.

— C'est parfaitement ingénieux, interpréta Robert, d'utiliser ainsi les amis de son ennemi. Mais avez-vous la certitude que les huguenots enlèveront le roi avant l'abjuration?

— Son escorte elle-même s'en est chargée. Il a fait venir aux environs de Chatou une troupe pour protéger ses excursions amoureuses. C'est un galant, notre Béarnais. Eh bien! on le protégera de façon qu'il n'aura plus de risques à courir.

Frère Robert leva les yeux au plafond, dont les poutrelles avaient craqué.

— Je vois que les mesures de madame la duchesse sont bien prises, dit-il, comme pour obéir à la baguette de Gorenflot; mais enfin, après avoir tenu Henri prisonnier, les huguenots lui rendront la liberté, ne fût-ce que pour livrer bataille, ne fût-ce que pour faire le siége de Paris; car vous avez prévu le cas où il assiégerait Paris, n'est-ce pas, madame?

— Oui, mon révérend.

— Et le cas même où il prendrait Paris?

— Je n'ai pas prévu cette circonstance, c'est inutile, Henri III assiégeait Paris comme Henri IV peut le faire, et il ne l'a point pris.

— Ah!.. dit frère Robert d'une voix vibrante qui alla frapper les voûtes, c'est qu'entre Paris et Henri III, il s'est rencontré...

— L'événement de Saint-Cloud.

— Oui, madame, et il n'y a qu'un Saint-Cloud aux environs de la capitale.

— C'est probable ; mais ce qui s'est fait à Saint-Cloud se fût fait tout aussi bien ailleurs.

Là-dessus la duchesse leva le siége, et, saluant amicalement Gorenflot :

— Ne me gardez pas rancune, dit-elle. J'avais perdu la tête à la suite de ma querelle avec mon frère Mayenne. Si vous saviez comme j'ai été confondue quand ce matin il est entré chez moi ce traité espagnol à la main ! Je m'en fusse prise à moi-même. Mais vous avez raison, c'est l'Espagne qui nous trahit et pactise peut-être avec le Béarnais pour m'affaiblir.

— Voilà ma pensée, dit le frère Robert.

— Eh bien, soyez calme, ajouta la duchesse. Le Béarnais ne régnera pas, fût-il allié à vingt Philippe II ; il ne régnera pas, je vous en donne ma parole.

— Eh eh ! dit frère Robert en traduisant par ce doute le signe de Gorenflot, s'il abjure, s'il prend Paris...

— Nous avons ses huguenots pour l'empêcher d'abjurer. Nous aurons notre événement de Saint-Cloud pour l'empêcher de prendre la ville ; et si tout cela manque, nous aurons encore autre chose... que je garde là, dit-elle en se touchant le front avec un infernal sourire ; quelque chose qui vous fera revenir de votre opinion un peu défavorable sur les femmes. Adieu, mon cher prieur ; nous nous sommes expliqués, nous voilà bons amis. Adieu, je vous enverrai des confitures.

La figure de Gorenflot prit une expression d'épouvante qui faisait peu d'honneur aux confitures de la duchesse et dont rit sous cape le frère Robert.

Le parleur escorta M*me* de Montpensier jusqu'aux portes. Elle donna ses ordres, et souriant au petit jeune homme blond qui l'attendait dans un coin avec les Espagnols :

— Aidez moi à monter à cheval, monsieur Châtel, dit la sirène avec une provocante familiarité.

Le nouveau favori s'élança, rouge de plaisir, pour offrir sa main au petit pied de la duchesse.

— Quel est ce jeune gentilhomme ? demanda frère Robert à l'écuyer.

— Ce n'est pas un gentilhomme, dit ce dernier, c'est le fils d'un marchand drapier qui vend des étoffes à Mme la duchesse.

Frère Robert sourit silencieusement à son tour, et regarda le jeune homme jusqu'au fond de l'âme en pétrissant dans ses doigts un nouveau morceau de cire qu'il attaqua de son ébauchoir.

XXIII

COMMENT HENRI ÉCHAPPA AUX HUGUENOTS ET COMMENT GABRIELLE ÉCHAPPA AU ROI

Le silence régnait chez le prieur. Mme la duchesse était déjà hors du couvent, que le roi et Crillon, penchés sur le parquet de la chambre haute, écoutaient encore, stupéfaits.

Crillon se tordit la moustache. Henri s'assit dans un fauteuil.

— Je crois bien, sire, dit le chevalier, que j'aurais encore le temps de rattraper cette scélérate et de lui rompre sa bonne jambe. A quoi pensez-vous, harnibieu, que vous ne parlez pas ?

— Je pense que voilà de bons moines, dit le roi attendri, et que les hommes valent mieux qu'on ne pense.

— Les hommes, peut être ; mais les femmes, non.

Je suppose, sire, que nous n'allons pas nous endormir pendant que les ligueurs agissent ?

— Oui, il faudra vérifier ce qu'elle a dit des projets de mon escorte... Allons au plus pressé.

Le roi achevait à peine, lorsqu'on frappa vivement à la porte du corridor. Crillon ouvrit, et Pontis parut.

Il était agité, rouge. Pour qu'il n'aperçût pas le roi, Crillon tint la porte entre-bâillée et intercepta au garde la vue de l'intérieur de la chambre.

— Eh bien, dit-il, cette escorte vient-elle ?

— Monsieur, elle vient. Mais, ce n'est pas seulement une troupe de huit hommes, c'est une armée, si je ne me trompe.

— Comment, une armée ? s'écria le chevalier, tandis que le roi attentif prêtait l'oreille et se rapprochait de la porte pour mieux entendre.

— Monsieur, continua Pontis, j'ai compté au moins quatre-vingts cavaliers, marchant par petits groupes sur le bord de la rivière.

— De nos cavaliers à nous ?

— Oui, monsieur. Mais, voilà qui est bizarre. Tous huguenots! comme si on les avait appareillés.

Crillon tressaillit et envoya un regard furtif au roi.

— Mais la Varenne?

— Il n'y était point.

— Qu'as-tu dit alors?

— J'ai prié le premier piquet de se diriger vers le couvent, de votre part. Aussitôt un cavalier que je ne connais pas s'est écrié : Si M. de Crillon y est, le roi pourrait bien s'y trouver aussi. Est-ce que c'est vrai, monsieur le chevalier, ajouta Pontis, que le roi se trouve au couvent?

— Que t'importe! continue.

— Il y a eu des pourparlers parmi les huguenots;

j'ai entendu prononcer des noms : la Chaussée, Bougival, M. d'Estrées. On se querellait, on s'échauffait ; bref, tout le détachement s'est mis en marche, en sorte qu'au lieu d'une escorte de huit hommes, vous allez dans une demi-heure en avoir plus d'un cent.

Une légère pâleur passa sur le front du roi. Crillon, sans changer de couleur, s'arracha deux ou trois poils de barbe en réfléchissant.

— Est-ce tout, monsieur, dit Pontis, car j'ai hâte d'aller voir mon blessé, mon pauvre Espérance, qui se plaignait d'avoir faim tout à l'heure. Y puis-je aller?

Crillon, touchant du doigt la manche de Pontis, comme si par le contact du plus brave homme de l'Europe il eût voulu centupler la valeur de son unique soldat :

— Tu as une bonne épée? demanda-t-il.

— Je crois que oui, monsieur, dit Pontis surpris.

— Tu vas la tirer du fourreau. Tu te planteras au bout de ce corridor, au débouché de l'escalier.

— Oui, monsieur.

— Le passage est facile à défendre, puisqu'il n'y peut passer qu'un homme à la fois.

— C'est vrai.

— Eh bien, tout homme qui voudra passer là, et qui ne sera pas bon catholique...

— Je l'arrêterai ?

— Tu le tueras.

— Tiens! c'est donc une Saint-Barthélemy! s'écria Pontis avec une de ces joies fébriles, vieux charbon des haines religieuses que tant de pleurs et de sang n'avaient pas éteintes.

— Une Saint-Barthélemy, si tu veux, dit Crillon.

Le garde s'inclina sans répondre et s'alla placer au poste indiqué par le colonel. Son épée flamboya aux reflets pourprés qui embrasaient la fenêtre du corridor.

— Que prétends-tu faire ? dit le roi rêveur que Crillon était venu retrouver. Ce garde, à lui seul, n'abattra pas cent hommes ?

— Il n'est pas seul, répondit Crillon, et moi donc ? et vous ? est-ce que nous n'avons pas souvent croisé le fer avec cent hommes dans nos mêlées ? ne l'avez-vous pas fait seul à la journée d'Arques, où je n'étais pas ?

— Écoute, dit le roi, évitons, soit la honte d'une défaite, soit le scandale d'une pareille victoire. Tuer mes soldats, c'est faire les affaires de Mme de Montpensier, négocions.

— Et pendant ce temps-là les huguenots, ces enragés, entreront ici et vous dicteront leurs conditions. Harnibieu !...

— Crillon, mon ami, sommes-nous les plus forts ?

— Non, ce dont j'enrage.

— Eh bien ! il faut être les plus fins. J'ai une idée.

— Cela ne m'étonne pas, sire.

— Nous avons quelque garnison ici près ?

— Trois cents hommes à Saint-Denis.

— Huguenots ?

— Harnibieu non ! Ce sont des catholiques.

— Au lieu de rester ici, fais-moi le plaisir d'aller prévenir ces catholiques de ce que veulent faire les huguenots. Ceux-ci veulent m'empêcher d'aller à la messe, mais ceux-là ont bien le droit de m'y conduire.

— Le fait est que c'est admirable ! s'écria le chevalier, vous êtes un grand roi !

— N'est-ce pas ?

— Je cours. Mais j'y pense, pendant ce temps, que se passera-t-il ? Je serais coupable de vous abandonner ainsi !

— Il ne peut rien se passer, les huguenots, que peuvent-ils faire ? Me mener au prêche, j'y ai été mille fois déjà. Une fois de plus n'y ajoutera rien. Ou bien ils me tiendront prisonnier dans ce couvent. Mais je saurai m'en échapper. J'ai ici des intelligences. Ou bien encore ils m'emmèneront, mais les catholiques que tu amèneras leur feront lâcher prise. Gagnons du temps, Crillon, et ne versons pas une goutte de sang.

— On en versera des flots, sire ; la moitié de votre armée détruira l'autre, s'il faut vous tirer de la forteresse où les huguenots vous auront mis.

— Crois-tu donc que je me laisserai prendre et enfermer ?

— Votre Majesté se fera tuer plutôt, je le sais bien.

— Pas du tout, mon Crillon. Ma Majesté va tout à l'heure se faire indiquer par les génovéfains une porte dérobée.

— Vous fuirez...

— Pardieu ! si c'était devant des Espagnols qui me menacent, jamais. Devant des amis trop zélés, qui veulent me faire faire une sottise, toujours !... Va donc m'attendre à Saint-Denis, au milieu des catholiques ; je t'y aurai rejoint avant ce soir.

— Sire, je pars. Et chemin faisant, je veux dérouter ces huguenots, et leur faire supposer que vous êtes ailleurs, par cela même que je serai sorti d'ici, où ils ne voudront jamais croire que je vous laisse seul. Tout au moins, je leur remontrerai la nécessité de respecter un couvent, la trêve, et je les réduirai à vous bloquer chez les génovéfains, tandis que vous courrez les champs en liberté.

— A la bonne heure, voilà parler, mon Crillon.

— On apprend à l'école de Votre Majesté, répondit le chevalier.

Ce dernier alla lever la consigne de Pontis, descendit, fit seller son cheval et sortit du couvent. Henri le vit se diriger vers l'escadron des huguenots qui s'approchait peu à peu. Sans doute on le reconnut, on l'entoura, Henri le perdit bientôt de vue dans la foule.

— Oui, je parle bien, murmura le roi, dont le visage était collé sur les vitres du corridor; mais quelqu'un parle encore mieux que moi... digne frère parleur !

Un léger froissement d'étoffe au seuil de la chambre le fit retourner. Frère Robert, modelant toujours sa cire, était adossé au chambranle de la cheminée. Le roi courut à lui et ferma la porte : ils demeurèrent seuls.

— Quelqu'un est en bas pour M. de Crillon, dit tranquillement frère Robert, sans lever les yeux de dessus son ouvrage.

— C'est bon, qu'il attende ! répliqua le roi. Mais vous ne devez pas attendre, vous que j'ai à remercier si cordialement.

Frère Robert ne bougea pas, ne parla point.

— Vous, continua le roi, qui m'avez rendu aujourd'hui un service si grand, qu'il efface peut-être celui que vous me rendîtes hier.

Le moine garda son silence et son active immobilité.

— C'est vous, n'est-ce pas, qui, hier, m'avez fait tenir la copie du traité conclu entre Philippe II et la duchesse ?

Les yeux de frère Robert exprimèrent l'étonnement, et il répondit :

— Quel traité ?

— Vous nierez, c'est logique, puisque vous me servez dans l'ombre; mais c'est vous encore, tout à l'heure, qui m'avez placé de façon que j'entendisse l'entretien du prieur avec Mme de Montpensier; les complots, les menaces de ma mortelle ennemie. Ce nouveau service, je vous défie de le nier comme l'autre.

— Il était trop naturel de supposer que la présence de Mme de Montpensier ne serait pas agréable au chevalier de Crillon, voilà pourquoi je vous ai fait passer dans ma chambre.

— Vous savez bien que je ne suis pas le chevalier de Crillon! s'écria le roi. Vous me connaissez comme je vous connais. Voyons, par grâce! jetez ce masque. Un seul homme est capable de faire tout ce qui s'est fait ici; un seul homme possède cette finesse, cette habileté, cette vigueur; un seul homme au monde est de force à jouer ce rôle.

Le moine resta impassible, les sourcils froncés.

— Chicot! s'écria le roi avec une expression de tendresse indéfinissable, Chicot! mon vieil ami, je t'ai deviné, je t'ai reconnu. Pardonne-moi; j'ai été ingrat, dis-tu, ce n'est pas ma faute. Il y a dans ma tête tout un univers dont les détails, en se heurtant, font tant de bruit qu'ils m'empêchent parfois d'entendre les battements de mon cœur. Si je t'ai paru oublier, si je ne t'ai pas réchauffé près de moi, comme tu le méritais, je t'en supplie encore, pardonne; tu t'es assez vengé en ne m'embrassant pas dès que tu m'as vu, tu m'as assez puni. Sois un grand cœur, ouvre-moi tes bras.

Frère Robert se détourna. Une contraction douloureuse crispa un moment ce visage de bronze. On eût dit que de chacun des pores allait jaillir du sang ou une larme.

— Chicot, continua le roi en écartant le capuchon du moine, c'est bien toi; tu le nierais en vain; tiens, je sens à ton front la cicatrice de ta blessure. Avoue.

— Quoi? dit frère Robert, d'une voix étranglée,

— Que tu es mon ami, que tu n'as jamais cessé d'aimer Henri.

— Ce serait pour moi un trop grand honneur d'être l'ami du brave Crillon. Quant à aimer Henri IV, c'est mon devoir.

— Encore une fois, tu m'offenses, je suis ton roi, et je t'ordonne de m'embrasser.

— Si vous êtes le roi, sire, un pauvre moine vous manquerait de respect en vous touchant.

— Oh! murmura Henri en reculant avec tristesse, plus que jamais, dans cette opiniâtreté, dans cette rancune, je reconnais Chicot, dont la mémoire de fer n'a jamais oublié ni un bienfait, ni une injure. Eussé-je encore douté que tu fusses mon vieux compagnon, je n'en douterais plus, à te voir aussi implacable. Ne sois pas mon ami, si tu veux, mais tu es bien Chicot!

— Chicot est mort, répliqua solennellement le moine, et Votre Majesté sait bien que les morts ne reviennent pas.

— En tout cas, ils parlent, dit le roi, et ils rendent des services. Ils font même des portraits... Qu'as-tu fait du mien, de cet ingénieux conseil en cire, par lequel tu m'avertissais tout à l'heure de mettre mes habits de cérémonie, de m'agenouiller devant un autel catholique, un livre de messe à la main et d'embrasser la religion catholique... C'était une statue charmante.

— Je l'ai remplacée par ceci, répondit le moine en montrant à Henri IV une nouvelle figurine qu'il venait d'achever.

— Un jeune homme... d'une aimable figure.

— N'est-ce pas?

— Je ne le connais point.

— Puissiez-vous toujours en dire autant.

— Tu lui as mis un couteau à la main, s'écria Henri ; pourquoi ?

— Pour que vous le reconnaissiez, si vous le rencontrez jamais dans cette attitude.

— Qu'est-ce donc que ce jeune homme ?

— Un petit Parisien qui promet, répondit Robert en plaçant la figurine entre les mains du roi. Pour le moment c'est un fournisseur de Mme la duchesse.

— Bien, murmura le roi en regardant la figurine avec émotion. Je me rappellerai ces traits et ce couteau. Merci, Chicot !

— Plaise à Votre Majesté me laisser mon véritable nom, dit Robert avec un accent de volonté immuable qui fit frissonner Henri comme le souffle d'un être surnaturel. Pour un caprice de prince, caprice bienveillant d'ailleurs, et qui m'honore puisque vous me comparez à un brave homme, je ne veux perdre ni mes derniers jours de repos en ce monde ni mon éternité de salut en l'autre. J'ai eu l'honneur de dire à Votre Majesté qu'une personne attendait en bas, apportant des nouvelles intéressantes au chevalier de Crillon.

Le roi, frappé du ton avec lequel frère Robert venait de lui parler, comprit que la décision du moine était irrévocable.

— Soit, ajouta-t-il. Quelle que soit ma peine de n'avoir pu ressusciter un ami si regretté, je n'insisterai plus. Il y a peut-être au fond de cette opiniâtreté des raisons que je n'ai pas le droit d'approfondir. Vous êtes frère Robert, c'est bien, mais rien ne m'empêchera de reporter sur frère Robert l'affection et la reconnaissance inaltérables que je vouais à celui dont je vous ai parlé. J'attends de vous un dernier service : indiquez-moi une issue par laquelle je puisse sortir du couvent sans être découvert.

— Rien de plus aisé. Suivez-moi. Nous avons une porte sur les champs, elle sera peut-être gardée dans une heure, maintenant elle ne l'est pas encore.

— Partons... Mais d'abord, frère Robert, embrassez-moi.

Le moine se pencha lentement. Henri, dans un élan de tendresse, s'appuya sur les épaules de cette bizarre créature, qu'il sentait frémir et palpiter entre ses bras.

La sonnette retentit dans le corridor.

— C'est M. le comte d'Estrées qui s'impatiente sans doute, dit frère Robert en s'écartant bien vite pour dissimuler son émotion.

— M. d'Estrées ! s'écria le roi, qui ne put entendre froidement ce nom chéri. Est-il donc ici ? qu'y vient-il faire ?

— Je vous l'ai dit, parler au chevalier de Crillon.

— Oh ! mon Dieu ! serait-il arrivé quelque malheur à Gabrielle ? dit le roi éperdu d'inquiétude.

— Aucun, à moins que ce ne soit depuis dix minutes, répliqua flegmatiquement le moine ; car il y a dix minutes je l'ai vue fraîche et belle à miracle.

— Tu l'as vue ?... Elle est donc en cette maison ?

— Sans doute, puisque son père y est.

— Courons ! courons la voir, cher frère ! dit Henri qui avait déjà tout oublié pour ne songer qu'à son amour.

— Peut-être Votre Majesté ferait-elle sagement de ne pas paraître, dit Robert. M. d'Estrées est venu demander l'hospitalité en notre maison, la sienne étant, je crois, envahie par des gens de guerre qui vous cherchent. Peut-être même a-t-il encore d'autres raisons pour placer sa fille ici. Le révérend prieur, qui aime fort M. d'Estrées, lui a fait donner les clefs du bâtiment neuf au fond du jardin, et, en ce moment, Mlle d'Estrées s'y installe avec ses femmes. Or, si Votre Majesté se montrait avant la fin de l'installation, peut-être M. d'Estrées emmènerait-il sa fille.

— Par défiance de moi ! s'écria Henri, c'est vrai.

— Sinon par défiance, sire, du moins par respect, et pour ne pas déranger le roi en logeant sous le même toit que lui.

— Qu'il me dérange ou non, je ne partirai certes pas à présent que je suis près de Gabrielle.

— Et je crois, moi, dit tranquillement frère Robert, que le roi n'en partira que plus vite ; car il ne voudrait pas perdre sa couronne et ruiner ses amis pour une œillade. Il ne voudrait pas rendre les génovéfains suspects à M. d'Estrées, qui a pleine confiance en eux. Enfin le roi et Mlle d'Estrées ne peuvent habiter ici en même temps.

— Vous avez raison, frère Robert, Henri oublie toujours qu'il s'appelle roi ! Je pars, mais un dernier adieu à Gabrielle ; où logera-t-elle, je vous prie ?

— Là-bas ! dit le moine.

Henri s'approcha alors de la fenêtre qui donnait sur les jardins. A l'extrémité du potager, c'est-à-dire à cent pas environ, s'élevait, au milieu des arbres, un pavillon octogone à deux étages, dont les contrevents venaient de s'ouvrir, et que le soleil radieux inondait de lumière et de chaleur.

Par les fenêtres béantes, Henri vit s'empresser Gratienne et une autre fille de service qui secouaient les tentures ou emplissaient d'eau des vases pour lesquels Gabrielle, assise au balcon de la fenêtre principale, préparait des roses et des jasmins fraîchement cueillis dans le parterre.

Le cœur d'Henri s'emplit d'une tristesse amère quand il se vit si près de sa belle maîtresse dont, grâce à ce beau temps sans souffle et sans nuages, il entendait la douce voix se mêler dans les feuillages au chant des pinsons et des fauvettes.

— O mon trésor d'amour ! s'écria-t-il, je reviendrai ! et je reviendrai catholique ! ajouta-t-il avec un significatif sourire.

Déjà frère Robert avait devancé le roi. Ils passèrent devant une porte entr'ouverte par laquelle, au bruit de leurs pas, sortit une voix qui criait :

— Pontis ! j'ai faim.

— N'est-ce pas le blessé de Crillon qui parle ainsi ? demanda le roi.

— Lui-même.

— Pardieu ! il faut que je profite de l'occasion pour voir ce fameux lit des Guise.

Henri passa sa tête par la fente de la porte et dit :

— Il y a dedans un beau garçon, ma foi, et qui a l'œil excellent. Il n'a pas envie de mourir, le compère.

Cinq minutes après, frère Robert revenait seul. Le roi était hors du couvent. Mme de Montpensier avait perdu la partie.

XXIV

QUERELLES

M. d'Estrées, las d'attendre Crillon qui ne revenait pas et ne pouvait pas revenir, était allé rejoindre sa fille. Il la trouva au milieu de ses fleurs et de ses dentelles, riant à Gratienne pour dissimuler aux yeux de son père la profonde inquiétude que lui causait un déménagement si précipité.

Ne pas questionner M. d'Estrées, c'eût été une imprudence ; les jeunes filles s'accusent souvent par ce qu'elles ne disent pas aussi bien que par ce qu'elles avouent. Se taire à propos des événements qui intéressaient le roi devenait donc impossible, Gabrielle interrogea.

— Monsieur, dit-elle au comte, vous avez vu dom Modeste, n'est-ce pas? est-il mieux instruit que nous ? Qu'a-t-il dit de ces rassemblements de huguenots qui ont entouré notre maison de la Chaussée.

— Il a pensé qu'il se préparait quelque expédition de ce côté, et que j'avais bien fait de quitter la maison où vous eussiez été exposée.

Gabrielle, piquée de la réserve que son père gardait avec elle, répondit :

— Mais ces huguenots sont les troupes royales.

— Assurément.

— Et nous sommes bons serviteurs du roi.

— Qui en doute?

— Tout le monde en doutera, quand on nous verra fuir devant les royalistes comme devant des Espagnols pillards ou des ligueurs.

M. d'Estrées frappé de cette réponse faite avec tant de calme et de sens :

— C'est bon, c'est bon, dit-il, ma fille, votre père sait ce qu'il a à faire, et nul ne lui en remontrera pour remplir un devoir.

— Dès que vous le prenez ainsi, monsieur, ajouta Gabrielle devenue plus sérieuse, dès qu'il ne s'agit plus de raisonner avec un père, mais d'obéir à un maître, je me tais et j'obéis. Mes œillets, Gratienne!

M. d'Estrées aimait cette charmante fille, et redoutait précisément de lui paraître un tyran. Mais la faiblesse paternelle luttait en ce moment contre une impérieuse nécessité de se montrer surveillant sévère : cette nécessité l'emporta.

— Vous voulez me forcer à vous parler du roi, dit-il, et je le sens bien ; mais comme je découvre chaque jour que pour parler du roi, ou même pour parler avec lui, vous n'avez aucun besoin de votre père, il est inutile que je me fasse votre interprète ou que je vous apporte les nouvelles. Vous les apprendrez bien sans moi.

Gabrielle rougit.

— Monsieur, murmura-t-elle, voilà encore vos soupçons.

— Osez me dire que vous n'étiez pas avec le roi au moulin, quand je vous ai tant appelée du bord de l'eau?

Gabrielle devint pourpre et baissa la tête.

— Si vous aviez du moins la pudeur de mentir.

— Eh! monsieur, refuse-t-on d'entendre un roi qui parle ? Chasse-t-on un roi qui vous rencontre?

— On fait tout pour obéir à son père, mademoiselle. Le père est au-dessus du roi.

— D'accord, monsieur. Je ne l'ai jamais contesté. Je ne crois pas vous avoir jamais prouvé que je fusse mauvaise fille et désobéissante.

— Je sais à quoi m'en tenir à cet égard. Au temps où nous vivons, beaucoup d'époux et de pères font aussi bon marché de l'honneur de leurs familles que les filles et les femmes, pour peu que le galant soit riche et titré. Un roi, c'est la fleur des galants, n'est-ce pas ? même lorsqu'il est marié, même lorsqu'il est fameux par ses aventures, même lorsqu'il grisonne ? Eh bien, mademoiselle, que le roi vous agrée ainsi, je m'en soucie peu. Je ne suis pas le père de Marie Touchet, moi, je ne suis pas un complaisant, et vous l'éprouverez : que dis-je ? vous l'éprouvez déjà.

Gabrielle regarda son père avec des yeux pleins de larmes.

— Pour un bon serviteur du roi, dit-elle, vous traitez mal Sa Majesté.

— Il y a en moi un père et un sujet. Le père est libre de juger la prud'homie du prince qui menace l'honneur de sa fille. Quant au sujet, il est dévoué, il est fidèle.

Gabrielle secoua sa tête charmante.

— Beau dévouement, murmura-t-elle, qui se cache au jour du danger! belle fidélité qui déserte la maison où peut-être un roi fugitif eût trouvé son plus sûr asile!

M. d'Estrées commençait à s'irriter. L'œil brillant, la main tremblante :

— Je vous trouve hardie, s'écria-t-il, de blâmer votre père en ses desseins.

— Mon père ne m'avait pas accoutumée à traiter le roi comme un ennemi.

— Il fallait m'obéir quand je vous ai défendu de le recevoir.

— Il fallait que vous eussiez le courage de chasser le roi quand il nous a fait l'honneur de sa visite.

— Peut-être aurai-je ce courage plus tard. Mais pour n'avoir pas besoin de recourir à de pareilles extrémités, j'ai pris mes mesures.

— Nous nous cachons dans un couvent d'hommes !

— J'irai, moi, mademoiselle, prendre place aux côtés du roi, s'il y a bataille. Mais au moins le surveillerai-je en le défendant. Et tandis que nous sommes en paix, je défends mon honneur contre ce roi lui-même. J'amène ma fille en un couvent, d'où elle ne sortira...

— Que le roi mort, peut-être, dit Gabrielle essuyant ses larmes.

— Que mariée ! s'écria M. d'Estrées, en observant la portée du coup sur sa malheureuse fille.

Le coup fut terrible, Gabrielle se leva comme si elle eût été frappée au cœur.

— Mariée... balbutia-t-elle, est-ce possible!

— C'est certain. Votre mari se défendra du roi comme il pourra. Si vous le secondez, tant mieux pour lui ; s'il vous abandonne, cela le regarde.

— Oh! monsieur, dit Gabrielle en s'approchant les mains jointes de son père, qui arpentait la chambre à grands pas, aurez-vous cette cruauté de sacrifier votre fille. Me marier! mais je n'aime personne.

— Si vous n'aimez personne, il vous sera indifférent de vous marier.

— Voilà votre morale?

— Chacun pour soi ; je sacrifie tout à mon honneur.

— Ayez pitié de votre enfant.

— C'est parce que j'en ai pitié que je la marie.

— Vous me réduirez au désespoir.

— Votre désespoir me fera moins souffrir que votre honte.

— J'en mourrai.

— Mieux vaut que vous mouriez de cette douleur que de mourir de ma main, ce qui fût arrivé si je vous eusse convaincue d'ignominie.

Gabrielle se redressa, blessée.

— Un père Romain, dit-elle; c'est beau. Mais la fille est Française.

— Elle se vengera à la française, n'est-ce pas?

— Elle se vengera comme elle pourra.

— Cela regarde votre mari, mademoiselle.

— Le mari sera-t-il aussi Romain?

— Non, il est Picard. Il ne vaut pas un roi, mais c'est un seigneur de mérite. Il ne vous plaira peut-être pas, mais il me convient.

— Il s'appelle ?

— Il s'appelle de Liancourt, seigneur d'Armeval, gouverneur de Chauny.

Gabrielle poussa un cri d'épouvante. La délicatesse de la femme se révoltait.

— Il est bossu, monsieur, dit-elle.

— Il se redressera à votre bras.

— Il a les jambes de travers.

— Et vous l'esprit.

— Les enfants le suivent quand il marche.

— Il ira à cheval.

— Monsieur, c'est un crime, c'est une atrocité. Il est veuf et a onze enfants.

— Autant que de mille pistoles de revenu.

Gabrielle, indignée, se dirigea vers la porte de la chambre voisine.

— Ce n'est plus mon père le gentilhomme qui parle, dit-elle avec un dédain superbe, c'est Zamet le prêteur et le financier. Je pouvais discuter avec M. d'Estrées au sujet du roi de France, mais je n'ai rien à dire à Zamet sur les pistoles et les turpitudes de M. de Liancourt.

En achevant ces paroles, elle poussa la porte, et entra toute pâle chez elle.

— Soit, dit le père en la suivant, révoltez-vous, mais vous obéirez ! et dès ce soir vous recevrez la visite de M. de Liancourt.

— Vous me mépriseriez vous-même, si j'obéissais, dit-elle.

— Pas de bruit, pas de scandale ici, ajouta M. d'Estrées un peu inquiet, car Gabrielle avait élevé la voix, et quelques éclats de cette scène avaient pu franchir les limites du parterre attenant au bâtiment neuf. Commencez par fermer les fenêtres.

— Bien, faites-les mûrer, dit Gabrielle.

M. d'Estrées grinça des dents, Gabrielle continua :

— Si l'on demandait à dom Modeste une place pour moi dans l'*in pace* du couvent ?

Et après cette surexcitation qui avait brisé ses nerfs, la pauvre Gabrielle s'assit, toute pantelante et ruisselant de larmes.

Gratienne s'élança, la prit dans ses bras, et la couvrit de ses baisers en grommelant mille malédictions contre le tyran qui faisait mourir sa chère maîtresse.

M. d'Estrées, après s'être rongé les doigts et avoir mis ses manchettes en pièces, sortit furieux contre sa fille et plus encore contre lui-même.

— Allons, dit-il, voilà que tout le monde se met aux fenêtres, il ne me manquait plus que cela. Du scandale dans un couvent où l'on me reçoit par faveur !

Plusieurs fenêtres s'étaient ouvertes, en effet, soit dans les chambres des religieux, donnant sur les jardins, soit dans le corridor, où l'on vit apparaître çà et là une figure de génovéfain curieux.

Mais ce qui contraria le plus M. d'Estrées, ce fut d'apercevoir en compagnie d'un jeune homme, à l'une des fenêtres du premier étage, la sévère et longue silhouette du frère Robert, dont on devinait sous le capuchon le regard inquisiteur.

Le père féroce rougit, se sentit mal à l'aise et s'enfonça dans le taillis qui avoisinait le bâtiment neuf, pour cacher sa confusion et dévorer en paix sa mauvaise humeur.

Ce jeune homme qui regardait de loin avec Robert, c'était Pontis, distrait des soins qu'il prodiguait à Espérance par l'éclat des voix qui se querellaient dans le bâtiment neuf.

Frère Robert fit son profit de cet incident, et questionné par le garde, lui répondit quelques banalités avec la plus parfaite indifférence. Puis il sortit de la chambre.

Pontis fut questionné à son tour par Espérance.

— Qu'y a-t-il là-bas, demanda le blessé, et qu'as-tu été voir avec le frère à la fenêtre ?

— Rien, des femmes qui disputent.

— Il y a donc des femmes en ce couvent ? dit Espérance.

— Malheureusement oui. A ce qu'il paraît, il faut qu'on en trouve partout.

— Et elles disputent ?

— Est-ce que cela ne dispute pas toujours. Quelle espèce !

Espérance sourit tristement.

— Vous êtes payé pour en penser du bien, des femmes, ajouta Pontis. Hein ! comme vous allez les aimer !

— Le fait est que je m'y sens peu de penchant.

— Sambioux! rien que la vue, rien que l'idée d'une femme me met en fureur.

Pontis ferma violemment la fenêtre.

— Pourquoi me prives-tu d'air et de soleil? dit Espérance.

— Tiens, c'est vrai. Eh bien, c'est encore la faute de ces enragées créatures.

— Là! là! ne crie pas si haut; tu me fais mal à la tête, elle est vide, ma tête, vois-tu, puisque par crainte de la fièvre, mes chirurgiens me refusent à manger.

— Ils ont raison. Fuyons la fièvre comme nous fuirions une femme. La fièvre est femme! Sambioux! dit Pontis en approchant sa chaise du chevet d'Espérance, causons des crimes de la femme ; j'en sais quelques abominables scélératesses que je vais vous raconter pour vous entretenir dans de bonnes dispositions. Allons! allons! vous riez, c'est bon signe!

C'était bon signe en effet, Henri avait pronostiqué juste. Espérance ne se sentait aucune envie de mourir, et il vécut. Les soins combinés du frère chirurgien et du frère parleur éloignèrent de lui la fièvre, et à mesure que celle-ci fuyait, la faim arrivait à grands pas. Les élixirs de l'infirmerie que prodiguait Robert et les blancs de poulet que Pontis allait voler à la cuisine rétablirent peu à peu la poitrine et restaurèrent l'estomac. La flamme revint dans les yeux, une vapeur rosée remonta sur les pommettes jaunes.

A quelques jours de là, Crillon reparut chez les génévéfains. Il raconta de la part du roi au frère Robert l'enthousiasme des catholiques qui gardaient Henri et faisaient tendre la cathédrale de Saint-Denis. Il raconta la rage des huguenots qui rôdaient toujours autour de leur proie, et la fureur de Mme de Montpensier dont le premier coup avait échoué.

Puis il alla vers son malade qu'il trouva en voie de guérison.

— Grâce aux bons soins de Pontis et des frères génévéfains, dit Espérance, grâce à l'intérêt dont m'honore M. le chevalier de Crillon; cela seul suffirait pour ressusciter un mort!

Crillon était pressé, il combla d'amitiés le blessé, remercia militairement Pontis et leur dit à tous deux :

— Dépêchons-nous de guérir; il faut être sur pied bientôt pour une belle occasion. Entre nous, et bien bas, il s'agit d'aider Sa Majesté à entrer dans Paris! Chut!... Rétablissez-vous bien vite, Espérance, car vous priveriez ce garçon qui vous veille, de l'honneur du premier assaut que je réclame ce jour-là pour mes gardes. Ce sera un grand spectacle, Espérance, et je veux que vous en jouissiez. Je veux que vous voyiez Crillon, l'épée à la main, sur une brèche! Chacun dit que c'est beau à voir. Rétablissez-vous!

Le cœur du vieux soldat palpitait d'orgueil à l'idée d'un nouveau triomphe qu'il remporterait devant le fils de la Vénitienne.

Pontis, en songeant à cette prise de Paris, bondissait comme un jeune lion.

— Oui, dit-il, oui; rétablissez-vous bien vite, monsieur Espérance.

— Ah çà, dit Crillon au blessé, vous êtes toujours content de ce drôle?

Espérance prit la main de Pontis en souriant.

— Il ne crie pas? il ne boit pas? il est sage comme une fille?

— Sambioux! s'écria Pontis, si j'étais sage comme de certaines filles, ce serait joli!

Espérance lui ferma la bouche d'un regard que surprit Crillon.

— Mes coquins s'entendent à ce qu'il paraît, se dit-il; nous allons bien voir...

— Allons, allons, s'écria-t-il d'un air dégagé, tout va bien. Adieu, Espérance; à bientôt. Venez, Pontis, me tenir l'étrier. J'ai bien ici la Varenne, qui m'a accompagné au couvent par ordre du roi, mais le porte-poulets de Sa Majesté est sans doute occupé quelque part. Venez.

Pontis suivit Crillon l'oreille basse; il se doutait bien du motif qui poussait le chevalier à le mener à l'écart. Dès qu'ils furent au fond du corridor, dans un endroit bien désert :

— Et ma commission? dit Crillon.

— Quelle commission, monsieur?

— Ce billet, que je t'avais chargé de prendre...

— Ah! oui, dans les habits de M. Espérance. Eh bien, monsieur, je n'en ai pas trouvé.

— Tu mens! dit Crillon.

— Je vous assure, monsieur...

— Tu mens!

— Enfin, monsieur, il se peut qu'en chemin ce billet ait été perdu.

— Je te dis que tu es un menteur et un maraud! tu as été conter à Espérance ce que je t'avais ordonné de lui taire. Le généreux Espérance t'a fait promettre de me dépister comme un vieux limier.

— Mais, monsieur...

— Assez! je n'aime pas les gens qui me bravent ou qui me trahissent.

— Trahir, monsieur le chevalier, moi!

— Sans doute, puisque tu as révélé ce que je t'avais confié; tu me devais deux fois obéissance, comme à ton colonel, comme à ton protecteur; tu me devais ta vie si je te l'eusse demandée, et je te croyais assez brave homme pour payer ta dette à l'occasion.

— Ah! monsieur, épargnez-moi.

— Si nous étions au camp, dit Crillon s'animant par degrés et tortillant sa moustache, je te ferais arquebuser. Ici, de gentilhomme à gentilhomme, je te blâme; de maître à serviteur, je te chasse! Ramasse tes hardes, si tu en as, et sors!

— Oh! monsieur de Crillon, dit Pontis pâle et décontenancé, ayez pitié d'un pauvre garçon sans défense!

— Je le veux bien. Donne-moi ce billet.

Pontis baissa la tête.

— Donne, ou non-seulement tu perdras le poste de confiance que je t'avais fixé ici, mais tu perdras encore ta pique de garde. Je suis ton colonel et je te casse! Tu n'es plus au service du roi!

Pontis s'inclina humblement, les traits bouleversés par le désespoir.

— Le billet? demanda encore une fois Crillon.

Pontis se tut.

— Monsieur de Pontis, ajouta Crillon furieux de cette résistance, je vous donne huit jours pour avoir regagné votre province. Je vous donne cinq minutes pour avoir quitté le couvent!

Les larmes débordèrent des yeux du jeune homme, et il put à peine murmurer ces mots :

— Permettez au moins que j'embrasse M. Espérance pour la dernière fois.

Crillon ne répondit pas.

— Une seule minute et je reviens, ajouta Pontis en se dirigeant vers la chambre du blessé.

Il entra le cœur gonflé, se pencha sur le lit de son ami.

— Qu'as-tu donc? s'écria Espérance.

— Rien... rien... dit Pontis d'une voix entrecoupée. Reprenez votre billet, reprenez-le vite, cachez-le bien.

— Pourquoi? demanda Espérance en se soulevant.

— M. de Crillon me chasse, s'écria Pontis, éclatant comme un enfant en soupirs et en sanglots.

Espérance poussa un cri et serra Pontis entre ses deux mains tremblantes.

— Eh non! animal, dit tout à coup le chevalier, qui apparut en poussant la porte d'un coup de poing; non, je ne te chasse pas. Reste... tu es un honnête garçon. Voilà-t-il pas qu'ils pleurent tous les deux, les imbéciles. Gardez vos petits papiers, puisque cela vous convient. Harnibieu! que ces garçons-là sont bêtes!

Et il s'enfuit à grands pas, honteux de sentir lui-même une vapeur humide au bord de ses paupières. Après qu'Espérance eut tout fait raconter à Pontis, les deux amis demeurèrent longtemps embrassés.

— Oui, je me rétablirai vite, dit Espérance, pour bien t'aimer d'abord, pour assister au siége ensuite.

— Et pour nous venger des femmes! dit Pontis.

XXV

LE SEIGNEUR NICOLAS

Le lendemain, Pontis, qui était tout rêveur et singulièrement préoccupé, demanda au frère Robert, lorsqu'il rendit sa visite à Espérance, s'il ne serait pas possible d'échanger la chambre du premier étage contre une autre au rez-de-chaussée, attendu que le blessé auquel on permettrait bientôt quelques pas dans le jardin, n'aurait plus d'escalier à descendre.

Frère Robert répondit que précisément au-dessous, au rez-de-chaussée, se trouvait une chambre moins belle sans doute et dont le lit n'était pas historique, mais qui offrirait à ces messieurs la facilité qu'ils désiraient.

La journée fut employée au transport d'Espérance dans cette nouvelle chambre. Le soir, Espérance venait de se remettre au lit, après quelques heures passées sur un fauteuil; c'était la première faveur de son médecin. Il était un peu las, un peu étourdi. Il avait besoin de repos, et, ni les charmes puissants de la soirée, si belle et si fraîche, ni l'attrait d'une collation préparée par Pontis ne réussissaient à le distraire des promesses d'un bon sommeil.

— Tu souperas seul, près de mon lit, dit-il à son compagnon; tu me conteras quelque bonne histoire, pendant laquelle je m'endormirai. Allons, installe-toi à table, et fais honneur au bon vin du couvent, toi qui n'as pas été blessé par M. la Ramée.

Pontis posa un doigt sur ses lèvres.

— Silence! dit-il; à présent que nous sommes au rez-de-chaussée, il faut parler bas. Non, dit-il, je ne souperai pas : merci.

Espérance le regarda, étonné.

— Je vous demanderai même, ajouta Pontis, la permission de rester à la fenêtre, et par conséquent de tenir la fenêtre ouverte. Tâchez de vous garantir du frais pour ce soir, mais il faut que la fenêtre reste ouverte.

— Je ne comprends pas, mon cher Pontis.

— Plus tard, plus tard, dit le garde.

— Ah çà, mais, s'écria Espérance en se soulevant, tu as depuis hier des allures de mystère qui m'étonnent. Hier soir, tu regardais déjà comme aujourd'hui par la fenêtre de notre ancienne chambre; tout à coup je t'ai vu te pencher, observer, puis faire le plongeon, puis éteindre la lampe et recommencer à guetter.

— C'est vrai, dit Pontis agité.

— Et aujourd'hui, ton refus de souper, cette demande d'ouvrir la fenêtre...

Pontis prit la lampe qu'il cacha tout allumée dans l'alcôve d'Espérance, de façon à tenir la chambre obscure, sans se priver pour cela de lumière à l'occasion.

— Voilà que tu recommences ton manége... Il y a quelque chose, Pontis!

— Sambioux! s'il y a quelque chose, répliqua le garde à voix basse. Mais il y a des choses qui ne regardent pas les gens blessés, les gens à qui les émotions peuvent nuire.

— C'est donc bien terrible, ce qu'il y a?

— Cela peut le devenir.

— Serait-ce pour cela que tu as demandé au frère

Robert de nous déménager, car le prétexte de l'escalier m'a paru un peu frivole.

— Il y a un fait, monsieur Espérance, c'est qu'au premier étage on a plus de chemin à faire qu'au rez-de-chaussée, si l'on veut tout à coup sauter dans le jardin.

— Eh! mon Dieu! sauter dans le jardin! Vite, vite, conte-moi ce dont il s'agit.

— Plus tard! après l'événement.

— Tu vois bien qu'en me tenant ainsi en haleine, tu me fais cent fois plus de mal; l'impatience est une fièvre. Tu me donnes la fièvre.

— Eh bien! voici, monsieur Espérance.

Espérance l'arrêta.

— Avant tout, nous sommes convenus que puisque je t'appelle Pontis, tu m'appelleras Espérance; pas de monsieur.

— C'était le respect... Mais puisque vous le voulez absolument, j'en raconterai plus vite.

— Qu'y a-t-il?

— Il y a que, depuis deux jours, chaque soir, un homme se glisse dans le parterre.

— Quel homme?

— Si je le savais, je vous prie de croire que je n'aurais ni ce frisson, ni cette incertitude.

— Il faut prévenir les frères...

— Ah! bien oui, pour me faire manquer mon coup. Non pas, non pas!

— Quel coup!

— L'homme apparaît là-bas, tenez, au bout du petit mur. Vous saisissez bien la topographie, n'est-ce pas?

— Parfaitement. J'ai passé aujourd'hui toute la journée derrière la fenêtre, et j'ai vu, j'ai admiré ces beaux jardins.

— Vous savez que nous avons en face le bâtiment neuf.

— Où l'on se querelle ?

— Oui, ces oiseaux méchants qu'on appelle femmes. Eh bien! ce bâtiment est tout à fait séparé du couvent par un mur, ce mur couvert de ces beaux pêchers...

— Fort bien. Mais cependant une porte ouvre dans ce mur pour communiquer de la cour aux bâtiments neufs.

— Porte fermée du côté des habitants du pavillon. Ce ne peut être par là que se glisse l'homme en question. Non. Il vient de droite, comme s'il entrait par le couvent.

— Mon Dieu, tu te tourmentes bien vainement. Partout où il y a des femmes, il vient des hommes. Qui dit femme dit intrigue. Qui dit homme, dit papillon nocturne, phalène. Quelque lumière brille dans ce bâtiment neuf, ne fût-ce que dans les yeux de ces femmes, vite une phalène arrive, et s'y mire en attendant qu'elle s'y brûle.

— Oh! je me suis fait tous ces raisonnements-là, répondit Pontis, et avec des variantes beaucoup moins flatteuses pour les femmes. Mais il faut bien se rendre à l'évidence. Si l'homme en question venait pour les gens du bâtiment neuf, c'est au bâtiment neuf qu'il irait, n'est-ce pas ?

— Je crois que oui.

— Eh bien! pourquoi l'ai-je vu hier sous nos fenêtres à nous ?

— Ah! fit Espérance.

— Regardant, marchant comme un chien d'arrêt qui sent le gibier, faisant le gros dos et choisissant les touffes de lilas ou les orangers pour s'y cacher.

— C'est bizarre.

— Vous croyez que cet homme vient pour le bâtiment neuf, et moi je crois qu'il vient pour nous.

Espérance se redressa.

— Cherchez bien, dit Pontis, si quelqu'un n'a pas intérêt à savoir ce qu'est devenu M. Espérance depuis son singulier départ d'un certain balcon caché sous les marronniers.

— Mais, oui ; tu as raison.

— Cherchez bien si quelqu'un n'a pas un intérêt plus cher encore à finir ici ce qui a été si bien commencé là-bas ; c'est-à-dire à défaire tout le bel ouvrage de nos bons génovéfains, et à remplacer M. Espérance, le ressuscité, par un beau jeune homme tout à fait et à jamais couché dans la bière.

— Pontis ! murmura Espérance, tu n'as pas eu en ce cas une bien heureuse idée en nous logeant à la portée du bras de ce misérable.

— C'est que j'ai voulu le mettre à la portée du mien. Or voici mon idée. Si le rôdeur nocturne est, comme je le suppose, la Ramée ou un de ses complices, il reviendra, il s'embusquera au même endroit, il aura même fait quelque amélioration à son plan, afin de se rapprocher de nous. Tout à coup je lui tombe sur le dos par cette fenêtre, qui n'est qu'à trois pieds du sol. Ce sera un joli coup d'œil, mon bon monsieur, mon cher Espérance ! un coup d'œil qui ne vaudra pas certainement le spectacle de Crillon sur la brèche, mais tant vaut l'homme, tant vaut la terre ; tout est relatif, du creux de votre lit vous aurez de l'agrément.

— Oh ! j'en serai, dit Espérance, avec une sombre colère.

— Vous me ferez le plaisir de rester coi, calme, et de ne pas seulement accélérer d'une pulsation les battements de votre cœur. Je ne cours pas le moindre danger; je n'y mettrai pas la moindre courtoisie. Quand on a affaire à un pareil assassin, on ne met pas des gants de gentilhomme. Voici la marche: boum ! je saute; crac! je le saisis à la gorge pour bien constater son identité; prrr! je lui passe mon épée au travers du corps jusqu'à la garde. Et je ne vous demande qu'un quart de minute pour faire tout cela.

— D'ailleurs, ajouta Pontis, il faut tout prévoir. Si dans ce combat, le malheur voulait que je fusse vaincu, — c'est difficile, c'est impossible, — mais avec les lâches il faut toujours redouter quelque trahison: le pied peut me glisser; je puis m'enferrer dans quelque couteau dont ces coquins ont toujours plein leurs poches; en ce cas, prenez ma dague; vous aurez toujours bien assez de force pour la tenir droite de vos deux mains comme un clou. Le bandit, après m'avoir terrassé, viendrait vous achever. Il rencontrera la pointe et terminera ses destins, comme on dit, entre vos bras. Si je respire encore, avertissez-moi par un cri, et mon dernier souffle sera un joyeux éclat de rire.

— Que d'imagination! allait répondre Espérance.

Neuf heures sonnèrent à la chapelle du couvent.

— Chut! dit Pontis, silence absolu d'abord! c'est à peu près l'heure.

Pontis s'agenouilla devant la fenêtre ouverte, après avoir enveloppé Espérance dans ses rideaux et lui avoir mis le poignard dans les mains.

La nuit était magnifique. Les fenêtres du bâtiment neuf scintillaient des premiers rayons de la lune; tout le jardin attenant au couvent était plongé dans une obscurité d'autant plus profonde.

La tête seule de Pontis dépassait l'appui de la croisée; encore l'avait-il cachée derrière un gros vase de faïence à fleurs qui contenait des plantes grasses.

Espérance, lui aussi, passait sa tête curieuse par l'ouverture de ses rideaux, et avait allongé hors du lit son bras armé.

Pontis, comme un braconnier à l'affût, étendit derrière lui sa main droite, ce qui voulait dire à Espérance :

— Je vois quelque chose.

En effet, un homme dont les longues jambes arpentaient le sentier près du mur, dont le gros dos se courbait comme pour laisser moins de prise à la lumière du ciel, traversa le parterre et entra dans l'allée bordée d'orangers, qui longeait le bâtiment du couvent.

Il vint s'arrêter à vingt pas de la fenêtre où guettait Pontis.

On eût pu entendre craquer ses pas sur le sable.

Le cœur des deux jeunes gens battait de telle force qu'en dépit de toutes les précautions de Pontis, la santé d'Espérance ne devait pas s'en trouver meilleure.

L'homme s'accroupit derrière un oranger dont la vaste caisse le cachait tout entier, puis, après des regards multipliés qu'il adressait, tantôt devant, tantôt derrière, soit au zénith, soit au nadir, comme font les passereaux qui craignent d'être pris en flagrant délit de vol, il se rapprocha de la maison, à une distance de cinq ou six pas de la fenêtre.

Pontis, bouillant d'impatience, de colère, de toutes les passions féroces qui allument chez l'homme la soif du sang naturelle aux tigres, n'attendit pas plus longtemps. Son épée nue dans les dents, se ramassant pour prendre un élan plus nerveux, il alla sauter presque sur le dos du mystérieux visiteur, le saisit d'une main à la gorge, selon son programme, de l'autre à la ceinture, et l'élevant en l'air, l'apporta et le jeta comme une masse dans la chambre d'Espérance. En un clin d'œil il ferma la fenêtre, et approchant ses yeux ardents du visage de l'ennemi dont sa pointe menaçait le cœur :

— Nous te tenons, brigand ! murmura-t-il.

Espérance dégagea promptement la lampe de l'alcôve, et alors s'offrit à leurs yeux un bien curieux spectacle.

— Ce n'est pas lui ! s'écria Espérance en apercevant une maigre et bizarre figure, hideuse de pâleur et d'effroi, un dos voûté, des genoux cagneux qui s'entre-choquaient avec épouvante.

— C'est un bossu ! dit Pontis.

— Sans armes ! ajouta Espérance.

— Oui, sans armes, messieurs, sans armes et sans mauvaises intentions, articula faiblement une voix chevrottante, tandis que les jambes se redressaient, que l'homme se relevait et que les deux amis le considéraient, prêts à éclater de rire en présence de cette cigale qu'ils trouvaient à la place de l'hydre.

Pontis mit son épée sous son bras, ajusta ses cheveux hérissés, et dit à l'étranger :

— D'abord, qui êtes-vous ?

— Un honnête gentilhomme, monsieur.

— Il me semble que les honnêtes gens ne se promènent pas la nuit en rampant dans les jardins. Vous me faites plutôt l'effet d'un voleur.

L'étranger tira de sa poche une énorme bourse dont la rotondité, la sonorité métallique firent dire à Pontis :

— Ce n'est point en effet la bourse d'un voleur ; mais cependant, vous ne méditiez pas une bonne action en rôdant ainsi sous nos fenêtres !

— Vos fenêtres, dit l'étranger... Ah ! monsieur, ce n'était pas à vos fenêtres que j'en voulais.

— Cependant, vous étiez dessous.

— Parce que, monsieur, c'est d'ici qu'on peut le mieux guetter l'endroit où je guettais.

— Quel endroit?

— La petite porte du bâtiment là-bas, celle qui donne dans le jardin.

— Le bâtiment neuf? dit Espérance, se mêlant pour la première fois à l'entretien, celui où il y a des femmes?

— Précisément, monsieur, répliqua l'étranger en adressant un salut courtois au malade, qui le lui rendit civilement.

— Quand je te disais, ajouta Espérance en regardant Pontis. Monsieur vient pour...

— Bah!... interrompit Pontis brutalement, car il lui en coûtait trop d'abandonner ainsi tout de suite ses beaux rêves de vengeance. Monsieur ne nous fera pas accroire qu'il muguettait au bâtiment neuf. Un amant, avec ce dos et ces jambes!

— Pontis!... dit Espérance!

L'étranger fit la grimace pour essayer de bien prendre la plaisanterie et répondit :

— Ce n'est pas comme amant, monsieur, que je viens, c'est comme mari.

— Ah! s'écrièrent les deux jeunes gens, dites-nous donc cela tout de suite.

— Vous guettez votre femme? ajouta Pontis.

— Ma future femme.

— Une personne qui criait l'autre jour très-fort contre un homme assez vieux?

— Mon futur beau-père, le comte d'Estrées, dit l'étranger. Quant à moi, messieurs, je ne suis pas un voleur, comme vous avez pu vous en convaincre, ni un homme de mauvaises mœurs; je m'appelle Nicolas d'Armeval de Liancourt.

— Très-bien! très-bien! monsieur; prenez donc la peine de vous asseoir, s'écria Pontis en offrant un siége à l'étranger.

— Et recevez tous nos regrets, ajouta Espérance. Nous vous avions pris pour un malfaiteur.

— Nous avions formé le projet de vous massacrer, monsieur, dit Pontis. Ce m'est une joie sensible de vous voir sain et sauf. Une seconde de plus vous étiez mort.

Nicolas d'Armeval de Liancourt se frotta, en souriant, les genoux et le dos.

— Vous êtes peut-être froissé? demanda Espérance.

— Je le crains. Mais cela se passera. Il me restera, messieurs, l'éternel plaisir d'avoir fait votre connaissance.

Et il se frotta la peau de plus belle.

— M. de Pontis, dit Espérance en présentant son ami, garde de Sa Majesté, favori de M. le chevalier de Crillon.

Nicolas d'Armeval se leva pour saluer.

— Le seigneur Espérance, l'un des plus riches gentilshommes de France, dit Pontis à son tour.

— Qui regrette que sa blessure ne lui permette pas de vous saluer debout, ajouta Espérance avec sa riante et séduisante physionomie. Mais maintenant que nous vous connaissons mieux, pourrions-nous faire quelque chose qui vous fût agréable?

Le seigneur de Liancourt se tournant vers les deux amis alternativement :

— Oui, messieurs, vous pourriez d'abord me laisser accomplir paisiblement la tâche que je m'étais imposée.

— De surveiller votre future femme? dit Pontis. Faites, monsieur, faites, et prenez-la en faute, monsieur, je vous le souhaite de tout mon cœur.

Nicolas d'Armeval salua gracieusement.

— Mais, dit Espérance, je ne vois pas bien ce que monsieur pouvait surveiller derrière cette caisse d'oranger. Le bâtiment où loge mademoiselle sa future est très-loin. De loin on voit mal.

— Messieurs, vous me paraissez de si aimables jeunes gens, dit le seigneur de Liancourt, que je me sens pour vous plein de confiance.

Il se frotta l'épaule avec une grimace de douleur.

— Nous la justifierons, dit Pontis.

— Il faut vous dire d'abord que M. d'Estrées et moi, nous désirons vivement ce mariage, mais que la future ne paraît pas aussi enchantée.

— Les jeunes filles ont parfois des caprices, dit Espérance.

— Mais savez-vous pourquoi Mlle d'Estrées me refuse ?

Espérance et Pontis, après avoir toisé M. de Liancourt de la tête aux pieds, échangèrent un regard qui signifiait :

— Nous le devinons bien !

— Elle refuse, poursuivit le futur mari, parce qu'en ce moment quelqu'un lui fait la cour.

— Bah !

— Un très-grand personnage qui lui envoie des messagers, des billets.

— Êtes-vous bien sûr ?

— L'autre jour j'en ai surpris un.

— Un billet ?

— Non, un messager. Un homme trop connu, messieurs, pour qu'on ne le reconnaisse pas...

M. de Liancourt poussa un soupir.

— M. de la Varenne, dit-il.

— Le porte-poulets du roi ? s'écria Pontis.

— Lui-même, dit piteusement le futur.

— Eh bien ! alors le galant serait donc...

— Chut! dit M. de Liancourt en se tournant vers le jardin.

— Qu'y a-t-il?

— Pendant que nous causons, la chose que je voulais empêcher s'est faite.

— Quelle chose, cher monsieur Nicolas? demanda Espérance.

— Mlle d'Estrées avait dit au messager : « Demain, à neuf heures et demie, ma réponse à la petite porte!

— Eh bien !

— Eh bien, j'avais projeté de m'embusquer, de surprendre la Varenne. Or, il est neuf heures et demie, la petite porte vient de se refermer et la réponse est donnée ; je suis perdu.

— Bon! Cher monsieur, dit Pontis, vous rattraperez cela. Est-ce que vous vouliez tuer la Varenne, par hasard?

— Non, oh! non. Tuer un officier de Sa Majesté! non, certes, telle n'était pas mon intention.

— Je comprends, dit Espérance, vous vouliez profiter de la surprise pour tout rompre avec votre beau-père.

— Oh! pas davantage! rompre avec M. d'Estrées, perdre Mlle d'Estrées ! une si charmante fille, un si beau parti!

— Alors, que vouliez-vous donc faire, demanda Pontis, voyant Espérance froncer le sourcil.

— Je voulais être sûr... bien sûr: cela m'eût servi plus tard.

Les deux jeunes gens se regardèrent.

— Ne vous affligez donc pas, répliqua Pontis, c'est comme si vous l'étiez.

— Je recommencerai mon épreuve, dit le seigneur d'Armeval, et maintenant que nous sommes amis, vous m'aiderez au besoin.

— Pour être désagréable à une femme, dit Pontis, il n'est rien que je ne fasse.

— Merci, merci, mon cher monsieur ; et vous, seigneur Espérance ?

— Moi, je suis blessé, je ne puis bouger de mon lit, dit Espérance d'un ton sec.

— Ainsi, je circulerai tant que je voudrai dans le jardin, la nuit, vous n'y ferez pas obstacle ?

— Pas le moins du monde, répliqua Pontis

— Alors donc je m'en retourne pour cette fois, je serai plus heureux demain. Adieu, messieurs, adieu. Bonne santé, seigneur Espérance ; gardez-moi le secret, n'est-ce pas ?

— Oh! sambioux! je le jure, dit Pontis.

— Et moi non, murmura Espérance, tandis que le garde faisait repasser obligeamment le seigneur Nicolas par la fenêtre.

Pontis rentra en se frottant les mains.

— Bonne affaire, s'écria-t-il, voilà déjà que nous nous vengeons des femmes. Et d'une!

— Viens ici, Pontis, dit Espérance, tu parles comme un croquant, comme un belître, comme un Nicolas d'Armeval, mais non comme un gentilhomme ; assieds-toi près de moi, je vais te le prouver en deux mots.

— Tiens! dit Pontis surpris et calmé dans ses transports.

Et il s'assit au chevet d'Espérance.

XXVI

SERVICE D'AMI

Pontis semblait ne pas comprendre pourquoi Espérance avait interprété autrement que lui la scène précédente.

— Nous étions résolus, dit-il, à profiter de toutes les occasions pour rendre aux femmes ce qu'elles nous ont fait.

— Et d'abord, répliqua Espérance, que t'ont-elles fait, à toi, les femmes?

— Elles m'ont tué mon ami, ou à peu près.

— Ceci est une raison; mais toutes n'ont pas commis ce crime, et, du jour où je leur pardonnerai, force te sera bien de leur pardonner aussi.

— Ainsi vous pardonnez! s'écria Pontis avec un grognement de colère, dites-nous cela tout de suite, et alors, au lieu de garder dans notre âme cette mémoire du mal qui fait l'homme fort et respectable, nous nous mettrons à écrire des rondeaux, des triolets et des virelais en l'honneur de ces dames; nous leur ferons des guirlandes entrelacées, nous broderons le chiffre d'Entragues avec celui de la Ramée, un couteau en sautoir, sambioux!

— Tu es ridicule, mon pauvre garçon, dit Espérance, et si tu t'en vas toujours ainsi aux extrêmes, nous ne nous rencontrerons jamais. Oui, je hais les femmes, oui, j'en suis las, oui, je me vengerai lorsque l'occasion se présentera, mais la bonne occasion, entends-tu? Et pour réparer le dommage que l'une d'elles a fait à ma peau, je n'irai pas endommager mon honneur, ma conscience. D'ailleurs, apprends une chose, si tu ne la sais pas, un gentilhomme se laisse battre par les femmes, mais il ne bat que les hommes.

— Ah! grommela Pontis, voilà une théorie que ces dames mettront à la mode si vous la produisez. L'impunité! Très-bien!

— Qui te parle d'impunité? Impunie la femme qu'on méprise? Oh! tu verras si celle dont nous parlons ne se trouve pas cruellement punie.

— Si elle a fait ce qu'elle a fait, c'est qu'elle ne vous aimait pas. Admettez-vous?

— Soit. Eh bien?

— Eh bien, si elle ne vous aime pas, que lui importe que vous la méprisiez?

Espérance frappa doucement sur l'épaule de Pontis.

— Gageons, dit-il, que dans ta province tu n'as connu que des chambrières?

Pontis fit le gros dos.

— Des couturières, allons, ajouta Espérance, je veux bien faire cette concession à ton juste orgueil. Mon cher, il en est de certaines femmes comme de certains chevaux. Pour punir ceux-ci, tu prends ton plus gros fouet, ton plus lourd bâton, un nerf de bœuf; mais cette bonne jument que j'avais, qu'on m'a volée là-bas, Diane, essaye de la battre!... Je n'avais, pour la mettre au désespoir, qu'à dire : Voilà une bête paresseuse, je la vendrai. Diane eût fait alors le tour du monde. C'est qu'elle est de race noble et qu'elle sent l'outrage. Proportionne donc toujours la peine à la créature.

— Belle créature que celle d'Ormesson.

— Il a été dit, mon maître, qu'on n'en parlerait jamais, reprit Espérance avec une sorte de hauteur qui témoignait chez lui d'un vif déplaisir. Ainsi, plus un mot. Parlons de la dame qui habite le bâtiment neuf, et à laquelle un bossu tend des piéges nocturnes, ce qui est laid et indigne d'un homme. Je n'ai jamais aimé l'affût, même à la chasse. Il me faut la lutte. Je veux que mon ennemi, fût-ce un sanglier, me voie en face et choisisse parmi ses chances de salut ou de défense celle qui lui paraît la meilleure. Ici, la bête est inoffensive. Le chasseur est un petit monstre dont l'âme, j'en ai peur, est difforme comme l'échine. Mais, la partie est inégale entre ces deux adversaires. Rétablissons l'égalité.

Pontis allait s'écrier, gesticuler, Espérance lui saisit les bras.

— Je sais ce que tu vas dire, je vois les mots s'arranger sur tes lèvres : Ce brave bossu est sur le point d'épouser une femme, et on le trompe.

— Précisément.

— Mais triple Pontis que tu es, il veut épouser de force, puisque la future ne veut pas de lui.

— Elle a un amant.

— Raison de plus pour qu'elle refuse ce bossu.

— Elle le refuse par vanité, par ambition, car, entre nous et bien bas, le roi n'est pas un beau seigneur : il a le nez prodigieux, les jambes sèches, le cuir basané ; il est gris de poil comme un hérisson. Toujours à cheval et suant sous le harnais ; c'est un étrange mignon de couchette. Il a quarante ans...

— Je donnerais cent écus pour que M. de Crillon fût caché dans un coin, s'écria Espérance, il t'écorcherait vif, et tu l'aurais bien mérité, petit Iscariote qui trahis ton maître.

— Oh ! dit Pontis confus et effrayé, bien que le ton d'Espérance n'eût pas annoncé la colère, ce n'est point trahison, c'est raillerie ; mon cœur est bon, si ma langue est mauvaise.

La boiserie craqua comme un fugitif éclat de rire.

Pontis, effaré, fit un bond dans la chambre. Espérance, égayé par cette terreur, eut toutes les peines du monde à empêcher le garde d'aller sonder tous les coins et recoins.

— Cela t'apprendra, dit-il, à proférer des blasphèmes qui révoltent jusqu'aux murailles. Chaque fois qu'on dit du mal d'une femme ou d'un roi, il y a là une oreille pour entendre. Tu disais du mal de cette demoiselle du bâtiment neuf, et elle t'a peut-être entendu.

— Impossible, dit Pontis avec une crainte naïve. C'est plutôt du roi que j'aurai dit certaines choses qui ne sont pas du tout l'expression de ma pensée.

— A la bonne heure! s'écria Espérance en riant aux larmes. Rassure-toi, je vais te fournir l'occasion de réparer tout cela. Demain matin, tu vas aller au bâtiment neuf.

Pontis ouvrit de grands yeux.

— Tu demanderas à parler à Mlle d'Estrées. Tu es un garçon d'esprit, tous les gens de ton pays sont orateurs. Tu raconteras à la demoiselle purement et simplement la scène de ce soir. Tu ne nommeras pas M. Nicolas de Liancourt. Tu ne diras pas non plus qu'il est bossu. Tu ne feras aucune allusion à Fouquet la Varenne, ni par conséquent à celui qui l'envoie.

— Mais alors, que dirai-je, s'écria Pontis, si vous me défendez tout ?

— Tu ne peux nommer M. de Liancourt, parce qu'il est incivil de paraître savoir à fond les affaires d'une demoiselle qui va se marier. Tu ne diras pas qu'il est bossu, parce que si elle l'épouse, c'est qu'elle ne s'en est pas aperçue jusqu'à présent. Quant à la Varenne et au roi, si tu en parles, c'est que décidément tu ne tiens pas à ce que ta tête reste sur tes épaules.

— Eh bien! alors, monsieur Espérance, interrompit Pontis piqué, dictez-moi ce qu'il faudra dire.

— Voici : Mademoiselle, j'habite dans ce couvent une chambre avec un gentilhomme, mon ami; nous avons remarqué que chaque soir un homme vient observer ce que vous faites, et que son attention se dirige particulièrement sur cette porte de communication. (Tu lui désigneras la porte.) Cet homme est petit, il a le dos un peu voûté, et il fait sa ronde à neuf heures et demie précises. J'ai pensé que ces renseignements pourraient vous être de quelque utilité. Veuillez les prendre en bonne part, et me croire, mademoiselle, votre bien respectueux serviteur. — Là-dessus, tu feras la révérence et t'en reviendras.

— Respectueux! murmura Pontis... respectueux pour la future de M. Nicolas! J'aime mieux les laisser démêler leur écheveau de fil?

— Respectueux cent fois, mille fois, un million de fois pour la femme que ton prince honore de son amitié. Ne vois-tu pas, malheureux, combien d'affreuses catastrophes sont suspendues à ton silence? Si le roi vient en ce couvent! si on le guette! si le bossu, qui t'a paru un niais et à moi aussi, est un traître; si sous couleur de punir un rival, l'esprit religieux, l'esprit politique, ces furies altérées de sang, armaient le bras d'un assassin... Pontis! tu n'as donc ni cœur ni intelligence! Tu n'aimes donc et ne devines donc rien! Je voudrais avoir deux jambes capables de me porter, je voudrais qu'il fût jour, je donnerais la moitié de ma vie pour que ces mots que je t'ai dictés fussent déjà parvenus à l'oreille de cette demoiselle.

— Sambioux! s'écria Pontis, voilà qui est vrai! Le roi...

— Eh bien! puisque tu es convaincu, observe qu'on

gagne toujours quelque chose à ne pas accabler les femmes. Souhaite-moi le bonsoir et dormons vite, afin que, demain, tu sois plus tôt debout pour faire ta commission.

— Dès que l'aurore sera levée, dit Pontis.

— Non pas l'aurore, mais la demoiselle, répondit Espérance qui s'endormit bientôt d'un doux sommeil.

Et la nature réparatrice avait prolongé ce sommeil jusqu'à neuf heures du matin, et le blessé ouvrait des yeux brillants et tout chantait autour de lui, oiseaux, zéphyrs et cascades, lorsqu'il aperçut Pontis, le coude sur son genou, le menton sur sa main, près de la fenêtre, sur laquelle les orangers versaient la neige odorante de leurs pétales trop mûrs.

Espérance avait le teint si reposé, si uni, un coloris incarnat vivifiait si heureusement sa poétique physionomie, que Pontis s'écria en le voyant :

— Lequel de nous deux a été blessé, mon maître ?

— J'ai faim, dit Espérance, j'ai soif, j'ai envie de me promener, je chanterais volontiers avec les bouvreuils et avec l'alouette. Mon âme est légère et nage dans ce beau ciel bleu.

Pontis ouvrit la porte par laquelle deux religieux apportèrent la petite table garnie du déjeuner de malade qu'on permettait à Espérance.

Celui-ci dévorait, avec le regret de ne pas faire plus pour son estomac irrité, lorsque le frère parleur entra, regarda silencieusement son blessé, et tirant de sa manche un flacon assez long et assez rond pour charmer l'œil d'un convalescent, fit signe à l'un des frères servants de lui donner un verre.

Le verre était d'un cristal mince et gravé. Svelte, s'évasant comme une campanule, il reposait sur un pied tordu en fine spirale. Déjà le soleil en dorait les facettes et y allumait ses feux prismatiques, lorsque le frère parleur versa lentement dans le cristal un vin jauni, velouté, qui changea l'opale en rubis, et embrassa de ses reflets les lèvres d'Espérance, à qui on présenta le verre.

Les yeux de Pontis brillèrent comme des escarboucles, mais le frère parleur reboucha soigneusement son flacon, le remit dans sa manche, et sortit après avoir admiré l'effet de son vieux vin de Bourgogne sur les joues du convalescent.

— Je ferais bien un marché avec le frère parleur, dit Pontis: un verre de mon sang pour un verre de ce généreux nectar!

— Le vin est plus vieux que votre sang, mon frère, répondit un des religieux en souriant de voir le garde promener sa langue sur ses lèvres.

— Et s'il est aussi rare que les paroles du frère parleur, ajouta Pontis, je n'ai pas de chance d'y goûter jamais. Quelle singulière idée a-t-on eue, dans le couvent, d'appeler parleur un homme qui n'ouvre jamais la bouche!

Les religieux desservirent, et nos deux amis restèrent seuls.

— Eh bien! s'écria Espérance tout aussitôt, qu'en penses-tu?

— Je pense que ce doit être du pomard, dit Pontis.

— Je te parle de la future. Qu'a-t-elle dit?

— Ah! oui. Eh bien elle n'a rien dit. Je suis arrivé juste au moment où elle se querellait avec son père. Il paraît que c'est leur habitude. En sorte que je n'ai vu qu'une cameriste.

— Jolie?

— Ah! très-jolie, la misérable, répondit Pontis. Il est à remarquer que beaucoup trop de femmes sont jolies, c'est l'appât que le diable nous présente.

— Nécessairement. Et cette cameriste?

— M'a caché aux premiers mots que je lui ai dits. Ces rusées sont tellement habituées aux intrigues! Elle m'a fourré tout de suite sous un escalier pour causer plus à l'aise; et quand j'ai eu annoncé de quelle part je venais... Figurez-vous qu'elles nous connaissent

— Nous?

— Est-ce que les femmes ne savent pas tout. « Ah! s'est écriée la jolie scélérate, c'est de la part du blessé. Très-bien!... Et vous dites que l'affaire est grave? — Des plus graves. Un homme rôde, vous observe, il y a piége... » Enfin, je lui ai fait une peur si épouvantable qu'elle a répondu ceci : « En ce moment et pour toute la journée impossible de causer avec mademoiselle, son père la garde, mais tantôt, à la brune, vers neuf heures, neuf heures et demie... » C'est leur heure, à ce qu'il paraît.

— Tu pourras y retourner?

— Inutile, on viendra.

— Comment, on viendra? la cameriste?

— Il ne manquerait plus que ce fût la maîtresse. Au fait, je n'en répondrais pas.

— Tu es fou!

— A neuf heures et demie, on s'approchera de la fenêtre; il fera nuit; on entendra ce que tu as à dire, et voilà ma commission faite.

Espérance baissa la tête.

— Tu trouves cela bien aimable, n'est-ce pas? dit Pontis ironiquement, ces demoiselles qui se dérangent pour que nous ne nous dérangions pas!

— Je trouve cela très-aimable et très-prudent, dit Espérance d'un ton sec. Cette demoiselle sait que je suis blessé, que je ne puis me remuer. Et puis elle ne veut pas qu'une lettre indiscrète promène ainsi sa confidence. Eh mais! s'écria-t-il tout à coup, je ne sais vraiment pourquoi je m'évertue à défendre cette demoiselle. Elle n'en a pas besoin. Qui t'a donné rendez-vous ? Est-ce elle ? Si tu trouves la démarche inconsidérée, à qui la faute ? N'est-ce pas la suivante qui t'a parlé ? Cette invention est de la camériste... N'est-ce pas la camériste qui viendra ? Quelle nature sévère, bon Dieu !

— Voilà que j'ai tort, murmura Pontis ; allons j'ai tort.

Ils passèrent la journée à essayer les forces d'Espérance, soit dans la chambre, soit devant la maison, sous les orangers en fleurs. L'expérience fut heureuse. S'asseyant à chaque instant, humant l'air à longs traits, donnant quelques minutes au sommeil quand les forces s'épuisaient trop vite, ils atteignirent ainsi la soirée. Le mal de tête inséparable des premiers efforts du convalescent avait à peu près disparu. Espérance se sentit assez frais et robuste pour s'étendre sur deux chaises devant la fenêtre, au lieu de reprendre le lit.

Quand l'obscurité fut assez profonde pour que tous les détails se fussent éteints, soit dans le parterre soit dans les bâtiments, les deux amis attendirent paisiblement auprès de leur lampe, sur laquelle venaient tourbillonner les mouches de nuit et les papillons roux.

Il leur sembla entendre un pas léger dans l'allée voisine ; ce pas s'approcha rapidement, et Pontis dit tout bas à Espérance :

— La voici.

Gratienne accourait en effet, se glissant derrière les arbustes. Elle arriva devant la fenêtre et dit d'une voix presque fâchée :

— Mais, si vous avez de la lumière, mademoiselle ne pourra pas approcher.

— Mademoiselle ! s'écria Pontis. Elle est donc là ?

— Tenez, entre ces deux caisses.

Espérance aperçut une ombre. D'un revers de main il aplatit la lampe. Gratienne retourna vers sa maîtresse.

— Eh bien ! quand je le disais, murmura Pontis, les femmes sont des serpents.

— Et vous, Pontis, un imbécile, répliqua Espérance, qui se releva sur ses coussins.

Les deux femmes s'arrêtèrent devant la fenêtre. L'une, plus près, c'était Gratienne ; l'autre à moitié cachée par sa compagne, sur l'épaule de laquelle elle s'appuyait.

— Allons, dit Espérance à Pontis immobile, offre un siége.

Pontis enleva une chaise qu'il fit passer par-dessus l'appui de la croisée, et qu'il déposa devant la tremblante visiteuse.

— Veille, Gratienne, dit celle-ci.

Gratienne s'avança avec précaution dans le jardin.

— Veille, Pontis, dit Espérance au garde qui, enjambant la fenêtre, rejoignit la jeune camériste à quelque distance du bâtiment, et on eût pu les voir tous deux, pareils à deux statues, se dessiner en noir sur le fond gris de l'horizon.

Espérance, voyant que Gabrielle n'avait pas encore osé s'approcher :

— Mademoiselle, dit-il, veuillez vous asseoir, on vous verra moins que si vous demeuriez debout. Je vous prie de m'excuser si je ne vais à vous ; mais le froid du soir est mauvais pour les blessures, et je reste bien à regret dans la chambre.

L'ombre était si épaisse, que le jeune homme ne put rien distinguer sous la mante dont Gabrielle enveloppait sa tête.

— Ah ! monsieur, murmura une si douce voix qu'elle pénétra jusqu'au cœur d'Espérance, c'est donc vous qui voulez m'avertir d'un danger ? Vous vous intéressez donc à une pauvre jeune fille sans défense ? Votre secours imprévu m'a donné bien du courage. Il peut me sauver, le voulez-vous, monsieur ?

— Oui, mademoiselle ; mais je vous prie, asseyez-vous.

— M'asseoir !... oh ! je ne sais pas même si j'aurai le temps d'achever ce que je voulais vous dire ! Vous trouvez ma démarche bien hardie, n'est-ce pas ? Si vous saviez combien je suis malheureuse !

Espérance se rapprocha d'elle attendri par ces accents qui n'avaient rien d'humain.

— Je devine, dit-il.

— Oh ! non, vous ne pouvez pas deviner. Mon Dieu ! qui vient là ? n'est-ce pas mon père ?

— Non, ce n'est personne ; ne craignez rien, vos gardiens veillent.

— C'est que mon père vient de me quitter seulement pour quelques minutes. Il est allé voir sur la route si ces détachements de huguenots occupent toujours les environs, et il pourrait revenir à l'improviste. Voyons, que je rassemble mes idées.

Gabrielle cacha son visage dans ses mains. Espérance eût donné beaucoup pour voir si les traits étaient aussi doux que la voix.

— Je voulais vous instruire, dit-il, de l'espionnage qu'une certaine personne dirige contre vous.

Et en peu de mots il conta ce qu'il savait à Gabrielle: il énuméra les dangers qu'il avait entrevus. Elle l'interrompit.

— Oui, dit-elle avec précipitation, oui, ce sont des dangers, mais j'en cours bien d'autres encore, et de bien plus terribles. Ce mariage dont mon père m'a menacée, ce n'est plus dans quinze jours, dans huit jours que M. d'Estrées veut me l'imposer, c'est tout de suite !

Gabrielle, en prononçant ces paroles, fut prise d'un tremblement nerveux, et suffoquée par les larmes.

— Du courage ! mademoiselle, s'écria Espérance, ne pleurez pas ainsi, vous me déchirez le cœur. Vous disiez tout à l'heure que mon secours pourrait vous sauver. Comment ? Quand ? Quel secours ? Parlez, ne pleurez pas.

La jeune fille, s'approchant à son tour, s'assit ou plutôt se pencha sur l'appui de la fenêtre, et joignant les mains :

— Promettez-moi de m'écouter favorablement, dit-elle avec véhémence, sinon je suis perdue, car tout m'abandonne et me trahit.

— Oh ! de toute mon âme. Mais qui donc vous trahit ?

— Jugez-en. Mon père m'a déclaré aujourd'hui qu'il avait tout préparé pour mon mariage. Éperdue, j'ai couru consulter mon vieil ami dom Modeste, le prieur, assisté de l'excellent frère Robert, qui a tant de fois été ma providence. Je leur ai expliqué ma triste situation. J'espérais en eux ; ils ont tant de pouvoir sur l'esprit de M. d'Estrées !

— Eh bien ! mademoiselle ?

— Ils m'ont abandonnée ! Ils m'ont déclaré qu'ils n'iraient jamais contre la volonté d'un père ! J'ai eu beau prier, supplier, ils sont demeurés inflexibles. Alors, le désespoir m'a inspiré de venir vous trouver, vous, monsieur, protecteur inconnu qui ce matin m'aviez fait donner un avis par Gratienne. J'ai su que vous êtes gentilhomme, que vous êtes garde du roi.

— Pas moi, mon ami, interrompit Espérance.

— N'importe, j'ai su que vous étiez ami de M. de

Crillon, le plus loyal et le plus généreux chevalier qui soit au monde. Un ami de Crillon, me suis-je dit, ne laissera jamais une pauvre femme dans la douleur, dans l'embarras, et au lieu de vous envoyer Gratienne, je suis venue vous demander avec franchise un service qui peut seul me sauver. Promettez-moi de consentir.

— Si ce que vous demandez est possible.

— C'est facile. Toutefois il faudrait bien du secret et de la diligence. Je n'ai qu'un seul ami, mais c'est un ami puissant. Il est absent et ignore à quelle extrémité je suis réduite. S'il le savait, il accourrait ou m'enverrait délivrer. Il peut tout, lui !...

— Ah !... le roi? dit Espérance, avec une légère nuance de froideur qui n'échappa point à Gabrielle.

— Oui, monsieur, le roi, dit-elle en baissant la tête.

— Je croyais qu'hier M. de la Varenne était venu en ce couvent. N'a-t-il point apporté des nouvelles de Sa Majesté?

— Hier, balbutia Gabrielle, il n'était pas question de précipiter ainsi ce mariage. Et d'ailleurs, M. de la Varenne ne reviendra plus ici avant que le roi n'y vienne lui-même. Quand sera-ce? Le roi est tout entier aux préparatifs de son abjuration. Si j'allais être mariée pendant son absence! pauvre prince!

Espérance étouffa un soupir,

— Que ne résistez-vous? dit-il.

— Je l'ai tenté, mais la lutte m'a brisée. Je n'ai plus de force. On ne résiste pas à son père, quand il s'appelle M. d'Estrées. Et si le roi ne vient pas à mon aide, c'est fait de moi.

— Que faut-il faire, mademoiselle? demanda Espérance.

— J'ai écrit à la hâte quelques lignes qu'il faudrait

faire tenir à Sa Majesté sur-le-champ. Ah! monsieur, quel service! et comme je vous bénirai toute ma vie!

— Ce sera peut-être un bien mauvais service, mademoiselle, murmura Espérance ; mais je n'ai pas le droit de vous faire part de mes observations. Vous aimez le roi.

— C'est un si grand prince! un héros!

— Je comprends votre enthousiasme, votre amour...

— Mon admiration pour Sa Majesté.

— Vous n'avez pas à vous en défendre, mademoiselle. Pour moi, je partirais sur-le-champ porter au roi votre billet. Mais je suis blessé, mademoiselle, souffrant. Je ne saurais me tenir debout, à plus forte raison monter à cheval ; mais mon ami est libre et capable de galoper à cent lieues si vous voulez lui confier le billet. Je réponds de sa discrétion, de sa promptitude.

— Oh! comment jamais payer tant d'obligeance? Voici le billet. Je vous souhaite la santé, monsieur.

— Mademoiselle, je vous souhaite le bonheur.

On entendit aboyer des chiens du côté du bâtiment neuf ; les deux surveillants se replièrent avec précipitation comme des sentinelles sur le poste.

Les tremblantes mains de Gabrielle assurèrent, par une affectueuse pression, la petite lettre dans la main d'Espérance.

Déjà les deux jeunes filles s'étaient envolées comme des hirondelles, et la tiède pression, au lieu de s'effacer, dégénérait en une brûlure dévorante qui montait du bras au cœur.

— Ce billet, murmura Espérance surpris, c'est donc du feu qu'il renferme!

Il se souvint alors qu'avant de passer dans sa main le papier s'était échauffé sur le sein de Gabrielle.

Le lendemain matin, Espérance s'habillait mélancoliquement, roulant mille pensées ternes dans son esprit qui lui paraissait plus malade que son corps; soudain la porte s'ouvrit et un capuchon apparut.

Il n'y avait qu'un seul capuchon au monde qui eût cet air pédant et ces balancements majestueux. Espérance reconnut frère Robert, qui apportait le cordial accoutumé.

Celui-ci promena ses regards dans la chambre comme quelqu'un qui cherche.

— Je ne vois pas, dit-il, votre aimable compagnon, mon cher frère?

— Pontis est sorti, mon cher frère, répliqua Espérance.

— Ah! sorti... je le regrette. Il y a ici pour faire les commissions de nos hôtes des servants et des valets. On eût épargné un dérangement à monsieur votre ami.

Espérance se tut. Il ne savait pas mentir.

— D'autant mieux, ajouta frère Robert, que M. de Pontis a dû monter à cheval. Car, en faisant ma ronde aux écuries, c'est le jour de provision, je n'ai plus vu son cheval au râtelier.

Frère Robert attachait en parlant ainsi un regard pénétrant sur Espérance, toujours muet.

— Il paraîtrait qu'il va loin, dit le moine.

— Assez loin, cher frère.

Le moine s'assit sur la fenêtre, à l'endroit où la veille Gabrielle avait serré la main d'Espérance.

— M. de Crillon, ajouta frère Robert, lui avait bien recommandé de ne vous pas quitter. N'est-ce pas un tort que la désobéissance aux ordres de M. de Crillon?

Espérance rougit.

— Souvent, poursuivit le moine, les jeunes gens font bien des fautes, par trop peu d'esprit ou par trop de cœur. Ne va droit que qui va simplement.

Espérance, fort embarrassé, répliqua :

— Croyez, mon cher frère, que Pontis ira toujours droit.

— Tout dépend du chemin, dit frère Robert.

Espérance tressaillit.

— Vous savez tout? demanda Espérance, à qui le secret pesait, et qui eût voulu en être soulagé.

— Je ne sais absolument rien, dit froidement le moine, sinon que M. de Pontis est parti à cheval, mais je conjecture que pour vous avoir abandonné ainsi, il devait avoir de sérieux motifs.

— Très-sérieux!

— Tant pis! répéta le moine, mauvais ouvrage!

— Jugez-en, cher frère, dit Espérance, heureux de se dégager d'une part de responsabilité, plus heureux encore de ne pas mentir : deux gens de cœur pouvaient-ils voir de sang-froid les injustices qui se commettent ici

— Il se commet des injustices? demanda frère Robert avec candeur.

— Vous y êtes bien pour quelque chose, vous qui les avez sinon conseillées, du moins interprétées; vous qui pouviez sauver cette jeune fille et qui la laissez sacrifier.

— Je ne comprends pas un mot, mon cher frère...

— Au malheur de Mlle d'Estrées? A la violence qu'on lui fait?

— J'ignorais que vous connussiez cette demoiselle, dit le moine avec un regard qui fit encore rougir Espérance.

— Je la connais maintenant.

— Et vous blâmez son père?

— Moins que son futur mari. Se faire l'instrument avec lequel un père torture sa fille, c'est odieux!

— Un remède qui sauve n'est jamais trop amer

— Soit ; mais un mari est quelquefois trop bossu.

Frère Robert prit un air béat et répondit :

— Voilà des distinctions trop mondaines pour de pauvres moines comme nous, dont le devoir est de ne pas prendre parti dans les affaires d'autrui.

— Heureusement, s'écria Espérance, que je ne suis pas moine.

Frère Robert leva la tête comme s'il avait mal entendu.

— A l'heure qu'il est, continua Espérance, bien des choses que vous avez nouées se dénouent, et je vous en fais l'aveu sans remords, persuadé qu'au fond du cœur vous m'approuvez, car vous êtes un digne religieux, humain, charitable, spirituel, et votre capuchon ne sait qu'à moitié votre pensée sur nos faiblesses mondaines. Cependant, dussiez-vous me blâmer, je répondrai que j'ai eu compassion d'une pauvre jeune fille sacrifiée, et que j'ai fait un petit complot contre la bosse de son futur mari.

— Un complot?

— A l'heure qu'il est, Pontis a prévenu quelqu'un, quelqu'un de très-puissant, qui prend ses mesures.

— Il faudra qu'elles soient promptes, dit laconiquement frère Robert.

— Elles le seront, et décisives aussi.

— N'avez-vous besoin de rien ce matin, mon cher frère ; pour remplacer près de vous votre compagnon, vous faut-il de la société ?

— Merci, dit Espérance, qui devina le désir du moine et laissa tomber la conversation.

Tout à coup on heurta la porte et une voix aigrelette cria du dehors :

— Cher frère Robert, êtes-vous là ?

— Entrez, dit Espérance.

Le seigneur Nicolas d'Armeval entra, tout sautillant, tout effarouché.

— Ah! je vous trouve enfin, cher frère, dit-il au moine; j'ai couru depuis une demi-heure, ce que j'ai à vous dire était si grave... Non, ne sortons pas. Bonjour, monsieur Espérance, comment va, ce matin ?... Très-bien! j'en suis charmé. Et votre ami aussi ? Allons, c'est à merveille. Non, cher frère Robert, ne sortons pas pour causer, nous ne saurions avoir de plus aimable compagnie que celle de monsieur; monsieur est de mes amis. Il faut donc vous dire, mon très-cher frère, que nous avons découvert un complot, quand je dis nous, c'est M. d'Estrées... ce n'est pas même M. d'Estrées, c'est un ami anonyme qui lui a fait donner avis, — je soupçonne ce cher prieur, — un avis de la plus haute importance. Ce doit être le révérend dom Modeste, l'homme qui sait tout et qui est pour moi une Providence! Enfin, je vous cherchais, je vous trouve, tout est arrangé.

Ce flux de paroles et cette bruyante pantomime n'arrachèrent au moine ni un geste ni un mot. Il regarda et attendit.

— Qu'y a-t-il d'arrangé, demanda Espérance ?

— Cela se devine, nous agissons : on attaque, nous parons. Allez, cher frère Robert, donner les derniers ordres, je vous prie.

— Quels ordres, demanda le moine.

— M. d'Estrées a été de grand matin trouver le prieur; mais dom Modeste n'était pas visible. M. d'Estrées lui a fait remettre alors l'avis mystérieux, en demandant un conseil sur la situation qui est critique. En effet, si le donneur d'avis est bien renseigné, si l'on nous enlève mademoiselle d'Estrées avant le mariage...

Espérance fit un mouvement que le futur époux interpréta comme un geste de condoléance.

— Oui, monsieur, dit-il, rien que cela! On veut nous l'enlever! Et sans l'ami inconnu, c'était fait!

Espérance regarda le moine impassible sous son capuchon.

— Qu'a fait répondre le prieur? dit Espérance dont le cœur battait.

— Deux mots seulement; mais quels mots! *Avancez l'heure!* Et nous l'avançons!

Espérance se leva effrayé.

— Les brusques mouvements sont nuisibles, dit frère Robert en contenant le jeune homme par le simple contact de son doigt.

— Ah! ajouta-t-il en se tournant vers le seigneur d'Armeval, nous l'avançons?

— Et je viens au nom du prieur et au nom de M. d'Estrées vous prier de tout ordonner à cet effet.

— J'obéirai au révérend prieur, dit frère Robert. Venez, monsieur de Liancourt.

— Je voudrais dire deux mots à monsieur, s'écria Espérance en arrêtant le futur époux. Mais je ne vous retiens pas, cher frère.

— J'attendrai que vous ayez fini, dit le moine tranquillement.

— Avez-vous aussi un avis à me donner? demanda le seigneur d'Armeval à Espérance.

— Peut-être.

— Je vous écoute.

— C'est un bon avis, en effet, ajouta Espérance,

que d'engager un gentilhomme à réfléchir au moment de prendre une si dure résolution.

M. de Liancourt ouvrit des yeux étonnés.

— Il y va de votre honneur, continua le jeune homme.

— N'est-ce pas, s'écria le futur, n'est-ce pas qu'il y va de mon honneur? Figurez-vous que tous mes amis attendent la fin de cette ridicule affaire. On me sait fiancé à mademoiselle d'Estrées; on peut avoir deviné les poursuites du roi. Chacun se dit en raillant, vous savez, l'épousera-t-il? l'épousera-t-il pas? C'est fatigant. Au moins, quand ce sera fini nous verrons.

— Vous vous méprenez sur le sens de mes paroles, dit Espérance; il y va de votre honneur si vous épousez une femme qui refuse votre alliance.

— Oh! par exemple! dit le petit homme, voilà qui m'est bien égal! C'est toujours de même avec les jeunes filles. Monsieur, ma première femme a fait les mêmes difficultés; il a fallu la contraindre à se marier. Un mois après elle se serait jetée dans le feu pour me suivre. Allons, frère Robert, allons faire nos préparatifs.

— Je vous supplie encore une fois de réfléchir, dit Espérance, il se pourrait que vous vous fissiez des ennemis mortels.

— Nous avons des lois! dit le petit homme avec emphase.

— Les lois ne vous sauveront pas du mépris public, dit Espérance indigné.

— Monsieur! si vous n'étiez pas blessé, malade! s'écria Nicolas d'Armeval en se dressant sur ses ergots avec une pantalonnade toute gasconne.

Espérance allait s'irriter. Frère Robert intervint, arrêtant le petit homme d'un regard.

— Mon frère, dit-il au futur, vous ne comprenez

point les sages paroles de M. Espérance. C'est un gentilhomme trop bien élevé pour provoquer des querelles dans une sainte maison dont il est l'hôte. Il veut vous dire seulement que si, par hasard, votre femme se vengeait plus tard, il en résulterait pour votre considération un ou plusieurs échecs...

— Très bien! très-bien! dit le petit homme, vaincu par l'attitude calme et inoffensive que venait de prendre Espérance. Oh! plus tard comme plus tard, je réponds de la seconde madame de Liancourt comme de la première. Et puisque M. Espérance n'a que de bonnes intentions pour moi, rien ne m'arrête plus pour lui dire en ami : — Venez ce soir souper avec nous à Bougival chez le beau-père, où nous nous rendrons après la cérémonie. Pour ne point attirer imprudemment l'attention, nous aurons peu d'amis à l'église, beaucoup au festin de noces; on rira, c'est moi qui en réponds, on rira et l'on narguera les envieux! C'est convenu, monsieur Espérance, vous êtes des nôtres, vous et l'autre gentilhomme, le garde du roi! Ah! j'aurai à ma noce un garde du roi c'est piquant. Je ne le vois pas, ce gentilhomme, où est-il donc?

— En courses, dit vivement frère Robert.

— Il n'est pas moins bien invité. Vite, cher frère, obéissons au révérend prieur, et que dans une heure tout soit terminé. Monsieur Espérance, au revoir. Ne vous fatiguez pas à venir à la chapelle. Réservez vos forces pour la soirée.

Il partit en disant ces mots. Frère Robert attacha sur Espérance un long regard, comme pour lire au fond de son âme, et il suivit le futur époux.

— J'ai fait tout ce que j'ai pu pour elle, se dit Espérance lorsqu'il fut seul. C'est au roi de la secourir.

C'est à elle de se défendre, de gagner du temps. Oh! elle saura s'en tirer, les femmes ont toujours quelque ressource.

Il n'avait pas achevé qu'un léger coup frappé sur les vitres de sa fenêtre le fit tressaillir; il regarda, vit Gratienne qui montrait sa tête derrière une caisse d'orangers. Aussitôt il ouvrit et un petit paquet vint tomber au milieu de la chambre. Déjà Gratienne fuyait dans l'allée ombreuse, et il la perdit de vue en un moment.

Espérance ouvrit d'abord une enveloppe qui renfermait une lettre; l'écriture heurtée, trempée de larmes, lui révéla les angoisses du cœur qui l'avait pensée, le tremblement de la main qui l'avait écrite. Il lut avidement :

« J'ai été trahie. Pour m'enlever ma dernière ressource, après une nouvelle discussion violente et décisive, mon père me traîne à l'autel. Je fusse déjà morte, si je n'avais à expliquer ma conduite à quelqu'un qui a reçu mes serments. Merci, monsieur, pour votre générosité. Remerciez votre ami qui aura pris une peine inutile. Je n'ai plus à vous demander qu'une grâce. Tout à l'heure, à cette chapelle où Dieu même m'abandonnera, ne m'abandonnez pas. Que j'aie près de moi un ami dont la compassion soulage ma peine. Et comme je n'ai jamais vu votre visage, comme je veux vous connaître pour ne jamais vous oublier, tâchez de vous trouver sur mon passage dans le jardin que je vais traverser; que je vous voie assis au banc de la fontaine, mes yeux en pleurs vous diront tout ce qu'il y a de reconnaissante amitié dans mon cœur. »

Au fond de l'enveloppe, Espérance trouva un bracelet sur l'agrafe duquel était écrit en petites perles le nom de Gabrielle.

— Moi non plus, pensa-t-il, je ne l'ai jamais vue,

faut-il que nous nous connaissions en un si triste jour!

Déjà la cloche tintait, le jeune homme attendri se dirigea vers le lieu du rendez-vous, et s'assit rêveur sur le banc de la fontaine.

A peine avait-il laissé s'engourdir sa pensée au murmure de l'eau, que des voix retentirent dans le parterre du bâtiment neuf. La porte s'ouvrit, et l'on vit s'avancer par la grande allée dont cette fontaine formait le centre, tout le cortége qui accompagnait les époux à la chapelle.

M. d'Estrées donnait la main à sa fille. Il était soucieux, inquiet. On lisait sur son visage la fatigue du combat dont il était sorti vainqueur.

Gabrielle pâle, les yeux brillants de colère et de désespoir, regardait autour d'elle, soit pour chercher un secours inattendu, un miracle du ciel, soit au moins pour trouver l'ami qu'elle avait convoqué. Elle atteignit enfin la fontaine que masquait un massif d'églantiers et de lierres.

Espérance se leva pour qu'elle le vît mieux. Mais alors il l'aperçut lui-même. Tous deux, en échangeant leurs regards furent frappés du même coup. Jamais elle n'avait soupçonné cette beauté noble, cette expression de douleur touchante, cette grâce majestueuse de tout le corps.

Quant à lui, la femme qui resplendissait à ses yeux était au-dessus de tout les rêves d'un poëte : l'ensemble parfait de cette divine créature ne s'était jamais rencontré depuis la création. Ébloui, éperdu, il fit un pas vers elle. Elle s'arrêta sous son regard, fascinée, ravie. Ses yeux désolés avaient voulu dire : Adieu! Ils s'épanouirent pour dire : Au revoir!

M. d'Estrées emmena sa fille qui, la tête tournée, regardait toujours en arrière. Espérance, entraîné par ce regard, ne s'aperçut pas même que M. de Liancourt le conduisait par les mains vers la chapelle.

Une demi-heure après, Gabrielle s'appelait madame de Liancourt. Espérance priait, la tête cachée dans ses mains.

Le beau-père et le gendre se félicitaient avec effusion.

— Maintenant, s'écria M. d'Estrées, l'honneur est sauf. A vous de le maintenir, mon gendre!

— Maintenant, disait le gendre, qu'on nous l'enlève! qu'on y vienne!

Gabrielle éplorée, appuyée sur un des piliers de la chapelle, échangeait avec le frère parleur quelques mots qui la ranimèrent peu à peu comme la rosée redresse les fleurs.

— Allons, mes amis! s'écria le seigneur d'Armeval, de la joie! et faisons tant de bruit autour de la nouvelle épouse, qu'elle oublie tout à fait les petits chagrins de la jeune fille.

— Ma fille, dit M. d'Estrées à Gabrielle, il n'était qu'un moyen de vous sauver l'honneur, je l'ai employé. Pardonnez-moi. Je vous aimais trop pour supporter votre honte. Maintenant vous ne me devez plus l'obéissance. Accordez-moi toujours votre amitié. L'estime publique vous dédommagera de quelques songes ambitieux... Retournons à notre maison de Bougival.

Le frère parleur s'approcha de M. d'Estrées.

— Pas encore! lui dit-il tout bas avec mystère. On a vu des cavaliers suspects rôder autour du couvent. Attendez d'avoir parlé au prieur et gardez soigneusement votre fille au bâtiment neuf.

Et il s'éloigna lentement, après avoir fait un signe à M. de Liancourt, qui le suivit hors de la chapelle.

— Qu'y a-t-il donc? demanda ce dernier, papillonnant autour de frère Robert.

— Presque rien, sinon que les cavaliers du roi sont arrivés.

— Quels cavaliers? dit le petit homme, fort ému au nom du roi.

— Ceux qui devaient enlever mademoiselle d'Estrées.

— Ils arrivent trop tard! s'écria M. de Liancourt en riant du bout des dents.

— Pour l'enlever, elle, oui, mais assez à temps pour vous enlever, vous.

— Moi!

— Sans doute! c'est leur plan, et ils vous cherchent à cet effet.

— Ils me cherchent! s'écria le bossu épouvanté; mais alors, je vais m'enfuir, et je gagnerai la maison de Bougival par certains détours que je connais.

— J'ai bien peur qu'une fois dehors ils ne vous saisissent, dit tranquillement frère Robert.

— Mais c'est odieux!

— C'est abominable.

— Que faire?

— A votre place, je serais embarrassé.

— Si je demandais au révérend prieur de me cacher ici? Un couvent, c'est un asile.

— L'idée est bonne mais ne manifestez rien, car il y a peut-être des espions ici!

— Cachez-moi! cachez-moi! dit le seigneur Nicolas éperdu de terreur.

— Je le veux bien, puisque vous le demandez, dit

frère Robert en marchant devant le petit homme qui le poussait pour accélérer son pas.

Arrivés dans un couloir sombre, derrière la chapelle, ils descendirent quelques degrés et le moine ouvrit la porte d'un réduit obscur.

— Comme c'est noir! murmura le petit homme grelottant d'avance.

— Noir, mais sûr, répondit frère Robert en y poussant le marié. Tenez-vous coi, je vous apporterai à manger moi-même jusqu'à parfaite sécurité.

— Vous êtes un ange! balbutia le petit homme, dont les dents claquaient d'épouvante.

Frère Robert ferma sur lui la porte à triple tour et monta les degrés avec un silencieux sourire.

FIN DU PREMIER VOLUME

TABLE

		Pages.
I.	Famine au camp	1
II.	D'un lapin, de deux canards, et de ce qu'ils peuvent coûter dans le Vexin	14
III.	Comment la Ramée fit connaissance avec Espérance	27
IV.	Comment M. de Crillon interpréta l'article IV de la trêve	38
V.	Pourquoi il s'appelait Espérance	49
VI.	Une aventure de Crillon	62
VII.	Ce qu'on apprend en voyageant	86
VIII.	Mauvaise rencontre	98
IX.	La maison d'Entragues	111
X.	D'un mur mal joint et d'une fenêtre mal close	136
XI.	Or et plomb	148
XII.	Les habitudes de la maison	162
XIII.	Le roi	175
XIV.	De deux conversions célèbres	185
XV.	....	202
XVI.	Le moulin de la Chaussée	203

		Pages.
XVII.	Comment, dans le moulin, Henri tira deux moutures du même sac...	233
XVIII.	Les génovéfains de Nexons...	287
XIX.	Visites...	247
XX.	Qui veut la fin veut les moyens...	259
XXI.	Le frère parleur...	269
XXII.	La duchesse Tisiphone...	294
XXIII.	Comment Henri échappa aux huguenots et comment Gabrielle échappa au roi...	307
XXIV.	Querelles...	318
XXV.	Le seigneur Nicolas...	330
XXVI.	Service d'ami...	349

ÉMILE COLIN. — IMPRIMERIE DE LAGNY

Original en couleur
NF Z 43-120-8

www.ingramcontent.com/pod-product-compliance
Lightning Source LLC
Chambersburg PA
CBHW070445170426
43201CB00010B/1222